普通高等教育"十一五"国家级规划教材
21世纪高等职业教育规划教材

国 家 税 收

（第3版）

主　编　张建松　李玉明
副主编　马克和　康建军
审　稿　於鼎丞

中国财政经济出版社

图书在版编目（CIP）数据

国家税收/张建松，李玉明主编. —3 版. —北京：中国财政经济出版社，2012.9
21 世纪高等职业教育规划教材
ISBN 978－7－5095－3830－2

Ⅰ.①国…　Ⅱ.①张…②李…　Ⅲ.①国家税收－中国－高等职业教育－教材　Ⅳ.①F812.42

中国版本图书馆 CIP 数据核字（2012）第 188418 号

责任编辑：欧成君　　　　责任校对：王　英
封面设计：陈宇琰

中国财政经济出版社 出版
URL：http：//www.cfeph.cn
E－mail：jiaoyu@cfeph.cn
（版权所有　翻印必究）
社址：北京市海淀区阜成路甲28号　邮政编码：100142
营销中心电话：88190406　北京财经书店电话：64033436　84041336
北京财经印刷厂印刷　　各地新华书店经销
787×1092 毫米　16 开　12.5 印张　286 000 字
2013 年 1 月第 3 版　2013 年 1 月北京第 1 次印刷
定价：22.00 元
ISBN 978－7－5095－3830－2/F·3136
（图书出现印装问题，本社负责调换）
本社质量投诉电话：010－88190744

出 版 说 明

　　为进一步贯彻落实《国家中长期教育改革和发展规划纲要（2010—2020年）》和《教育部关于推进高等职业教育改革创新　引领职业教育科学发展的若干意见》〔教职成（2011）12号〕的精神，适应高等职业教育发展的新趋势，满足高等职业院校专业教学的实际需要，我们对我社出版的21世纪高等职业教育规划教材进行了第3次修订。本次修订的系列教材涵盖了高等职业教育教学中所需的财经类专业教材，从2012年秋季开学起，这些教材将陆续出版，以供各高等职业院校财经类专业教学使用。

　　本次教材的修订充分体现了高等职业教育"以服务为宗旨，以就业为导向"的办学理念，在教材内容的设计上较好地贯彻了"以综合素质培养为基础，以能力培养为主线"的指导思想。新修订的教材全面贯彻素质教育思想，从社会经济发展对技术应用型人才的需求出发，在内容的构建上结合专业岗位（群）对职业能力的需要来确定教材的知识点、技能点和素质要求点，并注重新知识、新技术、新工艺、新方法的应用，注重对学生的实际岗位工作能力的培养。在本次教材的修订过程中，我们也对与高等职业教育的"工学结合、校企合作、顶岗实习"人才培养模式方面有关的内容做了一些新的尝试，以适应高等职业教育教学改革，满足各类高等职业院校的教学需要。在此，我们真诚地希望各位老师在教材的使用过程中，及时提出意见和建议，使之不断完善和提高。

中国财政经济出版社
2012年6月

第 3 版 前 言

《国家税收》是适应高等职业学校课程改革,全面推进素质教育的需要,根据教育部高等职业教育改革的精神而编写的主干专业课教材,适用于高等职业学校会计专业和财经类其他专业教学使用,也可供纳税单位和个人、财会人员、企业经营管理人员,以及税务工作人员、注册会计师、注册税务师和税务代理人员学习和参考。

自2008年5月本书第2版面市以来,国家财政部、税务总局对增值税、消费税、营业税、资源税等《暂行条例》进行了修订,全国人大常务委员会对《中华人民共和国个人所得税法》进行了修改。编者在第3版修订中对书中相关内容进行了不同程度的更新和完善。本书突出了职业教育的特点,以培养第一线应用型财会人员和管理人员为目标,注重知识的实用性、内容的简洁性和体例的新颖性。具体特点为:

1. 理论阐述力求少而精。在讲清税收基本原理的基础上,避免对概念、发展历史、原则、意义、作用及对某些内容的争论等方面的过多叙述,直接展现现行税制的实践,侧重于阐述征税对象、纳税人、税率等税制基本要素,特别突出了计税依据和应纳税额的计算,并加入了大量实例,以案例辅助教学,使学生掌握税收运用的基本技能。

2. 语言简洁、通俗、清晰明白。本书编写过程中,严格控制篇幅,力求用简明的语言说明税收的基本知识,避免冗长的句子和晦涩难懂的语言表达。

3. 体例上具有新颖性。每章开篇以"内容提示"和"案例导入"的方式引入正文,对启发学生思维和提高学生的学习兴趣有着良好的效果;文中恰当插入"知识窗"、"请注意"、"趣味阅读"等内容,可以激发学生的求知欲望;章后的"本章小结"、"主要名词(中英文对照)"和"复习思考题"再一次帮助学生加深了对书本知识的理解。

本书共十三章,具体编写分工为:张建松编写第一、二章,李玉明编写第三、十二、十三章,马克和编写第四、八、九章,康建军编写第六、十一章,杨则文编写第五章,杨国清编写第七、十章。本书由张建松、李玉明担任主编,马克和、康建军担任副主编,最后由张建松、李玉明对全书进行修改和总纂。

由于对高等职业教育教材的定位和难度把握方面还有很多问题有待研究,加之时间仓促,教材难免有不足之处,恳请读者赐教,以便不断修改完善。

编 者
2013年1月

目　录

第一章　税收基础知识 ……………………………………………………（ 1 ）
　　第一节　税收的概念和特征 ……………………………………………（ 1 ）
　　第二节　税收的职能 ……………………………………………………（ 5 ）
　　第三节　税收制度的原则 ………………………………………………（ 7 ）
　　第四节　税制构成要素与税收分类 ……………………………………（ 10 ）

第二章　增值税 ……………………………………………………………（ 17 ）
　　第一节　增值税的征税范围、纳税人和税率 …………………………（ 18 ）
　　第二节　增值税的计算 …………………………………………………（ 23 ）
　　第三节　增值税的征收管理 ……………………………………………（ 32 ）

第三章　消费税 ……………………………………………………………（ 40 ）
　　第一节　消费税的征税范围、纳税人和税率 …………………………（ 41 ）
　　第二节　消费税的计算 …………………………………………………（ 44 ）
　　第三节　消费税的征收管理 ……………………………………………（ 49 ）

第四章　营业税 ……………………………………………………………（ 52 ）
　　第一节　营业税的征税范围、纳税人和税率 …………………………（ 53 ）
　　第二节　营业税应纳税额的计算 ………………………………………（ 55 ）
　　第三节　营业税的征收管理 ……………………………………………（ 60 ）

第五章　关税 ………………………………………………………………（ 63 ）
　　第一节　进出口关税的征税对象、纳税人和进出口税则 ……………（ 64 ）
　　第二节　进出口关税应纳税额的计算和征收 …………………………（ 65 ）
　　第三节　行邮物品进口税和船舶吨税 …………………………………（ 66 ）
　　第四节　关税的税收优惠 ………………………………………………（ 68 ）

第六章　企业所得税 ………………………………………………………（ 71 ）
　　第一节　企业所得税的征税对象、纳税人和税率 ……………………（ 72 ）
　　第二节　企业所得税计税依据的确定 …………………………………（ 74 ）
　　第三节　资产的税务处理 ………………………………………………（ 84 ）

第四节　企业所得税应纳税额的计算 …………………………………………（88）
　　第五节　特别纳税调整 ……………………………………………………………（92）
　　第六节　税收优惠 …………………………………………………………………（95）
　　第七节　企业所得税的征收管理 …………………………………………………（101）

第七章　个人所得税 …………………………………………………………………（105）
　　第一节　个人所得税的纳税人 ……………………………………………………（106）
　　第二节　个人所得税的应税项目及税率 …………………………………………（107）
　　第三节　个人所得税应纳税所得额的确定 ………………………………………（110）
　　第四节　个人所得税应纳税额的计算 ……………………………………………（113）
　　第五节　个人所得税的税收优惠 …………………………………………………（118）
　　第六节　个人所得税的征收管理 …………………………………………………（120）

第八章　资源税 ………………………………………………………………………（123）
　　第一节　资源税的征税范围、纳税人和税率 ……………………………………（123）
　　第二节　资源税应纳税额的计算 …………………………………………………（125）
　　第三节　资源税的税收优惠与征收管理 …………………………………………（126）

第九章　土地增值税 …………………………………………………………………（130）
　　第一节　土地增值税的征税范围和纳税人 ………………………………………（130）
　　第二节　土地增值税的计税依据和税率 …………………………………………（131）
　　第三节　土地增值税应纳税额的计算 ……………………………………………（133）
　　第四节　土地增值税的税收优惠与征收管理 ……………………………………（134）

第十章　印花税 ………………………………………………………………………（137）
　　第一节　印花税的征税范围、纳税人和税率 ……………………………………（137）
　　第二节　印花税应纳税额的计算 …………………………………………………（140）
　　第三节　印花税的优惠和缴纳 ……………………………………………………（140）

第十一章　契税 ………………………………………………………………………（143）
　　第一节　契税征税范围、纳税人和税率 …………………………………………（144）
　　第二节　契税应纳税额的计算 ……………………………………………………（145）
　　第三节　契税的税收优惠与征收管理 ……………………………………………（146）

第十二章　其他各税 …………………………………………………………………（149）
　　第一节　城市维护建设税 …………………………………………………………（149）
　　第二节　房产税 ……………………………………………………………………（151）
　　第三节　城镇土地使用税 …………………………………………………………（155）
　　第四节　耕地占用税 ………………………………………………………………（158）

第五节　车辆购置税 …………………………………………………（160）
　　第六节　车船税 ……………………………………………………（164）

第十三章　税收管理 ……………………………………………………（169）
　　第一节　税收管理体制 ……………………………………………（169）
　　第二节　税收征收管理 ……………………………………………（171）
　　第三节　法律责任 …………………………………………………（177）
　　第四节　税务行政复议和税务行政诉讼 …………………………（181）
　　第五节　纳税人的权利和义务 ……………………………………（186）
　　第六节　税务代理 …………………………………………………（187）

第一章 税收基础知识

内容提示

本章阐述了税收的基本知识,包括税收的概念和特征、税收的职能、税收的原则、税收的要素和税收的分类等。这些内容是学习税收理论、开展税收工作的前提,也是进一步学习税收知识的基础。

案例导入

隆丰化工公司是一家新成立的企业。某日,当地税务部门有关工作人员来到该企业,要求公司按照有关规定缴纳税款。公司胡老板一听,顿时火冒三丈:"本公司刚刚交过污水处理税、残疾人保障税、堤防维护税……怎么还要缴税?到底有完没完?"

请问:胡老板说法对吗?他所说的"污水处理税、残疾人保障税、堤防维护税"等是国家法律规定的税种吗?

要回答这个问题,就要学习税收的有关政策规定。这样,你就可以给胡老板一个满意的答复。

第一节 税收的概念和特征

税收是一个最古老的财政范畴。早在奴隶制社会,伴随着奴隶制国家的出现,税收就已经产生了。随着社会生产力的发展,社会制度和国家形态的变迁,税收分配的形式、内容和性质也在不断地发展变化。在现代社会中,税收是家喻户晓、人人皆知的经济活动,从事工业生产、商业经营要缴税，个人所得超过规定标准的也要缴税。我们日常见到的所有商品的价格中，交通部门的车船票中，邮政、电讯、饮食、旅游、建筑、装饰等各种服务业的收费中，几乎都包含了税收。税收可谓无处不在，正像西方流传的一句话：人的一生只有死亡和纳税是不可避免的。

税收不仅是政府取得财政收入最主要的形式，是国家机器和社会公共活动的经济基础，而且还是政府干预和调控经济的重要经济杠杆。因此，正确地理解和把握税收的概念，对于认识税收在现代市场经济中的地位和作用具有十分重要的意义。

一、税收的概念

税收是国家为实现其职能，凭借政治权力，按照法律规范强制地、无偿地参与社会产品分配的活动。

（一）税收的目的是实现国家的职能

由于税收分配的依据是政治权力，所以征税权力只属于国家。税收是以国家为主体对一部分社会产品进行的集中性分配。

国家利用税收这一分配方式取得财政收入，其目的是满足政府实现其职能的需要，即社会公共需要。社会公共需要是指由政府向社会提供的安全、秩序、公民基本权力和经济发展的必要条件等方面的需要。如国防、外交、公安、司法、行政管理、基础教育、基础科学研究、卫生保健、生态环境保护、城市基础设施等，这些保证国家行使政权职能和社会职能的需要，都是典型的社会公共需要。

由于社会公共需要与微观经济主体（个人、企业和单位）的个别需要相比，其效用具有不可分割性、非排他性和价值难以通过市场交换得到补偿的特点，因此，市场机制不能提供为满足上述公共需要的公共产品和服务。所以，政府必须担负起弥补市场机制不能提供公共产品和服务的缺陷的职责，通过征税集中起来的财政收入来保证全体国民对于各类公共产品和服务的需要。

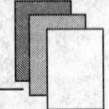

知识窗

公元前594年，鲁国实行"初税亩"，宣布不论公田和私田，一律课征田赋。"初税亩"是我国历史明文记载中最早出现的"税"字，也是我国最早的农业税。2005年12月29日，十届全国人大常委会第十九次会议表决通过：在中国大地上延续了2600年的农业税，自2006年1月1日起被彻底废止。

（二）税收体现着国家与社会成员间的一种特定的分配关系

政府通过征税，无偿地占有社会成员的一部分社会产品，改变了政府与社会成员、社会成员内部之间的社会产品占有量和占有比例。税收属于分配的范畴，但税收同劳动工资、地租、商业利润、资本利息等一般意义上的分配不一样，它是国家凭借政治权力实现的特殊分配。马克思指出："在我们面前有两种权利：一种是财产权利，也就是所有者权利；另一种是政治权利,即国家的权利。"① 凭借对生产要素的占有和支配权所进行的分配是一般分配或经济分配,例如企业所有者凭借生产资料的所有权获得的利润,工人凭借对劳动力的所有权取得的工资,金融业主凭借对借贷资本的所有权分得的利息等。而税收与这些分配形式不同,它是国家凭借政治权力进行的,是超经济的分配或特定分配,这是由国家的非生产性质决定的。

(三)税收是政府取得财政收入主要的和最好的方式

从历史上看,不同社会制度的国家都采用多种方式取得财政收入。奴隶制国家有王室土地收入;封建制国家有官产收入、特权收入、专卖收入;资本主义国家有债务收入和纸币发行收入;社会主义国家有国有企业利润收入等。

除这些财政收入方式外,各个不同社会制度的国家,都普遍采用税收方式取得财政收入,而且一般均以税收作为政府财政收入的主要来源。马克思说:"赋税是国家机器的经济基础,而不是其他任何东西。"② 税收在各个时期国家财政收入中均占有重要地位。

税收不仅是政府取得财政收入的主要方式,而且还是最好的方式。这是因为,运用税收来筹集财政收入具有其他财政收入形式不可比拟的稳定而又可靠的优点。从现代社会而言,政府可以通过举债和纸币发行来取得财政收入,但是,政府举债终究是要还本付息的,还本付息的压力制约着政府债务收入的规模;政府也可以通过纸币发行来增加财政收入,但过量的纸币发行会造成通货膨胀,极不利于经济的稳定。相比之下,政府运用税收取得财政收入,这意味着社会产品的所有权无偿地从纳税人手中转移到政府手中,这既不需要政府付出任何代价,增加偿债负担,又不会引起通货膨胀和经济不稳定。同时,随着经济的发展,税收总是保持稳定增长,因而可为政府支出提供充足的经费来源。

(四)税收是政府干预和调控经济的重要杠杆

在现代市场经济中,税收不仅是政府取得财政收入的主要方式,而且还是政府干预和调控经济的重要杠杆。政府干预经济的必要性源于市场机制的缺陷。在现代市场经济条件下,由于受价格机制、竞争机制和供求关系机制的作用,市场在促进资源优化配置和经济增长方面的确具有较高的效率。

市场机制并不是完美无缺和无所不包的,市场机制在资源合理配置、收入公平分配和经济稳定增长等方面还存在种种缺陷,因而,客观上需要政府借助于税收这一重要经济杠杆来弥补市场机制的缺陷。例如,运用税收手段来筹集政府提供公共产品和服务所需要的资源,并间接地引导非政府部门的资源配置,促进产业结构的合理化;运用税收来调节经济组织和国民个人之间收入和财富分配的差距,以实现公平分配的社会目标;运用税收来调节社会总供给和总需求,以促进经济稳定增长。

二、税收的特征

税收是国家普遍采用的取得财政收入的形式,它与其他财政收入形式相比,具有强制性、无偿性、固定性等形式特征,习惯上称之为"三性"。

---

① 《马克思恩格斯选集》第一卷,人民出版社1995年版,第170页。
② 《马克思恩格斯选集》第一卷,人民出版社1995年版,第170页。

（一）强制性

税收分配是不依纳税人的意志为转移的。依法计征，违法必究，是其主要表现形式。强制性是人们感觉到的税收最明显的特征，是税收同公债收入、规费收入、公有财产收入等财政收入形式的最显著的区别。

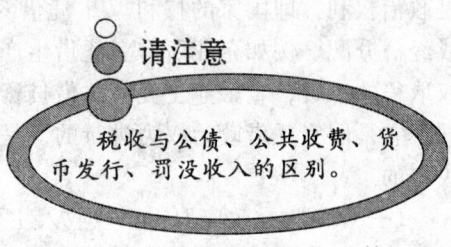

请注意

税收与公债、公共收费、货币发行、罚没收入的区别。

1. 纳税人一旦发生应税行为（如销售应税产品、获得利润、个人取得应税收入等），必须按照税法规定，履行纳税义务。当然，同其他分配范畴一样，税收分配也是由两种社会主体即纳税人和征税人共同参与构成的分配过程，但税收同一般分配过程相区别之处主要在于，征纳双方在税收分配过程中所处的地位和拥有的权利不一样。国家作为征税一方，总是处于主导地位，税收分配诸要素，如税种、税目、税率、纳税环节，违章处理等，都由国家依法定程序而制定，纳税人基本上处于从属地位。

2. 征纳双方的分配关系以法律形式加以规范和制约。税收的强制性，也不只是要求纳税人必须依法纳税，对征税机关来说，税收也是强制的，如不依法征税，无论是多征了，还是少征了，都要承担相应的法律责任。

（二）无偿性

税收的无偿性是指国家征税后，税款即成为财政收入，不再归还纳税人，也不支付任何报酬。

1. 国家与纳税人之间不具有直接偿还性。税收的无偿性表明税收是价值的单方面运动，纳税人在纳税的时候，不能取得任何等价物，正如列宁所说：所谓赋税，就是国家不付出任何报酬而向居民取得的东西。

2. 税收相对于具体的纳税人有间接的偿还性。国家征税虽然不对具体的纳税人进行直接偿还，但由于纳税人可以享有国家用税收兴办的各项公共事业，此时在量上可能不存在直接对等的关系，但是税收的间接偿还已得到了体现。

税收的无偿性与间接的有偿性是辩证统一的关系。税收的无偿性是针对具体的纳税人而言的，但从整个社会来看，国家的一些社会活动，改善了人们生存与发展所需要的共同外部环境，为全体社会成员提供了各种服务，所以说税收是有偿的，是取之于民、用之于民的。

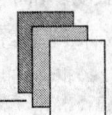

知识窗

美国税收一向以高税率著称，惹得不少纳税人愤愤不已。有的纳税人纳税时甚至寄给税务局T恤衫，意在"除了身上穿的，是一无所有"。虽然纳税人对税率居高不下十分不满，但真正公然抗税者却寥寥无几。

（三）固定性

税收的固定性是指在征税之前，以法律的形式预先规定了课税的方法和标准。

1. 税收法律法规具有相对的稳定性。征纳双方以法律、法规为准绳，国家在开征某一税种之前，有关该税种的征税对象、税目、税率、减免规定、纳税环节、处罚办法等，都要预先以法律、法令形式颁布，而且要有相对的稳定性，不能朝令夕改，避免税收分配出现随意性。这样做，既可以规范征税机关的行为，也可以规范纳税人的行为。

2. 税收的固定性是相对的。固定性仅具有相对稳定的意义，人们不可能要求税收制度一成不变，随着社会政治经济情况的变化，税收制度也应当作适当变化，这样才能对经济的发展发挥有效调节和促进作用。

税收的强制性、无偿性、固定性是相互联系、密不可分的统一体，是税收存在的充分必要条件，是一切税收的共性，是税收区别于其他财政收入形式的重要标志。无偿性是税收分配的核心特征，强制性和固定性是对无偿性的保证和约束。正是这三个基本特征，才使得税收成为财政收入的最主要的组成部分。

第二节 税收的职能

税收的职能是指税收作为一种分配范畴本身所固有的能够长期发挥作用的功能，它是税收本质的具体体现，是不以人们的意志为转移的一种客观存在。一般来说，税收具有财政职能、经济职能和社会职能。

一、财政职能

税收从根本上来说，是政府集中一部分剩余产品的一种分配方式。因此，组织收入是税收原生的最基本的职能。如前所述，政府聚财有各种手段，而其中税收是最主要的手段。它适用范围最广、存在时间最长，古今中外概莫能外。这是因为：它凭借的是政府的公共权力，凌驾于各种所有制之上，对各种所有者都适用；它具有法律的强制性，是取得收入的一种可靠形式；它具有固定性，征收是连续进行的，保证了财政收入的及时和源源不断；它又是无偿征收的，最适合用于满足公共需要的开支。因此，税收成为政府收入的主要支柱。

税收作为收入手段时，就发生了政府与纳税人之间的利益关系。因为征税的结果直接减少了纳税人的可支配收入，政府多征收，纳税人的可支配收入就少；反之，政府少征收，纳税人可支配的收入相对就多，这种矛盾是显而易见的。另一方面，政府征税切切实实用于公共需要，使国民从中获得实惠，那么，这种矛盾就可以基本得到统一；如果政府征税的相当部分用于满足本阶级或小集团的私利，那么，这种矛盾就会扩大和激化。运用税收收入职能，首先要处理好这两方面的利益关系。

若从收入的物质内容看，税收又是对现有的有限资源在政府与企业和个人之间的分配。在市场经济条件下，资源配置首先表现为货币资金的分配，政府征税将一部分剩余产品价值集中到自己手中，实际上就是将本来由企业和个人支配的一部分生产资源（也是可通过市场机制配置的一部分资源）转归政府支配。因此，运用税收收入职能，还要深一层考虑资源的有效配置，正确确定在一定的经济发展阶段社会公共需要的量，不能认为满足公共需要越多越好，或者把一些可以由企业和个人办的事也集中由政府来办，这样势必导致资源利用效率整体下降。

二、经济职能

税收的经济职能,也称调节经济职能,它是指税收作为一个重要的经济杠杆,对国民经济活动的影响和调控作用。社会主义税收在参与社会产品分配过程中,客观上具有调节经济运行、协调经济结构、刺激经济效率、服务于特定经济目标的重要调节功能。

税收调节职能有广义和狭义两种解释。广义税收调节包括直接调节和间接调节。直接调节是指税收可以直接改变国民收入分配比例,比如,通过税收分配,可以调整国家、企业和个人之间的物质利益关系等。税收间接调节是指利用税收分配,通过影响纳税人或负税人的经济利益,以诱导其生产经营活动向国家要求的方向发展。狭义的税收调节仅指税收间接调节。

在社会主义市场经济体制下,税收的调节职能越来越处于重要地位。在市场经济体制下,国民经济运行主要是靠市场机制来调节。比如,在资源配置方面,主要是运用价格机制、竞争机制和供求关系机制来优化资源配置,实现国民经济各部门协调发展。但是,由于市场机制本身的缺陷,还需要国家运用各种经济手段和法律手段创造良好的经济和社会环境,以引导企业的生产经营决策。就是说,与传统的计划经济体制相比,在社会主义市场经济条件下,国家管理经济的方式要由过去的直接管理为主向间接管理为主转化,要充分利用各种经济杠杆对国民经济的间接调控作用。税收是政府手中所掌握的重要经济杠杆之一,是国家间接调控体系中的重要环节,因此,必须充分发挥税收调节经济的职能,使其在税收职能体系中处于突出的地位。

> **请注意**
>
> 当今社会,环境恶化已成为各国关注的焦点,可持续发展是新世纪人类面临的重要问题。"环保税"可能会在不久出现,并成为一个重要税种。

税收调节的范围是相当广泛的,远非其他经济杠杆形式所能比。它能覆盖社会再生产的各个环节,深入到社会经济生活的各个角落。无论是城市、农村,还是各种经济成分,税收都可以深入其中,发挥出特有的调节作用。

税收调节经济职能发挥作用的直接依据是国家确定的一定时期的经济计划目标:主要有产业政策、分配政策、各经济成分发展政策、消费政策、技术改造政策、投资政策、价格政策等。然而,决定调节功能发挥作用的最终依据是各种经济规律,尤以社会主义市场经济规律为主。由此不难理解,一定时期税收调节功能发挥得究竟如何,是积极作用为主,还是消极作用为主,主要决定于国家确定的各项政策和计划目标是否与客观经济规律相符合。符合者,可以为税收调节设定出正确的调节方向,这就为税收调节职能的正确发挥提供了前提;反之,不与经济规律相符合的目标体系,从根本上决定税收调节功能不可能正确发挥。当然,税收与其他经济调节手段的结合程度,人们自觉利用税收调节的水平等,也会影响到税收调节的效果。

三、社会职能

税收的社会职能,也称贯彻社会政策职能,是指税收在参与社会产品分配过程中,客观上具有调节社会各集团、各阶层、各成员收入水平,消除或缓解收入差距过大,实现收入公平分配目标的功能。

税收在发挥社会职能时，有直接和间接两种意义。从直接意义上看，税收分配可以直接调节人们可支配收入水平。如果不考虑其他收入渠道（如财政转移支付等），人们可支配收入等于其原始收入与其所缴纳的个人所得税之差。因此，为了实现公平分配的目标，政府在设计个人所得税时，通过对不同收入阶层的纳税人规定高低不同的税率，使其承受的税负与其收入水平相适应，即可实现收入的再分配。所以，累进税制对于实现收入公平分配目标具有十分重要的意义，是实现税收社会职能的重要途径。从间接意义上看，为了实现公平分配的目标，国家可以运用税收杠杆，对不同性质的消费品规定高低不同的税负，以引起价格结构的变动，进而调节人们的收入和消费水平。比如，对人们日用生活必需品，可实行低税和免税；对非生活必需品、高档消费品和奢侈品，可实行不同幅度的高税政策。

税收也是调整国与国之间经济关系的重要政策手段。在今天，关税是发展中国家维护本国利益，开展对外经济合作和斗争的重要手段。它一方面用以保护本国工农业生产，尤其是幼稚产业的发展；另一方面引导国外商品的进口和外商投资的方向；同时，它也是反对贸易歧视，争取国际经济交往中平等地位的斗争手段。

以上三项职能，从税收的产生看，财政职能是原生的，其他两项职能是派生的。但三者又是相辅相成、密不可分的。因为无论是对经济活动（指物质资料再生产活动）的调节，还是对生产关系的调整，都与如何运用税收手段相关，即征或不征、多征或少征。而运用税收手段，也往往不是单纯地为收而收，它总是包含着对经济的调节或对生产关系的调整。

第三节　税收制度的原则

税收原则是确立税收征纳关系的准则。它既是政府在设计税制、实施税法过程中所遵循的理论准则，也是评价税收好坏、鉴别税收制度优劣、考核税务行政管理状况的基本标准。

一、税收的财政原则

税收是国家存在的基础，国家征税最主要的目的，是为了满足财政的支出，而要满足财政支出的需要，就必须考虑税收的充裕性和富有弹性。

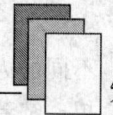

知识窗

周代是我国工商税收的萌芽时期，对经过关卡或上市交易的物品征收"关市之赋"，对伐木、狩猎、捕鱼、制盐等征收"山泽之赋"。这是我国最早的工商税收。

（一）充裕原则

充裕原则是指税收收入应满足国家经常性支出的需要。国家为了满足社会公共需要，必须要有充裕的财政收入,保障其各项职能的实现。当然,税收收入要求充裕,并非多多益善,而是相对于政府的经常性支出而言的。要取得充裕的税收,在税收制度的设计上,首先税源应充沛,要选择那些收入确实、可靠的税种作为主体税;其次税基应拓宽,在税收优惠措施上要谨慎,避免由于减免税措施不当,缩小税基,从而造成税收收入的损失。

(二)弹性原则

弹性原则是指税收收入应能随着国民经济的增长而增长,以满足日益增长的国家财政支出的需要。从社会发展史来看,世界上不论是发达国家,还是发展中国家,其财政支出都逐年上升,为了满足不断增长的社会公共需要,政府就必须承担更多的责任,向社会提供更多的公共产品和劳务。因而,税收作为国家的基本财力保障,其收入必须具有一定的弹性,即在现有的税制不变的情况下,由于经济增长变动而引起的税收收入变化的比率。税收弹性主要体现在以下两个方面:

1. 税收收入弹性。是指在现行税制要素不变的情况下,税收收入变化的百分比与国内生产总值(GDP)变化的百分比或国民收入变化的百分比之间的比例关系。换言之,是指因经济增长变动而引起的税收收入变化的比率。

2. 税率弹性。是指税收收入变化的百分比与税率变化的百分比之间的比例关系。它说明税收与税率之间的数量关系,从而衡量税收收入对税率变动的反映程度。

影响税收弹性的核心问题是经济效益的变化,经济效益提高,经济规模增大,经济发展速度加快,税收收入弹性也会提高,反之弹性也会减弱。

二、税收的公平原则

税收公平原则,又称为公平税负原则,它是指国家征税时,纳税人承受的税收负担与纳税能力相适应,税收负担应公平合理地分配于社会成员之间。

(一)普遍原则

除特殊情况外,税收应由本国全体公民共同负担,在纳税问题上,不允许任何阶级、阶层,任何经济成分,任何个人或法人享有免税特权。当然,基于某种经济和社会原因或依据国际惯例,应予以免税的除外。

(二)平等原则

平等原则是指税收负担要公平合理地分配于社会各成员身上。现代社会的公平原则主要指平等原则,该原则具体体现在如下两个方面:

1. 税收负担的横向公平,即纳税条件(或纳税能力)相同的人应当缴纳等量税额,它反映了人与人之间最基本的平等权利,它是人们追求的理想目标。所以,国家在设计税收制度的过程中,应当把横向公平置于重要位置。

2. 税收负担的纵向公平,又称垂直公平,即纳税条件(或纳税能力)不同的人应当缴纳不同的税额。富裕阶层收入较多,纳税能力较强,自应承受较重的税收负担;贫苦人们收入低,纳税能力弱,当然应承受较轻的税负,甚至不纳税。

三、税收的效率原则

税收效率原则,是指税制的建立应有利于促进宏观和微观经济效益的提高,有利于税收行政管理效率的提高。

（一）税收的经济效率原则

经济效率是指资源的有效利用。国家征税，使社会资源发生转移，必然会对整个经济活动产生影响。税收的效率原则要求国家征税给经济造成的额外负担最小化，额外收益最大化，从而最大限度地促进经济效益的提高。

降低税收额外负担的有效途径是保持税收中性。即国家征税应避免给纳税人造成额外的经济损失或负担，避免对市场机制运行产生不良影响，特别是对资源配置和经营决策的扭曲。其实，绝对与安全的税收中性在现实中是不存在的，税收中性的意义在于提示国家征税应尽量减少纳税人的额外负担和对市场机制的干扰。

（二）税收行政效率原则

税收行政效率即税收本身的效率，是指国家应以最小的税收成本获得尽可能多的税收收入。税收成本是税收征纳过程中所发生的各项费用，包括税收征收费用和纳税费用两个方面。征税费用是指税务部门在征税过程中所发生的费用，纳税费用是指纳税人履行纳税义务、办理纳税手续过程中所发生的各项费用。

提高税收的行政效率，一方面需要采用现代化的征管手段，减少不必要的人力、物力和财力上的消耗和占用，从技术上和工作作风上提高工作效率，节约征管费用；另一方面需要简化税制，使纳税人易于理解和掌握，并在税务机构设置和纳税方法上给纳税人以便利，从而降低纳税费用。

四、税收的法制原则

在现代社会中，任何国家的税收制度都要采取法律的形式，税收制度的落实要经过特定的立法程序，通过法的实施来实现。有税必有法，可以说税收法律规范构成了税收制度最基本、最重要的内容，税收制度是通过税法体现的。

良好的税法是依法治税的前提。良好的税法首先要具备合宪性和公正性；其次要具备规范性和可行性；最后要具备统一性和相对稳定性。税法的严格执行和普遍遵守则是税收法制的关键。

> **请注意**
>
> 为了保证税法制定后在全国范围内、在各地区都能贯彻执行，税收的原则性与灵活性要有机结合起来。

税法的严格执行是指国家机关或授权单位（或个人）在征收管理过程中依法办事、按率计征、十足收齐。国家司法机关在运用税收法规或有关法律处理违法或税务纠纷案件活动中，要遵循"以事实为依据，以法律为准绳"，"法律面前人人平等"的原则。税法的普遍遵守是指国家机关、公职人员和人民群众都要遵守税法而无例外。

税收是以国家为主体的分配关系。税与法存在着不可分割的关系，税收分配关系总是通过法的形式来规范和体现的。税收的财政原则、效率原则和公平原则的运用寓于税法的制定和实施过程之中。税收离开法制原则，则寸步难行。我国几千年来支配人们行为的不重法治而重人治的观念根深蒂固，税收法制不健全，税收工作中有法不依、执法不严、违法不究和以权代法、以情代法的现象仍相当普遍，自觉守法的观念仍很淡薄。尽管近年来我国的税收立法有一定的进展，但所出台的税收法规档次不高，法律严肃性不强，随意性较大，缺乏相对稳定性。因此，依照税收法制原则，加强税法建设，完善税法体系是今后一项重要工作。

第四节 税制构成要素与税收分类

一、税制构成要素

税收制度是国家规定的税收法令、条例和征收办法的总称。税收制度要解决的问题包括：对什么征税、对谁征税、征多少税、如何征税、纳税人违反税法规定应受何种处罚等，这些基本问题构成了税收制度的基本要素，如征税对象、纳税人、税率、纳税环节和纳税期限等。

（一）征税对象

所谓征税对象是指对什么东西征税，即征税的客体。它是税法最基本的要素。是一种税区别于另一种税的主要标志，同时规定了不同税种的基本征税范围。不同的税种有不同的征税对象，例如，营业税的征税对象按行业分类，是指交通运输业、建筑业、金融保险业、邮电通讯业、文化体育业、娱乐业和服务业的经营业务收入；消费税是对消费品征税，其征税对象就是消费品，具体如烟、酒、化妆品等；房产税是对房屋征税，其征税对象就是房屋。

与征税对象相关的还有税源、税本等概念。

税源是指税收的来源或税收的源泉。税收作为国民收入再分配的一种形式，其税源只能是国民收入初次分配中已经形成的各项收入。再进一步说，它只能来源于社会剩余产品价值。它与课税对象是有区别的，多数情况下两者不一致。比如，对工商企业的课税，税源是企业所创造的纯收入，征税对象则可以是企业的商品销售额，也可以是企业的利润额。

税本是指税收来源的根本。税收的来源是剩余产品的价值，剩余产品的价值是由生产者与生产资料相结合创造出来的。可见，生产者和生产资料才是税收来源的根本，即税本。它与税源、税收收入的关系是：税本是基础，税源是税本产生的效益，而税收收入来自收益，所以税本是支付税收收入的根本。将税本比喻为苹果树，苹果即为税源，从苹果中取出若干交给国家，则为税收收入。由此可见，在税收征纳活动中，税本至关重要，国家征税要征之有度，不可伤及税本。

（二）纳税人

纳税人也叫纳税义务人，即税法规定的直接负有纳税义务的单位和个人。纳税人也是纳税的主体。纳税人包括自然人和法人。所谓自然人，是指独立享有法定权利，并承担法律义务的个人；所谓法人，是指依法成立并能独立行使法定权利和承担法律义务的社会组织。法人和自然人是法律上的用语，通常则习惯称之为纳税单位和个人。

扣缴税款义务人，是按照税法的规定，负有代扣代缴税款义务的单位和个人。其目的是为了实行源泉控制，保证国家财政收入。扣缴税款义务人直接负有税款的扣缴义务，应当按照税法规定代扣税款，并在规定期限内按期、足额地解缴入库。对不履行扣缴义务的，应给予一定的法律制裁。完成扣缴义务的，也有按规定取得一定比例手续费的权利。

同纳税人相联系的还有负税人，负税人是最终负担国家征收税款的单位和个人。有的税种，纳税人本身就是负税人，如各种所得税；但有的税种的纳税人和负税人却是不一致的，如各种流转税，这种不一致主要是由税负转嫁造成的。

（三）税率

税率是指应纳税额与征税对象数额之间的法定比例。它是计算应纳税额的尺度，体现了征税的深度。税率的高低，一方面反映国家政策的要求，另一方面直接关系到国家的财政收入和纳税人的负担水平。因而，税率是税法构成的中心环节，我国现行税率主要有三种形式。

请注意

全额累进税率与超额累进税率的共同点和不同之处。

1. 比例税率。

比例税率就是对同一征税对象，不论其数额的大小，只规定一个统一比例的税率。在具体运用上，比例税率又可分为三种形式：

（1）产品比例税率。即一种或一类产品采用一个税率，如消费税的税率。

（2）地区差别比例税率。即对同一征税对象，按照不同地区的情况，采用不同的税率，如城市维护建设税税率。

（3）幅度比例税率。即对同一征税对象，税法只规定最低税率和最高税率，在这个幅度内各地区可以根据实际情况确定适当的税率，如契税采用3%~5%的幅度比例税率。

2. 累进税率。

累进税率是指随着征税对象数额或相对比例的增大，而逐级提高税率的一种递增等级税率，即按征税对象数额或相对比例的大小，划分为若干不同的征税级距，规定若干个高低不同的等级税率。征税对象数额或相对比例越大，规定的等级税率越高，反之，税率越低。累进税率又可分为全额累进税率、超额累进税率、全率累进税率、超率累进税率、超倍累进税率等几种。其中使用时间较长和应用较多的是超额累进税率。

（1）全额累进税率。是指按征税对象的绝对数额划分征税级距，就纳税人的征税对象全部数额按与之相适应的级距税率计征的一种累进税率。即一定征税对象的数额只适用一个等级的税率。

（2）超额累进税率。是指按征税对象的绝对数额划分征税级距，就纳税人征税对象全部数额中符合不同级距部分的数额，分别按与之相适应的各级距税率计征的一种累进税率。即一定征税对象的数额会同时适用几个等级的税率。我国的个人所得税税率实行的是超额累进税率。

表1-1是一张简化了的累进税率表。

表1-1　　　　　　　　　　全额或超额累进税率表

级次	应纳税所得额	税率（%）	速算扣除数
1	不超过5000元的	5	0
2	5000~10000元的	10	250
3	10000~30000元的	20	1250
4	30000~50000元的	30	4250
5	50000元以上的	40	6750

【例 1-1】 纳税人某甲年应纳税所得额为 10000 元，某乙年应纳税所得额为 10001 元，计算甲乙二人各自应纳税额。

解：

（1）按全额累进税率计算应纳税额：

甲：10000 × 10% = 1000（元）

乙：10001 × 20% = 2000.2（元）

（2）按超额累进税率计算应纳税额：

甲：5000 × 5% +（10000 - 5000）× 10% = 750（元）

乙：5000 × 5% +（10000 - 5000）× 10% +（10001 - 10000）× 20%
　　= 750.2（元）

为了简化超额累进的计算，可采用"速算扣除法"计算应纳税额。则：

甲：10000 × 10% - 250 = 750（元）

乙：10001 × 20% - 1250 = 750.2（元）

由上可见，全额累进税率和超额累进税率相比有如下特点：第一，计算简便；第二，国家取得收入较多，亦即纳税人负担较重；第三，负担不尽合理，在两个等级的临界点，会出现税负陡增的不合理现象。所以，现在通常使用的是超额累进税率。

3. 定额税率。

定额税率是按照征税对象的一定的计量单位，直接确定一个固定的应纳税额，故又称"固定税额"。定额税率的高低，不受征税对象数量多少的影响，它可视为比例税率的一种特殊形式。它与比例税率的区别主要在于计税依据不同，比例税率一般适用于从价计征，定额税率则适用于从量计征。定额税率计算简便，税额不受物价变动的影响，但价格提高，税负相应减轻；价格降低，税负相应提高。

现行税收制度中的定额税率可分为如下几种：地区差别定额税率，如资源税；幅度定额税率，如城镇土地使用税；分级定额税率，如车船税对船舶税额采用分类分级、全国统一的固定税额。

（四）纳税环节

纳税环节是指税法规定的征税对象从生产到消费的商品流转过程中，应当缴纳税款的环节。从广义上来讲，一种商品从生产到消费要经过产制、批发和零售三个环节，如工业品一般要经过工业生产、商业批发和商品零售；农产品一般要经过农业生产、商业采购、商业批发和商业零售。根据各种商品的不同特征及征税的目的，现行税收制度明确规定了纳税人应当缴纳税款的环节。

1. 单一环节征税。是指同一种税，在商品生产流转各环节只确定一个环节课税，也称为"一次课征制"。如消费税纳税环节主要是在消费品的产制环节。

2. 多环节征税。是指在商品生产的每一个流转环节都要征税，也称"多次课征制"或"道道征税"。如现行增值税在生产、批发和零售各个环节纳税。

（五）纳税期限

纳税期限是指纳税人向国家缴纳税款的法定期限，它是税收强制性和固定性特征在征收时间上的重要体现。纳税期限有两层含义：一是结算应纳税款的期限，也称结算期限，是指结算一次应纳税额的时间跨度。如：按月结算、按年结算等。二是缴纳税款的期限，也称缴款期限，是指在结算应纳税款后应在多少天内缴纳税款。如：次月10日之前缴纳，30天之内缴纳等。

（六）减税免税

减税免税是指对某些纳税人和征税对象给予鼓励和照顾的一种特殊规定，是税法的原则性和必要的灵活性相结合的体现。包括减税免税规定、起征点和免征额。

1. 减税和免税。是指对应纳税额少征一部分或全部免税。减免税的类型有：有关税法、税收条例、实施细则、具体规定中明确规定的减免税；有关税法已明确可以减免，但需要按税收管理体制逐级报批的减免税；纳税人由于客观性原因造成暂时性困难，不具备缴纳全部税款或部分税款的能力，需按税收管理体制申报批准的减免税。

2. 起征点。是指税法规定的征税对象中开始征收的起点。纳税人未达到起征点的给予免税，达到起征点以后，就要按征税对象的全额征税。如营业税和增值税中就规定了起征点。

3. 免征额。是指税法规定的课征对象中免于征税的数额。凡实行免征额的，不论纳税人的征税对象多大，都要先扣除免征额后征税。

（七）违章处理

违章处理是指对纳税人违反税法的行为所作的处罚。它是维护国家税法严肃性的一种必要措施，也是税收强制性的一种具体体现。纳税人的违章行为通常包括偷税、抗税、欠税、骗税以及违反税收征管法等。

违章处理的方式主要有：加收滞纳金、处以罚款、通知银行扣款、吊销税务登记证、会同工商行政管理部门吊销营业执照、移送司法机关追究刑事责任等。

二、税收分类

税收分类是按照一定的标准对复杂的税制和税种所进行的归类。科学合理的税收分类，既有助于分析各种税制的结构，研究各类税种的特点、性质、作用和它们之间的内在联系，发挥税收的杠杆作用；又有助于分析税源的分布和税收负担的状况以及税收对经济的影响，为建立适合我国国情的现代税收制度和相应的征收管理制度提供依据。

（一）按课税对象分类

这是税收分类的最主要的方法，是设计合理的税制结构、制定可行的征收管理办法、正确处理分配关系的必要前提。按征税对象分类，税收可以分为流转税、所得税、资源税、财产税和行为税等五大类。

1. 流转税类。

对流转额的课税简称流转税，或商品和劳务税。它是对销售商品或提供劳务的流转额征收的一类税收。

流转税的特点是：与商品或劳务的交换相联系，商品无处不在，又处于不断流动之中，这决定了流转税的征税范围十分广泛；流转税的计征，只看有无收入，而不管经营好坏、成本高低、利润大小；流转税都采用比例税率或定额税率，计算简便，易于征收；流转税形式上由商品生产者或销售者缴纳，但其税款常附着于卖价，易转嫁给消费者负担，而消费者却不直接感到税负的压力。

由于以上这些原因,流转税对保证国家及时、稳定、可靠地取得财政收入有着重要的作用。同时,它对调节生产、消费也有一定的作用。因此,流转税一直是我国的主体税种。

2. 所得税类。

所得税是以纳税人的所得额为征收对象的一种税。税法规定的所得额,是指纳税人在一定时期(通常为1年)的合法收入总额减去税法规定的准予扣除项目后的余额。

当前我国开征的所得税主要有:企业所得税、个人所得税。

3. 资源税类。

资源税是对开发、利用和占有国有资源的单位和个人,就其资源产品的销售和使用数量而征收的一类税。我国对资源的征税主要有:城镇土地使用税、耕地占用税、资源税、土地增值税。

4. 财产税类。

财产税是以财产为课税对象的税种。我国对财产的征税主要有:房产税、契税、车辆购置税、车船税等。

5. 行为税类。

行为税是以纳税人的某些特定行为为课税对象而征收的一类税收。我国对行为的征税主要有:印花税、城市维护建设税、屠宰税等。

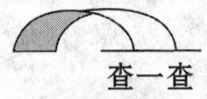

查一查

我国现行税制中有多少种税?

(二)按税收收入归属和征收管辖权限不同分类

以税收收入归属和征收管辖权限为标准,可以分为中央税,地方税和中央、地方共享税。这是在分级财政体制下的一种重要的分类方法。通过这种划分,可以使各级财政有相应的收入来源和一定范围的税收管理权限,从而有利于调动各级财政组织收入的积极性,更好地完成一级财政的任务。一般的做法是,将税源集中,收入大,涉及面广,而由全国统一立法和统一管理的税种,划作中央税;一些与地方经济联系紧密,税源比较分散的税种,列为地方税;一些既能兼顾中央和地方经济利益,又有利于调动地方组织收入积极性的税种,列为中央和地方共享税。

当前我国的中央税主要有关税、消费税等;地方税主要有土地增值税、房产税等;中央和地方共享税主要有增值税、企业所得税等。

(三)按计税依据为标准分类

以计税依据为标准,分为从量税和从价税。以销售收入和营业收入为计税依据的税叫从价税。如我国的增值税、营业税等。以课税对象的重量、容积、体积、数量为计税依据的税叫从量税。如我国的资源税等。在实际运用时,同一税种,也可以同时采用从量计征和从价计征两种方法。如我国的消

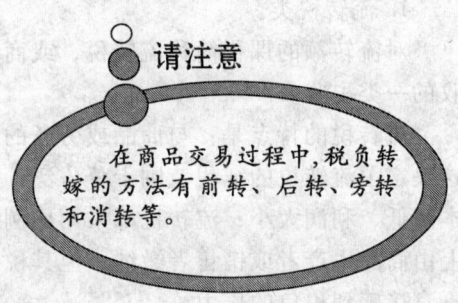

请注意

在商品交易过程中,税负转嫁的方法有前转、后转、旁转和消转等。

费税以从价计征为主,但对黄酒、啤酒、汽油、柴油实行从量征收。

(四)按税负能否转嫁为标准分类

以税收负担能否转嫁为标准,可以分为直接税和间接税。这是国际通行的一种税收分类方法,源远流长,对现代各国税制影响也很大。所谓税负转嫁是指纳税人依法缴纳税款之后,通过种种途径将所缴税款的一部分或全部转移给他人负担的经济现象和过程,它表现为纳税人与负税人的非一致性。纳税人与负税人一致即税负不能转嫁的税收叫直接税,如遗产税和各种所得税。纳税人与负税人不一致,即纳税人能采用一定的方法将税负转嫁给他人负担的税收叫间接税,如增值税、营业税和消费税等。

(五)按税收与价格的关系分类

按税收与价格的关系划分,税收可分为价内税和价外税。在市场经济条件下,税收与商品、劳务或财产的价格有着密切的关系,对商品和劳务课征的税收既可以包含于价格之中也可以在价格之外。凡税收作为价格组成部分的称为价内税,凡税收是价格之外的附加额的称为价外税。前者,其价格的组成=成本+利润+税金,后者其价格=成本+利润。价内税有利于国家通过对税负的调整,直接调节生产和消费,但往往容易造成对价格的扭曲;价外税与企业的成本核算和利润、价格没有直接联系,能更好地反映企业的经营成果,不致因征税而影响公平竞争。同时,价外税不干扰价格对市场供求状况的正确反映,因此,更适应市场经济的要求。

税收还有其他一些分类方法:例如按课税权的行使有无连续性为标准,可分为经常税和临时税;按课税的着眼点为标准,可以分为对人税和对物税;按税收缴纳形式为标准,可分为力役税、实物税和货币税。

趣 味 阅 读

唐诗一句值"千税"

提起葡萄酒,人们自然会想到法国。法国是世界上盛产葡萄酒的"王国",有较高的酿制葡萄酒技术和鉴别能力。外国的葡萄酒想打入法国市场是很难的。我国四川农学院留法研究生李华博士经过几年的刻苦努力,终于使中国的葡萄酒奇迹般地打入了法国市场。可当葡萄酒从香港转口时,港方却说:中国的葡萄酒属于洋酒,而洋酒要征300%的关税,若按土酒(本国产的酒)只征80%的关税。在这关键时刻,李华博士吟出一句唐诗:"葡萄美酒夜光杯,欲饮琵琶马上催。"并解释说:"这说明早在中国唐朝就能酿制葡萄酒了,唐朝距今已有1000多年的历史。而法国生产葡萄酒的历史恐怕要比中国晚几个世纪吧?"李华博士用一首唐诗驳得港方无言以对,只好承认中国的葡萄酒属于土酒。这样,我方只缴纳了80%的关税,真可谓唐诗一句值"千税"!

本章小结

1. 税收与其他财政收入形式相比，具有强制性、无偿性、固定性等形式特征，习惯上称之为"三性"。
2. 税收的职能是税收本质的具体体现。税收具有财政职能、经济职能和社会职能。
3. 税收制度原则有税收财政原则、税收公平原则、税收效率原则、税收法制原则。
4. 税收制度的基本要素有征税对象、纳税人、税率、纳税环节、纳税期限、减税免税和违章处理等。

主要名词（中英文对照）

税收（Tax revenue）
纳税人（Taxpayer）
税率（Tax rate）
税收职能（Function of the tax revenue）

复习思考题

1. 税收有哪些特征？
2. 什么是税收的职能？包括的主要内容有哪些？
3. 税收制度的原则有哪些？

第二章

增 值 税

内容提示

本章阐述了增值税的基本原理和计算、征收特点。包括增值税的征税范围、纳税人和税率,增值税应纳税额的计算,增值税出口货物退(免)税,增值税的征收管理等。增值税是流转税中最为重要的税种,也是本书中内容最丰富、重点和难点最多的一章,是我们必须学习和掌握的一个税种。

案例导入

某电视机厂是增值税一般纳税人,某月向各大商场销售电视机 3000 台,每台售价 2000 元,开具增值税专用发票;自设独立运输队取得营运收入 10000 元,开具普通运输发票;购入原材料 200 万元,取得增值税专用发票;购进车床 1 台,价值 50 万元,取得增值税专用发票。

该企业应怎样缴纳增值税?计税依据是多少?税率怎样确定?购进的车床可以扣税吗?

要回答这些问题,就要了解税法中增值税的有关规定。相信您通过本章的学习会有一个准确的答案。

增值税是对在我国境内销售货物或者提供加工、修理修配劳务,以及进口货物的单位和个人,就其取得的货物或者应税劳务的销售额以及进口货物的金额计算税款,并实行税款抵扣制的一种流转税。

增值税是国际上普遍采用的税种,目前有 100 多个国家和地区实行了增值税,并将其作为主要税种。我国从 1979 年起对部分行业和产品进行增值税试点,在总结经验的基础上逐步扩大征税范围。1993 年 12 月国务院颁布了《中华人民共和国增值税暂行条例》,这是我国增值税从初步实施到深化,再到完善的过程,增值税成为我国财政收入最大比例的税种。

随着我国经济形势的不断变化，当时出台的一些税收政策自然无法适应我国的经济发展需要，增值税转型改革迫在眉睫。增值税转型，短期可为企业减负、增加企业投资积极性，长期可以刺激投资，提振内需，促进企业技术更新改造，配合中国经济的结构转型。2008年11月5日国务院第三十四次常务会议对《中华人民共和国增值税暂行条例》进行了修订，自2009年1月1日起施行。

增值税有如下特点：

1. 增值税突出的优点是避免了重复征税，有利于生产向专业化协作方向发展。现代生产发展的趋势是专业化协作，以实现高精尖、大批量、低成本、低消耗的生产目标，这是社会化大生产的客观需要。增值税把道道征税的普遍性，与按增值额征税的合理性有机结合起来，有效地解决了阶梯式流转税影响专业化协作生产发展的问题。

2. 增值税有利于稳定财政收入。一种商品从制造、批发到零售的各个环节，只要有增值因素，每经过一道环节就征一道税，具有征收上的普遍性和连续性；增值税以增值额为征税对象，在征收上却以销售收入额为计税依据，只要经营收入已实现，应征税款即可入库，具有征收上的及时性；增值税从制度上有效地控制税源，使得税收的征收管理更加严密，从而有利于堵塞偷逃税的漏洞，具有征税的稳定性。所以增值税有利于国家普遍、及时、稳定地取得财政收入。

3. 增值税有利于扩大国际贸易往来。各国在商品输出时，为了增强本国商品在国际市场上的竞争力，实行彻底的出口退税。对进口商品按进口金额的全值征收增值税，使进口商品和国产商品在平等条件下进行竞争，更好地维护进口国的经济利益，保护国内产品的生产。

第一节 增值税的征税范围、纳税人和税率

一、征税范围

增值税的征税范围包括：在我国境内销售的货物或者提供的加工、修理修配劳务以及进口货物等。具体地说包括以下几个方面：

（一）销售或者进口货物

1. 销售货物。

销售货物是指有偿转让货物的所有权。"有偿"是指从购买方取得货币、货物或其他经济利益。这里的"货物"是指除土地、房屋和建筑物等不动产以外的各种有形动产，包括电力、热力、气体在内。

对进口货物征税是国际上大多数国家的通常做法。确定一项货物是否属于进口，必须首先看其是否有报关进口手续。一般来说，境外产品输入境内，都必须向我国海关申报进口，并办理有关报关手续。只要是报关进口的应税货物，不论其是国外产制还是我国已出口而转销国内的货物、是进口者自行采购还是国外捐赠的货物、是进口者自用还是作为贸易或其他

用途等，均应按照规定缴纳进口环节的增值税。

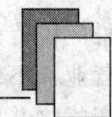知识窗

  1954年，法国对原有的营业税税制进行了改革，正式推行增值税。20世纪60年代，增值税开始被欧共体国家采纳。迄今为止，国际上已有100多个国家和地区实行了增值税。

  另外，确定一项销售行为是否成立，必须认定其是否发生了货物所有权的转让，如果只是转让了货物的使用权，如货物的出租、出借等行为，这些都不属于税法中所说的转让货物所有权，不应缴纳增值税。

  最后，所销售的货物的起运地或所在地在我国境内。

2. 视同销售货物。

  视同销售货物是相对于销售货物行为而言的，是指那些提供货物的行为，不符合增值税政策中销售货物所定义的"有偿转让货物的所有权"条件，而在征税时要视同销售货物的行为。视同销售货物的行为一律征收增值税。

  单位或个体工商户的下列行为，视同销售货物：（1）将货物交付其他单位或个人代销；（2）销售代销货物；（3）设有两个以上机构并实行统一核算的纳税人，将货物从一个机构移送其他机构用于销售，但相关机构设在同一县（市）的除外；（4）将自产、委托加工的货物用于非增值税应税项目；（5）将自产、委托加工或购买的货物作为投资，提供给其他单位或个体工商户；（6）将自产、委托加工或购买的货物分配给股东或投资者；（7）将自产、委托加工的货物用于集体福利或个人消费；（8）将自产、委托加工或购买的货物无偿赠送其他单位或个人。

3. 混合销售。

  混合销售是指一项销售行为既涉及货物又涉及非应税劳务的销售行为。所谓非应税劳务，是指属于应缴营业税的交通运输业、建筑业、金融保险业、邮电通信业、文化体育业、娱乐业、服务业税目征收范围的劳务。如某矿山机器厂向一煤矿销售一批机器，价格500万元，同时代客户安装，在货物价格外收取安装费10万元。由于该货物的销售同安装业务同时发生，该安装业务属于营业税"建筑业"税目的征税范围，这项销售活动，既涉及增值税，又涉及营业税，属于混合销售行为。又如，某歌舞厅在从事娱乐业经营的过程中，同时取得酒水饮料的销售收入。这项业务活动中，歌舞厅销售酒水饮料是销售货物的行为，从事娱乐业经营的业务属于增值税的非应税劳务，也是一种混合销售行为。

  混合销售行为的税务处理方法是：对从事货物的生产、批发或零售的企业、企业性单位及个体工商户（包括以从事货物的生产、批发或零售为主，并兼营非应税劳务的企业、企业性单位及个体工商户在内）的混合销售行为，视为销售货物，应当征收增值税。而对于其他单位和个人的混合销售行为，则视为销售非应税劳务，不征收增值税。上例中，对矿山机器厂的混合销售收入一并征收增值税，对歌舞厅的混合销售收入一并征收营业税。

  上述所说以从事货物的生产、批发或零售为主，并兼营非应税劳务，是指纳税人的年货

物销售额与非增值税应税劳务营业额的合计数中，年货物销售额超过50%，非增值税应税劳务营业额不到50%。

纳税人的下列混合销售行为，应当分别核算货物的销售额和非增值税应税劳务的营业额，并根据其销售货物的销售额计算缴纳增值税，非增值税应税劳务的营业额不缴纳增值税；未分别核算的，由主管税务机关核定其货物的销售额：（1）销售自产货物并同时提供建筑业劳务的行为；（2）财政部、国家税务总局规定的其他情形。

比一比

混合销售行为与兼营非应税劳务的不同之处。

4. 兼营非应税劳务。

兼营非应税劳务是指纳税人一方面从事应税货物销售或提供增值税应税劳务，另一方面又从事增值税非应税劳务。比如，某建筑装饰材料商店，从事建筑装饰材料的批发、零售属于增值税业务，有时也对外承揽安装、装饰工程，属于营业税劳务。对这种行为，要求分别核算增值税和营业税的销售额，分别征收增值税和营业税。未分别核算的，由主管税务机关核定货物或者应税劳务的销售额。

一般纳税人兼营免税项目或者非增值税应税劳务而无法划分不得抵扣的进项税额的，按下列公式计算不得抵扣的进项税额：

不得抵扣的进项税额＝当月无法划分的全部进项税额×当月免税项目销售额、非增值税应税劳务营业额合计÷当月全部销售额、营业额合计

由上述可见，"混合销售"与"兼营"的主要区别在于，前者是纳税人的一项销售行为涉及两种税，而后者是纳税人的经营范围涉及两种税。

（二）加工、修理修配劳务

加工、修理修配劳务，是指单位和个体工商户有偿提供的加工、修理修配劳务。单位或个体工商户聘用的员工为本单位或雇主提供的加工、修理修配劳务，不包括在内。

所谓加工，是指受托加工货物，即委托方提供原料及主要材料，受托方按照委托方的要求制造货物并收取加工费的业务。

所谓修理修配，是指受托方对损伤和丧失功能的货物进行修复，使其恢复原状和功能的业务。

应税劳务与销售货物的主要区别在于：应税劳务是无形的，它不以实物形式存在。因此，对提供和接受劳务的双方而言，不存在所有权的转移，劳务的实施行为发生就是销售劳务的发生。

此外，还有些特殊项目按规定属于增值税征税范围：如货物期货（包括商品期货和贵金属期货）；银行销售金银的业务；集邮商品（如邮票、首日封、邮折等）的生产和调拨，以及邮政部门以外的其他单位和个人销售的集邮商品；邮政部门以外的其他单位和个人发行报刊；典当业销售的死当物品，寄售业代委托人销售寄售的物品（包括居民个人寄售的物品在内）；基本建设单位和从事建筑安装业务的企业附设的工厂、车间生产的（不包括在建筑现场制造的）水泥预制构件、其他构件或建筑材料，用于其他单位或本企业的建筑工程

的；计算机产品软件销售业务；缝纫业务等。

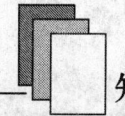知识窗

美国得克萨斯州一个名叫德林的公民，有一天收到当地税务局的书面通知，要他补缴2美分的税款。当德林知道法律规定不能收取现金时，就及时赶往邮局用挂号汇费2美元，把2美分寄到税务局。而另一美国税官为了向纳税人追缴4美分的欠税，用了20美分的邮资，挂号寄去了税单。为补缴2美分的税款和追缴4美分的欠税，分别赔进了100倍的汇费和5倍的邮费，实属世界奇闻。

二、纳税人

（一）纳税义务人

增值税纳税义务人即增值税纳税人，是指在我国境内销售货物或者提供加工、修理修配劳务以及进口货物的单位和个人。这里的"单位"是指企业和行政单位、事业单位、军事单位、社会团体及其他单位，这里的"个人"是指个体工商户及其他个人。

单位租赁或承包给其他单位或个人经营的，以承租人或承包人为纳税人。境外的单位或个人在境内销售货物或应税劳务，而又未在境内设立经营机构的，其应纳税款以境内代理人为扣缴义务人；没有代理人的，以购买者为扣缴义务人。

（二）扣缴义务人

增值税扣缴义务人，是指依据法律、行政法规，负有代扣代缴增值税款义务的单位和个人。

（三）小规模纳税人与一般纳税人

根据国际上的通行做法，为了便于增值税的计算和征收管理，我国增值税的纳税人又区分为小规模纳税人与一般纳税人。

1. 小规模纳税人。

小规模纳税人除了会计核算不健全或不能准确提供税务资料外，具体标准规定为以下几个方面：

（1）从事货物生产或者提供应税劳务的纳税人，以及以从事货物生产或者提供应税劳务为主，并兼营货物批发或者零售的纳税人，年应征增值税销售额（以下简称应税销售额）在50万元以下（含本数，下同）的。

（2）除上述规定以外的纳税人，年应税销售额在80万元以下的。

以从事货物生产或者提供应税劳务为主，是指纳税人的年货物生产或者提供应税劳务的销售额占年应税销售额的比重在50%以上。

（3）年应税销售额超过小规模纳税人标准的其他个人、非企业性单位、不经常发生应税行为的企业，可选择按小规模纳税人纳税。

（4）个体工商户以外的其他个人。

（5）纳税人销售额超过小规模纳税人标准，未申请办理一般纳税人认定手续的。

(6) 小规模纳税人的销售额不包括其应纳税额。小规模纳税人销售货物或者应税劳务采用销售额和应纳税额合并定价方法的，按下列公式计算销售额：

销售额 = 含税销售额 ÷ （1 + 征收率）

2. 一般纳税人。

增值税一般纳税人是指会计核算健全且年应税销售额超过小规模纳税人标准的企业和企业性单位。要想成为一般纳税人，应当向主管税务机关申请一般纳税人资格认定。除国家税务总局另有规定外，纳税人一经认定为一般纳税人后，不得转为小规模纳税人。

年应税销售额未超过财政部、国家税务总局规定的小规模纳税人标准以及新开业的纳税人，可以向主管税务机关申请一般纳税人资格认定。对提出申请并且同时符合下列条件的纳税人，主管税务机关应当为其办理一般纳税人资格认定：一是有固定的生产经营场所；二是能够按照国家统一的会计制度规定设置账簿，根据合法、有效凭证核算，能够提供准确税务资料。

增值税纳税人一经认定为一般纳税人，就享有相应的权利，但同时也应履行应有的义务。

（1）一般纳税人的权利。可到指定的地点办理增值税专用发票领购手续并购买专用发票，在对外销售货物和提供应税劳务时，可开具增值税专用发票；在购进货物或接受应税劳务时，有权向销售方索取增值税专用发票或其他扣税凭证；享有抵扣进项税额的权利。

（2）一般纳税人的义务。依法缴纳增值税义务；建立健全财务会计制度，正确核算增值税进项税额、销项税额及应纳税额的义务；向税务机关提供税务资料及相关税务信息的义务；确保增值税运行安全的义务；有妥善保管和按规定使用专用发票的义务。

三、税率

我国的增值税税率，是在充分借鉴国际通行做法和总结我国实践经验的基础上，按照中性、普遍、简化的原则，在基本保持原税负总水平和原税收总规模的前提下，按价内税换算为价外税加以设计的。增值税的基本税率规定为17%，使之具有一般的、普遍的调节功能。在此基础上，一是通过消费税来承担特殊调节任务；二是通过列举方式降低5类货物的税率和对出口货物实行零税率制。具体规定如下：

（一）基本税率

纳税人销售或者进口货物，除列举的以外，税率均为17%；提供加工、修理修配劳务的，税率也为17%。

（二）低税率

纳税人销售或者进口下列货物的，适用13%的低税率：（1）粮食、食用植物油；（2）自来水、暖气、冷气、热水、煤气、石油液化气、天然气、沼气、居民用煤炭制品；（3）图书、报纸、杂志；（4）饲料、化肥、农药、农机、农膜；（5）国务院规定的其他货物。

（三）零税率

零税率适用于报关出口的货物。但对纳税人出口的原油、援外出口货物、国家禁止出口的货物（如天然牛黄、麝香、锡及铜基合金、白金、糖

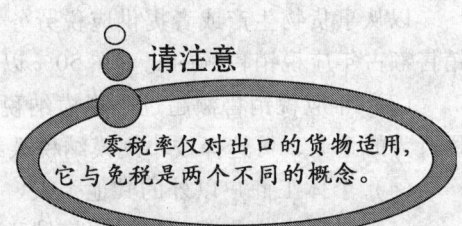

请注意

零税率仅对出口的货物适用，它与免税是两个不同的概念。

等），不能采用零税率，应比照内销货物的规定征收增值税。零税率是对出口货物的一种特别税收优惠，属于免税范畴。但零税率与一般的免税不同，一般的免税只免了本环节的应纳税款，而零税率是免除了全部所有环节的税款。对出口货物实行零税率，可以使出口货物以不含税的价格参与国际市场的竞争。

（四）征收率

考虑到小规模纳税人经营规模小，且会计核算不健全，难以按上述两档税率计税和使用增值税专用发票抵扣进项税额，因此，实行按销售额与征收率计算应纳税额的简易办法。小规模纳税人适用税率为3%。

（五）适用税率的特殊规定

1. 纳税人兼营不同税率的货物或者应税劳务，应当分别核算不同税率货物或者应税劳务的销售额。未分别核算销售额的，从高适用税率计算其应纳税款。

2. 纳税人销售不同税率货物或应税劳务，并兼营应属一并征收增值税的非应税劳务，没有分开核算的，由主管税务机关核定货物或者应税劳务的销售额。

第二节 增值税的计算

一、一般纳税人应纳税额的计算

我国现行增值税应纳税额的计算采用购进扣税法，即根据增值税专用发票上注明的税款进行抵扣，销项税额与进项税额之差为应纳税额。计算公式为：

应纳税额 = 当期销项税额 - 当期进项税额

（一）销项税额的计算

销项税额是指纳税人销售货物或提供应税劳务，按照规定税率计算并向购买方收取的增值税税额。销项税额的计算公式是：

销项税额 = 销售额 × 适用税率

1. 销售额的组成内容。

销售额是指纳税人销售货物或者提供应税劳务向购买方收取的全部价款和价外费用，但不包括向购买方收取的销项税额（这表明增值税是一种价外税）。

价外费用包括向购买方价外收取的手续费、补贴、基金、集资费、返还利润、奖励费、违约金、滞纳金、延期付款利息、赔偿金、包装费及其租金、储备费、优质费、运输装卸费、代收款项、代垫款项及其他各种性质的价外费用。但不包括：(1) 受托加工应征消费税的消费品所代收代缴的消费税。(2) 同时符合以下条件的代垫运费：一是承运部门的运费发票开具给购货方的；二是纳税人将该项发票转交给购货方。(3) 同时符合以下条件代为收取的政府性基金或者行政事业性收费：一是由国务院或者财政部批准设立的政府性基金，由国务院或者省级人民政府及其财政、价格主管部门批准设立的行政事业性收费；二是收取时开具省级以上财政部门印制的财政票据；三是所收款项全额上缴财政。(4) 销售货物的同时代办保险等而向购买方收取的保险费,以及向购买方收取的代购买方缴纳的车辆购置税、车辆牌照费。

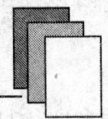
知识窗

瑞典人生活富裕,社会福利殷实,经济增长率近年来连续多年超过欧盟国家平均水平,人均国民收入高居世界前列。高福利意味着高税收,2003年,瑞典税收收入占GDP的55%。据世界经贸组织提供的统计数字表明,瑞典是目前世界上公认的税收负担最重的国家。

2. 含税销售额的换算。

增值税的应税销售额不包括向购买方收取的销项税额,但在实际生活中,常常出现纳税人将销售货物的销售额和销项税额合并定价,成为含税的销售额。遇到这种情况,在计税时先要将含税销售额换算为不含税销售额,其换算公式为:

$$销售额 = \frac{含增值税的销售额}{1+税率}$$

3. 特殊销售方式下的销售额。

(1) 采用折扣方式销售。折扣销售一般可分为商业折扣和现金折扣。

商业折扣是按商品标明的价格扣减一定数额后销售。这项扣减数通常用百分比表示,如10%、15%等;我国习惯用九折、八折等表示,例如一件单价为100元的货物,按八折销售则卖80元,如果销售额和折扣额在同一张发票上分别注明的,可按折扣后的销售额计税;如果将折扣额另开发票,则不论其在财务上如何处理,均不得从销售额中减除折扣额。

现金折扣是指在采用赊销方式销售商品时,为了鼓励购货方在一定期限内尽早偿还货款而规定的一种价格优惠措施。它通常表示为2/10、1/20等等,分别表示在10天内付款的给予2%的货款折扣;11~20天内付款的,折扣1%;超过20天,全价付款。这种折扣发生在销售货物之后,税法规定现金折扣不得从销售额中减除,即应按货价全额计税。

【例2-1】某公司某月销售给A公司甲产品1000件,单价为10元,双方协议现金折扣为2/10、1/20,A公司在第15天付款,该公司实际收到款项9900元。公司向A公司开具专用发票两张,一张注明销售额10000元,销项税金1700元;另一张为红字发票,注明销售金额100元,销项税金17元。该公司应申报的销项税额是多少?

分析: 因税法规定现金折扣不得从销售额中减除,即应按货价全额计税,企业纳税申报时,应申报销售额是10000元,而不是9900元。申报增值税销项税额1700元,而不是1683元。

(2) 以物易物、以旧换新。以物易物是指购销双方不以货币结算,而是以同等价款的货物相互结算,实现货物购销的一种方式。对此,税法规定以物易物双方都要作购销处理,以各自发出的货物核算销售额并计算销项税额;以各自收得的货物核算购货额并计算进项税额。

以旧换新是指纳税人为了促销,在销售货物的同时有偿收回旧货物。对此,应按新货物的销售价确定销售额,不能从中扣减旧货物的收购价格。例如,某商场为了促销,采取以旧换新方式销售电视机一批,每台电视机不含税价为2000元;同时回收一台旧电视机折价200元;即只收现金1800元。而计税时,应按每台2000元确定销售额。

考虑到金银首饰的特殊情况,对金银首饰以旧换新业务,可以按销售方实际收取的不含增值税的价款征收增值税。

(3)还本销售。还本销售是指纳税人在销售货物后,到一定期限由销售方一次或分次退还给购货方全部或部分价款。这种方式实际上是一种筹集资金行为。税法规定不准从销售额中减除还本支出。

4. 视同销售货物行为的销售额。

纳税人销售货物或应税劳务的价格明显偏低并无正当理由,或视同销售征税又无销售额的按下列顺序确定其销售额:(1)按纳税人最近时期同类货物的平均销售价格确定;(2)按其他纳税人最近时期同类货物的平均销售价格确定;(3)按组成计税价格确定。组成计税价格的公式为:

组成计税价格 = 成本 × (1 + 成本利润率)

这就是说,计税价格由成本和利润两项组成。公式中的成本为自产货物的实际生产成本或外购货物的实际采购成本。公式中的成本利润率,按1993年国家税务总局颁发的《增值税若干具体问题的规定》确定为10%。但属于应从价定率征收消费税的货物,其组成计税价格公式中的成本利润率,为《消费税若干具体问题的规定》中规定的成本利润率(详见第三章)。

【例2-2】某厂(一般纳税人)将试制的新型女士手提包作为福利发给本厂职工,共发放500个,无同类产品售价,制作手提包的成本为4000元。计算销售额为多少?

分析:本例中将手提包作为福利发给职工是视同销售行为,因无同类商品售价,应按组成计税价格计算。

解:

销售额 = 4000 × (1 + 10%) = 4400(元)

5. 包装物押金。

包装物是纳税人包装本单位货物的各种物品。纳税人销售货物时另收取押金,目的是促使购货方及早退回包装物以便周转使用。

纳税人为销售货物而出租、出借包装物收取的押金,单独核算且时间在1年以内,又未过期的不并入销售额征税;但逾期未收回包装物不再退还的押金,应按包装物的适用税率计算销项税额。

在将包装物押金并入销售额征税时,需要先将押金换算成不含税价,再并入销售额征税。

(二)进项税额的计算

进项税额是指纳税人当期购进货物或者接受应税劳务,所支付或者负担的增值税额。为避免重复征税,增值税进项税额允许在纳税人销售货物时的销项税额中抵扣。在增值税的征收和计算过程中,只有一般纳税人才会出现和使用进项税额这一概念。

1. 准予从销项税额中抵扣的进项税额。

(1) 从销售方取得的增值税专用发票上注明的增值税额。

(2) 从海关取得的海关进口增值税专用缴款书上注明的增值税额。

(3) 购进农产品,除取得增值税专用发票或者海关进口增值税专用缴款书外,按照农产品收购发票或者销售发票上注明的农产品买价和13%的扣除率计算的进项税额。进项税额计算公式:

$$进项税额 = 买价 \times 扣除率$$

所称买价,包括纳税人购进农产品在农产品收购发票或者销售发票上注明的价款和按规定缴纳的烟叶税。

(4) 购进或者销售货物以及在生产经营过程中支付运输费用的,按照运输费用结算单据上注明的运输费用金额和7%的扣除率计算的进项税额。运输费用金额,是指运输费用结算单据上注明的运输费用(包括铁路临管线及铁路专线运输费用)、建设基金,不包括装卸费、保险费等其他杂费。进项税额计算公式:

$$进项税额 = 运输费用金额 \times 扣除率$$

【例2-3】某企业为一般纳税人,某月经营情况如下:

(1) 外购原材料一批,取得的增值税专用发票上注明的货款100万元,税额17万元;

(2) 进口原材料一批,取得的完税证明上注明的已纳税额20万元;

(3) 外购农产品,支付价款100万元,取得合法票据;

(4) 外购货物支付运输费用50万元,保险费5万元,装卸费2万元,取得普通运输发票;

(5) 上月尚有未抵扣完的进项税额2万元。

计算该企业可以抵扣的进项税额为多少?

分析:对于进口货物,可以根据海关完税凭证确定进项税额;购买农业产品,准予按照买价的13%的扣除率计算进项税额;运输费用可按运费结算单据所列运费金额的7%的扣除率,计算抵扣进项税额,但不包括随同运费支付的装卸费、保险费等其他杂费。

解:

$$可以抵扣的进项税额 = 17 + 20 + 100 \times 13\% + 50 \times 7\% + 2 = 55.5(万元)$$

2. 不准从销项税额中抵扣的进项税额。

纳税人购进货物或者应税劳务,未按照规定取得并保存增值税扣税凭证,或者增值税扣税凭证上未按照规定注明增值税额及其他有关事项的,进项税额不得从销项税额中抵扣。

除此之外,下列项目的进项税额也不得从销项税额中抵扣:

(1) 用于非增值税应税项目购进货物或者应税劳务。非增值税应税项目,是指提供非增值税应税劳务、转让无形资产、销售不动产和不动产在建工程。不动产是指不能移动或者移动后会引起性质、形状改变的财产,包括建筑物、构筑物和其他土地附着物。纳税人新建、改建、扩建、修缮、装饰不动产,均属于不动产在建工程。购进货物,不包括既用于增值税应税项目(不含免征增值税项目)也用于非增值税应税项目、免征增值税(以下简称免税）项目、集体福利或者个人消费的固定资产。固定资产是指使用期限超过12个月的机器、机械、运输工具以及其他与生产经营有关的设备、工具、器具等。

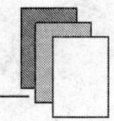
知识窗

增值税分三种类型：生产型增值税，不允许抵扣固定资产的进项税额（包括折旧），增值额相当于国内生产总值，故称"生产型增值税"；收入型增值税，允许将当期固定资产折旧从商品或劳务的销售额中抵扣，增值额相当于国民收入，故称"收入型增值税"；消费型增值税，允许将当期购进固定资产总额从商品或劳务的销售额中抵扣，相当于对消费品征税，故称"消费型增值税"。我国自2009年1月1日起，增值税由"生产型增值税"改为"消费型增值税"。

（2）用于免征增值税项目购进货物或者应税劳务。①农业生产者销售的自产农业产品，是指直接从事种植业、养殖业、林业、牧业、水产业的单位和个人销售自产的属于税法规定范围的农业产品。农产品，是指初级农产品，具体范围由财政部、国家税务总局确定；②避孕药品和用具；③古旧图书，是指向社会收购的古书和旧书；④直接用于科学研究、科学试验和教学的进口仪器、设备；⑤外国政府、国际组织无偿援助的进口物资和设备；⑥由残疾人组织直接进口供残疾人专用的物品；⑦销售自己使用过的物品，是指其他个人自己使用过的物品。纳税人销售货物或者应税劳务适用免税规定的，可以放弃免税，放弃免税后，36个月内不得再申请免税。

（3）用于集体福利或者个人消费的购进货物或者应税劳务。集体福利或者个人消费，是指企业内部设置的供职工使用的食堂、浴室、理发室、宿舍、幼儿园等福利设施及其设备、物品等，以及以福利、奖励、津贴等形式发放给职工个人的物品。

（4）非正常损失的购进货物及相关的应税劳务。非正常损失，是指因管理不善造成被盗、丢失、霉烂变质的损失。

（5）非正常损失的在产品、产成品所耗用的购进货物或者应税劳务。如一家具厂生产的家具因管理不善发生了火灾，其生产该家具所耗费的木料、水电、运输劳务等等在购进时已经作了正常的进项税额抵扣，由于发生非正常损失导致货物正常销售不能实现，因此，与之对应的所购货物的进项税额就不能抵扣。

（6）国务院财政、税务主管部门规定的纳税人自用消费品。比如：纳税人自用的应征消费税的摩托车、汽车、游艇，其进项税额不得从销项税额中抵扣。

（7）上述第（1）项至第（6）项规定的货物的运输费用和销售免税货物的运输费用。

【例2-4】 某增值税一般纳税人某月外购材料1000公斤，每公斤支付价款和税款分别为100元和17元。在运输途中因管理不善丢失100公斤。运回后以每2公斤材料生产成品1盒的工艺生产产品500盒，其中400盒用于直接销售，40盒用于发放企业职工福利，60盒因管理不善被盗。试计算该企业当月允许抵扣的进项税额是多少？

分析：购进材料在运输途中因管理不善丢失100公斤，属于非正常损失，不得抵扣进项税额；生产的产品60盒因管理不善被盗，与之对应的所购货物的进项税额不能抵扣；生产的产品40盒用于发放企业职工福利，属于视同销售行为，与之对应的购进货物的进项税额可以抵扣。

解：

不得抵扣的进项税额 = 100×17 + 60×2×17 = 3740（元）

允许抵扣的进项税额 = 1000×17 - 3740 = 13260（元）

（三）应纳税额计算

一般纳税人销售货物或提供应税劳务，其应纳税额为当期销项税额抵扣当期进项税额后的余额。

例如，本章"案例导入"中：增值税计税依据为 3000×2000 = 6000000 元；营运收入 10000 元，属兼营行为，应缴纳营业税，不缴增值税；购进的车床属固定资产，允许作为进项税额抵扣；增值税税率按基本税率17%确定；该电视机厂应缴纳增值税额 = 6000000×17% - 2000000×17% - 500000×17% = 595000 元。

1. 计算应纳税额的时间限定。

为了保证计算应纳税额的合理性、准确性，纳税人必须严格把握当期进项税额从当期销项税额中抵扣这个要点。一般纳税人应纳税额计算公式中的"当期"，是指税务机关依照税法规定对纳税人确定的纳税期限。在规定的纳税期限内实际发生的销项税额、进项税额，即为法定的当期销项税额和当期进项税额。

（1）当期销项税额的时间规定。纳税人销售货物或应税劳务，以及视同销售行为，应计入当期销售额和销项税额的时间为纳税人纳税义务发生之时。

（2）当期进项税额的时间规定。一般纳税人购进货物或应税劳务，其进项税额申报抵扣时间有以下几种情况：

①工业生产企业购进货物（包括外购货物所支付的运输费用），必须在购进的货物已经验收入库后。

②商品流通企业购进货物（包括外购货物所支付的运输费用），必须在购进货物付款后（采用分期付款方式的，应在所有款项支付完毕后）；如果是接受投资、捐赠或分配的货物，则在收到增值税专用发票之时。

③购进应税劳务，必须在劳务费用支付后。

增值税一般纳税人违反上述规定的，按偷税论处，税务机关一经查出，则应从当期进项税额中剔除，并在该进项发票上注明，以后不论其货物到达或验收入库，或支付款项，均不得计入进项税额申报抵扣。

2. 应纳税额计算实例。

【例2-5】某企业为一般纳税企业，5月份发生的经济业务如下：

（1）销售本企业制造的产品，开具增值税发票，取得销售收入2000000元。

（2）销售本企业制造的产品给小规模企业，开具普通发票，取得销售收入23400元。

（3）将生产的新产品用于本企业基建工程，成本价10000元，该新产品没有同类产品市场销售价格。

（4）购进原材料取得专用发票，价款1000000元，发票注明税款170000元。

（5）购进小轿车一部，取得专用发票，价款200000元，发票注明税款34000元。

（6）向农业生产者购进农产品一批，支付收购价200000元，支付给运输单位运费30000元，取得合法票据。

计算该企业应纳增值税是多少？

分析：销售给小规模企业的产品，应将取得的销售收入换算成不含税价款；将生产的产品用于基建工程，应视同销售，缴纳增值税；购进的小汽车属于税法规定的"自用的应征消费税的汽车"，税款不予抵扣；向农业生产者购进的农产品，适用抵扣率为13%。

解：
（1）销售产品的销项税额：

2000000×17%＋23400÷（1＋17%）×17%＝343400（元）

（2）用于基建工程产品形成的销项税额：

10000×（1＋10%）×17%＝1870（元）

（3）外购原材料应抵扣的进项税额：

170000＋200000×13%＋30000×7%＝198100（元）

（4）应缴纳的增值税：

343400＋1870－198100＝147170（元）

【例2－6】 某汽车大修厂为一般纳税企业，4月份发生下列经济业务：修理汽车开出增值税发票，取得劳务收入300000元；兼营汽车配件经销业务，取得汽车配件销售收入120000元（不含税）；外购货物80000元，增值税专用发票上注明税额13600元。计算该企业本月应缴纳多少增值税？

分析：纳税人从事加工、修理修配劳务，应按收入17%的税率计算增值税销项税额；兼营的汽车配件销售业务，按一般销售处理；外购货物，可凭从销售方取得的增值税专用发票上注明的税额，作为进项税额。

解：

本月销项税额＝（300000＋120000）×17%＝71400（元）

本月应缴增值税税额＝71400－13600＝57800（元）

二、小规模纳税人及其他按简易办法计算应纳税额的增值税计算

（一）小规模纳税人应纳税额的计算

小规模纳税人销售货物或者应税劳务，应按销售额和规定的3%的征收率计算应纳税额，不得抵扣进项税额。计算公式为：

应纳税额＝销售额×征收率

上式中销售额的确定与一般纳税人的相同，都是销售货物或提供应税劳务向购买方收取的全部价款和价外费用，但是不包括按3%的征收率收取的增值税税额。

小规模纳税人不得抵扣进项税额。这是因为，小规模纳税人会计核算不健全，不能准确核算销项税额和进项税额，不实行按销项税额抵扣进项税额取得应纳税额的税款抵扣制度，而实行简易计税办法。规定的3%的征收率，是结合增值税17%和13%两档税率的税收负担水平而设计的，其税收负担与一般纳税人基本一致，所以不能再抵扣进项税额。

【例 2 - 7】 某商店为增值税小规模纳税人,某月取得零售收入 5200 元,计算该商店应缴纳多少增值税?

分析:按规定,小规模纳税人零售收入不开增值税发票,其收入应换算成不含税价款;另外,小规模商业企业按 3% 的征收率计算增值税。

解:

不含税销售额 = 5200 ÷ (1 + 3%) = 5048.54 (元)

应纳税额 = 5048.54 × 3% = 201.94 (元)

(二) 其他按简易办法计算应纳税额的增值税计算

除小规模纳税人外,下列特定货物销售行为,不划分一般纳税人还是小规模纳税人,均按简易办法计算应纳税额。

1. 一般纳税人销售自己使用过的物品和旧货,适用按简易办法依 4% 征收率减半征收增值税政策。所称旧货,是指进入二次流通的具有部分使用价值的货物(含旧汽车、旧摩托车和旧游艇)。按下列公式确定销售额和应纳税额:

销售额 = 含税销售额 ÷ (1 + 4%)

应纳税额 = 销售额 × 4% ÷ 2

2. 小规模纳税人销售自己使用过的固定资产和旧货,按下列公式确定销售额和应纳税额:

销售额 = 含税销售额 ÷ (1 + 3%)

应纳税额 = 销售额 × 2%

3. 对属于一般纳税人的自来水公司销售自来水,按简易办法依照 6% 征收率征收增值税,不得抵扣其购进自来水取得增值税扣税凭证上注明的增值税税款。

4. 一般纳税人销售货物属于下列情形之一的,暂按简易办法依照 4% 征收率计算缴纳增值税。

(1) 寄售商店代销寄售物品(包括居民个人寄售的物品在内);

(2) 典当业销售死当物品;

(3) 经国务院或国务院授权机关批准的免税商店零售的免税品。

三、进口货物应纳税额的计算

纳税人进口货物,按照组成计税价格和规定的税率计算应纳税额,不得抵扣任何税额,即在计算进口环节的应纳增值税额时,不得抵扣发生在我国境外的各种税金。组成计税价格和应纳税额的计算公式为:

组成计税价格 = 关税完税价格 + 关税 + 消费税

应纳税额 = 组成计税价格 × 税率

进口货物增值税的组成计税价格中包括已纳关税税额,如果进口货物属于消费税应税消费品,其组成计税价格中还要包括已纳消费税税额。

进口货物的关税完税价格,是以海关审定的成交价格为基础的到岸价格作为计税价格。也就是说,进口货物一般要先征收一道关税;对应征消费税的,还要征收一道消费税;然后以关税完税价格、关税和消费税之和为计税依据,征收增值税。进口货物的增值税由海关代征。个人携带或邮寄进境自用物品的增值税,连同关税一并计征。

【例2-8】 某公司从国外进口货物一批,该批货物的关税完税价格折合人民币为200000元,关税税率为5%,应纳消费税20000元。计算该公司应纳多少增值税?

分析:进口货物根据组成计税价格计算增值税,无须抵扣任何进项税额。

解:

组成计税价格 = 200000 × (1 + 5%) + 20000 = 230000(元)

应纳增值税 = 230000 × 17% = 39100(元)

四、增值税的出口退(免)税

出口货物退(免)税,是国际上通行的税收规则,目的在于鼓励本国产品出口,使本国产品以不含税价格进入国际市场,增强本国产品的竞争能力。我国的出口货物退(免)税,是指在国际贸易中,对我国报关出口的货物,退还或免征国内各生产和流通环节的增值税和消费税。即对增值税出口货物实行零税率,对消费税出口货物免税。

出口货物适用零税率,不但出口环节不必纳税,而且还可以退还以前环节已纳税款。这就是我们通常所说的"出口退税"。当然,由于各种货物出口前设计征税情况有所不同,且国家对少数货物有限制出口政策,因此,国家在遵循"征多少、退多少、未征不退"的基本原则上,规定了不同的税务处理办法。

(一)我国出口货物退(免)税应具备的条件

1. 必须是属于增值税、消费税征税范围的货物。

2. 必须是报关离境的货物。是指货物输出海关,这是区别货物是否应退(免)税的主要标准之一。凡是报关不离境的货物,不论出口企业以外汇结算还是以人民币结算,也不论企业在财务上和其他管理上作何处理,均不能视为出口货物予以退(免)税。

3. 必须是在财务上作销售处理的货物。如果出口货物在财务尚未作销售处理,则不能办理退税。

4. 必须是出口收汇并已核销的货物。将出口退税与出口核销挂钩,可以有效地防止出口企业高报出口价格骗取退税,有助于提高出口收汇率,有助于强化出口收汇核销制度。

(二)出口货物退(免)税的适用范围

1. 出口免税并退税。

出口免税是指对货物在出口销售环节不征增值税、消费税,这是把货物出口环节与出口前的销售环节都同样视为一个征税环节。出口退税是指对货物在出口前实际承担的税收,按规定的退税率计算后予以退还。

下列企业出口的货物,除另有规定外,给予免税并退税:

(1) 生产企业自营出口或委托外贸企业代理出口的自产货物;

(2) 有进出口经营权的外贸企业收购货物出口或委托其他外贸企业代理出口的货物;

(3) 某些专门从事对外承包工程、对外修理修配、对外投资等项目的特定企业的货物出口等。

2. 出口免税不退税。

（1）下列企业出口的货物，除另有规定外，给予免税但不予退税：

①属于生产企业的小规模纳税人自营出口或委托外贸企业代理出口的自产货物；

②外贸企业小规模纳税人购进并持普通发票的货物出口，免税但不予退税。但对下列出口货物考虑其占出口比重较大及其生产、采购的特殊因素，特准退税：抽纱、工艺品、香料油、山货、草柳竹藤制品、渔网渔具、松香、五倍子、生漆、鬃尾、山羊板皮、纸制品；

③外贸企业直接购进国家规定的免税货物（包括免税农产品）出口的，免税但不予退税。

需要说明的是，上述"除另有规定外"是指若企业出口的货物属于税法列举规定的限制或禁止出口的货物，则不能免税，当然更不能退税。

（2）下列出口货物，免税但不退税：

①来料加工复出口的货物，即原材料进口免税，加工自制的货物出口不退税；

②列入免税项目的避孕药品和工具、古旧图书、免税农产品等；

③国家计划内出口的卷烟，在生产环节免征增值税和消费税，出口环节不办理退税；

④军用品以及军队系统企业出口军需工厂生产或部门调拨的货物。

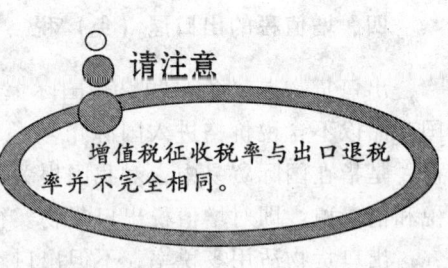

增值税征收税率与出口退税率并不完全相同。

3. 出口不免税也不退税。

下列出口货物，不免税也不退税：

（1）国家计划外出口的原油；

（2）援外出口的货物；

（3）国家禁止出口的货物，如天然牛黄、麝香、铜及铜基合金、白银等。

（三）出口货物的退税率

出口货物退税率，是出口货物的实际退税额与退税计税依据的比例。现行出口货物的增值税退税率有17%、14%、13%、11%、9%和5%六档。

第三节 增值税的征收管理

一、纳税义务发生时间与纳税期限

（一）纳税义务的发生时间

纳税义务发生时间，是纳税人发生应税行为应当承担纳税义务的起始时间。税法明确规定纳税义务发生时间的作用在于：一是正式确认纳税人已经发生属于税法规定的应税行为，应承担纳税义务；二是有利于税务机关实施税务管理，合理规定申报期限和纳税期限，监督纳税人切实履行纳税义务。

1. 《增值税暂行条例》明确规定了增值税纳税义务的发生时间：销售货物或应税劳务，

为收讫销售款或者取得索取销售款凭据的当天;进口货物,为报关进口的当天。

2. 销售货物或者应税劳务的纳税义务发生时间,按销售结算方式的不同,具体分为以下几种:

(1) 采取直接收款方式销售货物,不论货物是否发出,均为收到销售款或取得索取销售款的凭据、并将提货单交给买方的当天;

(2) 采取托收承付和委托银行收款方式销售货物,为发出货物并办妥托收手续的当天;

(3) 采取赊销和分期收款方式销售货物,为按合同约定的收款日期的当天;

(4) 采取预收货款方式销售货物,为货物发出的当天;

(5) 委托其他纳税人代销货物,为收到代销单位销售货物的代销清单的当天;

(6) 纳税人发生视同销售货物行为,除将货物交付他人代销及销售代销货物外,纳税义务发生时间为货物移送的当天;

(7) 销售应税劳务,为提供劳务同时收讫销售款或取得索取销售款凭据的当天。

(二) 纳税期限

在明确了增值税纳税义务发生时间后,还需要掌握具体纳税期限,以保证按期缴纳税款。根据《增值税暂行条例》规定,增值税的纳税期限分别为1日、3日、5日、10日、15日、1个月或1个季度。纳税人的具体纳税期限,由主管税务机关根据纳税人应纳税额的大小分别核定;不能按照固定期限纳税的,可以按次纳税。

纳税人以1个月或1个季度为一期纳税的,自期满之日起15日内申报纳税;以1日、3日、5日、10日或者15日为一期纳税的,自期满之日起5日内预缴税款,于次月1日起15日内申报纳税并结清上月应纳税款。

纳税人进口货物,应当自海关填发税款缴纳书之日起15日内缴纳税款。

纳税人出口适用税率为零的货物,可以按月向税务机关申报办理该项出口货物的退税。

二、纳税地点

为了保证纳税人按期申报纳税,根据企业跨地区经营和商品流通的特点及不同情况,税法还具体规定了增值税的纳税地点:

1. 固定业户应当向其机构所在地主管税务机关申报纳税。总机构和分支机构不在同一县(市)的,应当分别向各自所在地主管税务机关申报纳税;经国家税务总局或其授权的税务机关批准,也可由总机构汇总向总机构所在地主管税务机关申报纳税。

2. 固定业户到外县(市)销售货物的,应当向其机构所在地主管税务机关申请开具外出经营活动税收管理证明,向其机构所在地主管税务机关申报纳税。未持有其机构所在地主管税务机关核发的外出经营活动税收管理证明,到外县(市)销售货物或者应税劳务的,应当向销售地主管税务机关申报纳税;未向销售地主管税务机关申报纳税的,由其机构所在地主管税务机关补征

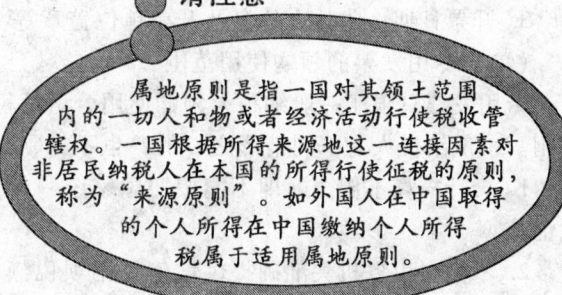

请注意

属地原则是指一国对其领土范围内的一切人和物或者经济活动行使税收管辖权。一国根据所得来源地这一连接因素对非居民纳税人在本国的所得行使征税的原则,称为"来源原则"。如外国人在中国取得的个人所得在中国缴纳个人所得税属于适用属地原则。

税款。

3. 非固定业户销售货物或者应税劳务，应当向销售地主管税务机关申报纳税。

4. 进口货物，应当由进口人或其代理人向报关地海关申报纳税。

5. 非固定业户到外县（市）销售货物或应税劳务，未向其销售地主管税务机关申报纳税的，由其机构所在地或者居住地主管税务机关补征税款。

6. 境外的单位或个人在境内销售应税劳务而在境内未设立经营机构的，其应纳税款以代理人为扣缴义务人；没有代理人的，以购买者为扣缴义务人。

税法还规定，国家税务总局可以根据征收管理的需要，对纳税地点做出特殊规定。

三、增值税专用发票

增值税实行凭发票注明税款进行抵扣的制度。增值税专用发票既是纳税人经济活动中的重要商业凭证，又是兼记销货方纳税义务和购货方进项税额的合法证明。专用发票对增值税的计算和管理起着决定性的作用。它将一个产品的最初生产到最终消费之间各环节联系起来，形成一条增值税抵扣的链条，保持了税负的完整。如果销货方应开具专用发票而未开的，购货方则不能抵扣进项税额。这样就形成购销双方的互相制约，建立起对纳税人购销双方进行交叉审计的稽核体系，增强了增值税自我制约偷逃税和减免税的内在机制。因此，加强对专用发票的管理，也就成为保证增值税的计算征收走向规范化的一个关键环节。

（一）专用发票的主要内容

专用发票的基本联次统一规定为一式四联：第一联为存根联，由销货方留存备查；第二联为发票联，由购货方作付款记账的凭证；第三联为抵扣联，由购货方作税款抵扣的凭证，纳税时交税务机关；第四联为记账联，销售方作销售的凭证。联次如不能满足用票单位经营业务需要的，可由用票单位另行印刷企业内部传递凭证，不得对外使用。企业不能用原发票代替内部传递凭证。

增值税专用发票的主要内容（见表2-1）有：

1. 购销单位的名称、地址、电话、纳税登记号、开户银行及账号。
2. 商品或劳务名称、计量单位、数量、单价、金额、税率、税额。
3. 开票日期、收款人签名及开票单位盖章等。

（二）专用发票的领购使用范围

专用发票只限于一般纳税人领购使用，增值税小规模纳税人和非增值税纳税人不得领购使用。一般纳税人有下列情形之一的，也不得领购使用专用发票：

1. 会计核算不健全，即不能按照国家统一的会计制度规定设置账簿，根据合法、有效凭证核算。

2. 不能向税务机关准确提供增值税销项税额、进项税额、应纳税额及其他有关增值税税务资料者。

3. 有私自印制专用发票，向税务机关以外的单位或个人购买专用发票，借用他人专用发票，向他人提供专用发票，未按规定的要求开具、保管专用发票，未按规定申报专用发票的购、用、存情况，未按规定接受税务机关检查等行为，经税务机关责令限期改正而未改正者。

表 2-1　　　　　　　　　　××省增值税专用发票
　　　　　　　　　　　　　　抵　扣　联
　　　　　　　　　　　　　　　　　　　　　　　　　　No
　　　　　　　　　　　　　　　　　　　　　　　　　　开票日期

购货单位	名　　称				密码区			
	纳税人识别号							
	地址、电话							
	开户行及账号							
货物或应税劳务名称	规格型号	单位	数量	单价	金额	税率	税额
合　计							
价税合计（大写）						（小写）	
销货单位	名　　称				备注			
	纳税人识别号							
	地址、电话							
	开户行及账号							

（票样）

第一联：抵扣联　购货方扣税凭证

收款人　　　　复核　　　　开票人　　　　　　　　　销货单位（章）

4. 销售的货物全部属于免税项目者。

有以上情形的一般纳税人如已领购专用发票，税务机关应收缴其结存的专用发票。

（三）专用发票开具范围

一般纳税人销售货物（包括视同销售货物在内）、应税劳务、根据增值税细则规定应当合并征收增值税的非应税劳务，必须先向购买方开具专用发票。下列情况不得开具专用发票，只能开具普通发票：

1. 向消费者销售货物；
2. 销售免税货物；
3. 销售报关出口的货物、在境外销售应税劳务；
4. 将货物用于非应税的项目；
5. 将货物用于集体福利或个人消费；
6. 将货物无偿赠送他人。但一般纳税人如果将货物无偿赠送给他人，受赠者是一般纳税人，可以根据受赠者的要求开具专用发票；
7. 提供非应税劳务（应当征收增值税的除外）、转让无形资产或者销售不动产；
8. 商业零售的烟、酒、食品、服装、鞋帽（不包括劳保专用部分）、化妆品等消费品。

向小规模纳税人销售应税项目，可以不开具专用发票。

（四）专用发票开具要求

具体要求如下：（1）字迹清楚；（2）不得涂改——如填写有误，应另行开具专用发票，并在误填的专用发票上注明"误填作废"四字；如专用发票开具后因购买方不索取而成为废票的，也应按填写有误处理；（3）项目填写齐全；（4）票、物相符，票面金额与实际收取的金额相符；（5）各项目内容正确无误；（6）全部联次一次填开，上、下联的内容和金额一致；(7) 发票联和抵扣联加盖财务专用章或发票专用章；(8) 按照规定的时限开具专用发票；(9) 不得开具伪造的专用发票；(10) 不得拆本使用专用发票；(11) 不得开具票样与国家税务总局统一制定的票样不相符合的专用发票。

(五) 专用发票填写方法

1. "销货单位"栏。

必须用蓝色印泥加盖事先刻制的专用印章，印迹必须清楚，而不得以手工填写。凡手工填写"销货单位"栏的，属未按规定开具专用发票，购货方不得作为扣税凭证。

2. "购货单位"栏。

名称要填写全称，纳税人登记号按购货单位提供的证明填写，地址要填写正确。

3. "单价"栏。

必须填写不含税单价。纳税人采用销售额和增值税额合并定价方法的，应按规定换算成不含税价。

纳税人以含税单价销售货物的须换算为不含税单价，如因换算使单价、销售额和税额等项目发生尾数误差的，应按以下方法计算填开：

销售额 = 含税总收入 ÷ (1 + 税率或征收率)

税额 = 含税总收入 − 销售额

不含税单价 = 销售额 ÷ 数量

按此方法计算如果使"货物数量×不含税单价 = 销售额"这一关系出现少量尾数误差，属正常现象，仍可作为扣税凭证。

4. "税率"栏。

填写货物或应税劳务所适用的增值税税率。一般纳税人销售按规定可实行简易办法计税的，本栏填写征收率6%或者4%。

"税额"栏的数字应按"金额"栏数字和"税率"相乘计算填写。计算公式为：

税额 = 金额 × 税率

5. 收取价外费用的专用发票填开方法。

销售货物或应税劳务收取价外费用，如价格与价外费用需要分别填写，可以在专用发票的"单价"栏填写价、费合计数，另附价外费用清单交与购货方。如果价外费用属于按规定不征收增值税的代收代缴的消费税，则该项合计数中不应包括价外费用。

价外费用项目清单应填写购销双方的单位名称，收取价外费用的商品或劳务的名称、计量单位、数量，价外费用的项目名称、单位收费标准及价外费用金额（单位费用标准乘以数量），并加盖销售方的财务用章或发票专用章。购货方应索取《价外费用项目表》一式两份，分别附在发票联和抵扣联之后。

价外费用项目清单的样式，由省级国家税务局制定。

6. 汇总开具专用发票的填开方法。

为减少开具专用发票的工作量，降低专用发票的使用成本，一般纳税人销售货物品种较多的，可以汇总开具专用发票，如果货物适用税率不一致，应按不同税率分别填开专用发票。可以不再填写"商品或劳务名称"、"计量单位"、"数量"和"单价"栏。

汇总填开专用发票，必须附有销售方开具并加盖财务专用章或发票专用章的销货清单。销货清单应与专用发票"金额"栏数字一致。购货方应索取销货清单一式两份，分别附在发票联和抵扣联之后。销货清单的样式,由省级国家税务局制定。

7. 一般纳税人销售货物或者应税劳务,开具增值税专用发票后,发生销售货物退回或者折让、开票有误等情形,应按国家税务总局的规定开具红字增值税专用发票。未按规定开具红字增值税专用发票的,增值税额不得从销项税额中扣减。

(六) 税务机关为小规模企业代开增值税专用发票的规定

按规定,小规模纳税人不能领购使用专用发票,这对小规模纳税人中的企业及企业性单位(简称小规模企业)的销售产生不利影响。为了既有利于加强专用发票的管理,又不影响小规模企业的销售,规定对凡能够认真履行纳税义务的小规模企业,经县(市)税务局批准,其销售货物或应税劳务可由税务机关代开专用发票。填开要求为:

1. 专用发票征收率为3%;
2. 专用发票的"单价"、"金额"栏应分别换算为不含税的单价和销售额;
3. 代开专用发票的发票联、抵扣联、记账联,必须加盖税务机关代开发票专用章,发票联、抵扣联交由购货方作记账和申报抵扣税款之用,记账联交由销货方作记账之用,存根联由代开税务机关保管。

同时限期要求小规模企业健全会计核算,在限期内会计核算达到要求的,可认定为一般纳税人;达不到要求的,不再代开专用发票。由税务机关代开专用发票的具体办法,暂由各省、自治区、直辖市、计划单列市税务局制定,并报国家税务总局备案。

(七) 增值税专用发票的保管

增值税专用发票具有有价证券性质,纳税人领购专用发票后,要按照税务机关的要求建立管理制度,设专人保管,并设置专门存放的场所,不能丢失、损(撕)毁;税款抵扣联按税务机关要求装订成册;专用发票的基本联次必须经税务机关查验后方可销毁;要执行税务总局或其直属分局提出的其他有关保管要求。同时必须按月在(增值税纳税申报表)附列资料栏目中如实填列专用发票购、用(包括作废)、存情况。凡是没有按这些规定保管,并经税务机关责令限期改正而未改正的,不能再领购专用发票,也不准抵扣进项税款。

纳税人发生被盗、丢失专用发票后,必须向当地主管税务机关、公安机关报失。税务机关可对那些不按规定保管专用发票而发生丢失的企业,按规定处以1万元以下的罚款。同时,将丢失专用发票的纳税人名称、发票份数、字轨号码、盖章与否等情况,经县(市)国家税务机关审核盖章后,传(寄)《中国税务报》社刊登"遗失声明"。

纳税人申报遗失的专用发票,如发现有非法代开、虚开的,该纳税人应承担偷税、骗税的连带责任。

(八) 增值税防伪税控系统

增值税防伪税控系统是运用数字密码和电子存储技术,强化增值税专用发票防伪功能,实现对增值税一般纳税人税源监控的计算机管理系统,也是国家"金税工程"的重要组成部分。用增值税防伪税控系统开具专用发票取代手写专用发票,有利于防止偷税,是改革的方向。

1. 防伪税控系统发行实行分级管理。防伪税控企业办理认定登记后,由主管税务机关负责向其发行开票子系统。防伪税控企业认定登记事项发生变化,应同时办理变更发行。
2. 防伪税控系统专用设备。这些专用设备包括:金税卡、IC卡、读卡器、延伸板及相关软件等。防伪税控系统税务专用设备由税务总局统一配备并逐级发放;企业专用设备由防伪税控系统技术服务单位实施发售管理。

3. 防伪税控企业认证报税。企业应在纳税申报期限内将抄有申报所属月份纳税信息的IC卡和备份数据软盘向主管税务机关报税。防伪税控企业和未纳入防伪税控系统管理的企业取得的防伪税控系统开具的专用发票抵扣联，应据增值税有关扣税规定核算当期进项税额，如期申报纳税，属于扣税范围的，应于纳税申报时或纳税申报前报主管税务机关认证。

4. 防伪税控企业应采取有效措施保障开票设备的安全。对税控IC卡和专用发票应分开专柜保管，任何单位和个人未经税务总局批准不得擅自改动防伪税控系统软、硬件。服务单位和防伪税控企业专用设备发生丢失被盗的，应迅速报告公安机关和主管税务机关。税务机关或企业损坏的两卡及按规定收缴的两卡，由省级税务机关统一登记造册并集中销毁。

趣味阅读

逃税造就的威士忌酒

苏格兰威士忌酒驰誉世界，这种被西方人奉为"生命之水"的美酒，却由于早期酿制粗糙，酒精度相当高而且口味不佳，只有中下阶层人士饮用的"土酒"，被视为劣等货。威士忌酒又怎会登上大雅之堂，成为世界名酒的呢？竟然和"逃税"有关。

原来在18世纪末，由于英国政府加重酒税，有部分从事威士忌酒生产的人，为了逃税，便搬上蒸馏工具，躲到人烟稀少的山区或森林里秘密酿制私酒。由于燃料不够，就利用草炭来代替；此外，盛酒容器不够，就用装过葡萄酒的旧木桶来装；酿成的酒由于不敢大量销售，只好把私酒密封后常年收藏在山洞中。岂料木桶盛载、多年窖藏正是酿造佳酿的必要条件，再加上蒸熏过程中草炭的烟味进入了酒内，更形成了极佳的特殊风味。

可谓是"无心插柳柳成荫"，发现这一秘密后，酿酒人干脆都模仿这种办法来酿酒，很快威士忌酒就以其特殊的风味打进伦敦，到19世纪已为贵族和上层社会广泛接受，并逐步成为全世界知名的佳酿。

本章小结

1. 增值税的征税范围包括在我国境内销售的货物或者提供的加工、修理修配劳务以及进口货物等。

2. 增值税纳税人包括一般纳税人和小规模纳税人。

3. 增值税税率包括基本税率、低税率、零税率和征收率。

4. 我国现行增值税应纳税额的计算采用购进扣税法，销项税额与进项税额之差为应纳税额。

5. 小规模纳税人按销售额和规定的6%或4%的征收率计算应纳税额，不得抵扣进项税额。

6. 进口货物，按照组成计税价格和规定的税率计算应纳税额，不得抵扣任何税额。

7. 我国对出口货物实行退（免）税。即对出口货物适用零税率，而且还可以退还以前环节已纳税款。

8. 增值税的征收管理包括纳税义务发生时间、纳税期限、纳税地点和增值税发票管理等。

主要名词（中英文对照）

增值税（Value added tax）
一般纳税人（General taxpayer）
出口退税（Export tax rebate）

复习思考题

1. 增值税纳税义务人是怎样划分为一般纳税人和小规模纳税人的？
2. 在增值税征收过程中，对混合销售行为是如何界定的？
3. 试述我国出口货物退（免）税的基本政策。
4. 试述增值税专用发票使用、管理的有关规定。

第三章 消费税

内容提示

本章主要阐述消费税的基本政策和基本制度,包括消费税的含义、特点、征收范围、纳税人、税率、应纳税额计算和征收管理等内容。学习本章对了解消费税的基础知识,增强消费税的征收管理基本技能有着重要的意义。

案例导入

某新开业酒厂用从农民手中购买的谷物,委托一酒精厂加工粮食酒精。2011年7月购进谷物60吨,收购凭证上注明的收购金额每吨为6000元。委托酒精厂加工粮食酒精,本月收回酒精15吨。该厂月初无库存酒精,月末有库存的委托加工酒精5吨。加工酒精支付的加工费每吨250元。本月销售委托加工的粮食酒精生产的粮食白酒20吨,每吨销售额15000元。以上价格均为不含增值税价格。

该酒厂向主管税务部门申报缴纳了增值税14362.5元。但月末主管税务部门又向该酒厂催缴消费税。酒厂财会人员向税务部门申辩说:我厂已缴纳了增值税,为什么还要缴纳消费税,这不是重复征税吗?请问:酒厂财会人员说法对吗?如果该缴消费税的话,应缴多少呢?

要回答这个问题,就要了解税法关于消费税的有关规定。这将是本章所要介绍的内容。

消费税是对在我国境内从事生产、委托加工和进口应税消费品的单位和个人,就其销售额征收的一种税。

消费税同其他流转税种相比:征税范围具有选择性、征税环节具有单一性、征收方法具有双重性、税收调节具有特殊性和税收负担具有转嫁性等特点。

第一节 消费税的征税范围、纳税人和税率

一、征税范围和课税对象

（一）征税范围

1. 生产应税消费品。

生产应税消费品销售是消费税征收的主要环节，因消费税具有单一环节征税的特点，在生产销售环节征税以后，货物在流通环节无论再转销多少次，不用再缴纳消费税。生产应税消费品除了直接对外销售应征收消费税外，纳税人将生产的应税消费品换取生产资料、消费资料、投资入股、偿还债务，以及用于继续生产应税消费品以外的其他方面都应缴纳消费税。

2. 委托加工应税消费品。

委托加工应税消费品是指委托提供原料和主要材料，受托只收取加工费和代垫部分辅助材料加工的应税消费品。由受托方提供原材料或其他情形的一律不能视同加工应税消费品。委托加工的应税消费品收回后，再继续用于生产应税消费品销售的，其加工环节缴纳的消费税款可以扣除。

3. 进口应税消费品。

单位和个人进口货物属于消费税征税范围的，在进口环节也要缴纳消费税。为了减少征税成本，进口环节缴纳的消费税由海关代征。

4. 零售应税消费品。

经国务院批准，自1995年1月1日起，金银首饰消费税由生产销售环节征收改为零售环节征收。改在零售环节征收消费税的金银首饰仅限于金基、银基合金首饰以及金、银和金基、银基合金的镶嵌首饰。零售环节适用税率为5%，在纳税人销售金银首饰、钻石及钻石饰品时征收。其计税依据是不含增值税的销售额。

对既销售金银首饰，又销售非金银首饰的生产、经营单位，应将两类商品划分清楚，分别核算销售额。凡划分不清楚或不能分别核算的，在生产环节销售的，一律从高适用税率征收消费税；在零售环节销售的，一律按金银首饰征收消费税。金银首饰与其他产品组成成套销售的，应按销售额全额征收消费税。

金银首饰连同包装物销售的，无论包装是否单独计价，也无论会计上如何核算，均应并入金银首饰的销售额，计征消费税。

带料加工的金银首饰，应按受托方销售同类金银首饰的销售价格确定计税依据征收消费税。没有同类金银首饰销售价格的，按照组成计税价格计算纳税。

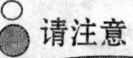

请注意

纳税人兼营不同税率的应税消费品，应当分别核算销售额、销售数量。未分别核算或者将不同税率的应税消费品成套销售的，从高适用税率。

纳税人采用以旧换新（含翻新改制）方式销售的金银首饰，应按实际收取的不含增值税的全部价款确定计税依据征收消费税。

（二）课税对象

现行消费税以14类产品为征税对象，即烟、酒及酒精、化妆品、贵重首饰及珠宝玉石、鞭炮焰火、高尔夫球及球具、汽车轮胎、摩托车、小汽车。具体的又可以归纳为五个类别：(1) 过度消费会对身体健康、社会秩序、生态环境等方面造成危害的特殊消费品，如香烟、酒、焰火鞭炮等；(2) 奢侈品及非生活必需品，如贵重首饰及珠宝玉石、化妆品等；(3) 高能耗及高档消费品，如摩托车、小汽车等；(4) 不可再生和替代的稀缺资源消费品，如成品油等；(5) 具有一定财政意义的消费品，如汽车轮胎等。

二、纳税人

消费税的纳税人是指在中华人民共和国境内生产、委托加工和进口应税消费品的单位和个人，以及国务院规定的销售应税消费品的其他单位和个人。

上述所称单位，是指企业和行政单位、事业单位、军事单位、社会团体及其他单位。所称个人，是指个体工商户及其他个人。所谓中华人民共和国境内，是指生产、委托加工和进口应税消费品的起运地或所在地在境内。

三、税率

我国现行消费税按从价税和从量税分别实行比例税率和定额税率。对于从价税消费品，实行产品差别比例税率，税率由3%～45%共有10档；对于从量征税消费品，实行定额税率，如对黄酒、啤酒、成品油等的征收。

消费税税目、税率（税额）见表3-1。

表3-1　　　　　　　　　　消费税税目、税率（税额）表

税　目	税　率
一、烟	
1. 卷烟	
（1）甲类卷烟	45%加0.003元/支
（2）乙类卷烟	30%加0.003元/支
2. 雪茄烟	25%
3. 烟丝	30%
二、酒及酒精	
1. 白酒	20%加0.5元/500克（或者500毫升）
2. 黄酒	240元/吨
3. 啤酒	
（1）甲类啤酒	250元/吨
（2）乙类啤酒	220元/吨
4. 其他酒	10%
5. 酒精	5%

续表

税　目	税　率
三、化妆品	30%
四、贵重首饰及珠宝玉石	
1. 金银首饰、铂金首饰和钻石及钻石饰品	5%
2. 其他贵重首饰和珠宝玉石	10%
五、鞭炮、焰火	15%
六、成品油	
1. 汽油	
（1）含铅汽油	0.28元/升
（2）无铅汽油	0.20元/升
2. 柴油	0.10元/升
3. 航空煤油	0.10元/升
4. 石脑油	0.20元/升
5. 溶剂油	0.20元/升
6. 润滑油	0.20元/升
7. 燃料油	0.10元/升
七、汽车轮胎	3%
八、摩托车	
1. 气缸容量（排气量，下同）在250毫升（含250毫升）以下的	3%
2. 气缸容量在250毫升以上的	10%
九、小汽车	
1. 乘用车	
（1）气缸容量（排气量，下同）在1.0升（含1.0升）以下的	1%
（2）气缸容量在1.0升以上至1.5升（含1.5升）的	3%
（3）气缸容量在1.5升以上至2.0升（含2.0升）的	5%
（4）气缸容量在2.0升以上至2.5升（含2.5升）的	9%
（5）气缸容量在2.5升以上至3.0升（含3.0升）的	12%
（6）气缸容量在3.0升以上至4.0升（含4.0升）的	25%
（7）气缸容量在4.0升以上的	40%
2. 中轻型商用客车	5%
十、高尔夫球及球具	10%
十一、高档手表	20%
十二、游艇	10%
十三、木制一次性筷子	5%
十四、实木地板	5%

四、消费税的税收优惠

消费税以生产环节为主要课税环节。消费税最终是由消费者承担的，体现于应纳消费品的价格之中,但为了减少纳税中间环节和纳税人数量,防止税款流失,把纳税环节确定为生产环节,所以生产应税消费品的纳税人并不是真正的负税人。因此,消费税一般不作减税、免税的规定。但为了保护生态环境,促进汽车业技术进步,对生产销售达到污染排放值的小汽车减征 30% 的消费税。

第二节 消费税的计算

一、基本计税方法

(一) 计税公式

消费税实行从价定率或从量定额的办法计算应纳税额。

1. 从价定率征税。

现行消费税和增值税实行交叉征收,消费税实行价内税,增值税实行价外税,由此决定了实行从价定率征税的消费品,其消费税税基与增值税的税基是一致的,即都是以含消费税而不含增值税的销售额作为计税基数。实行从价定率征税办法的消费品,其应纳税额计算公式为:

$$应纳税额 = 销售额 \times 税率$$

2. 从量定额征税。

现行消费税仅对黄酒、啤酒、汽油、柴油等 9 个税目实行定额税率。其应纳税额计算公式为:

$$应纳税额 = 销售数量 \times 单位税额$$

由于纳税人在其生产经营过程中所使用的计量单位可能会与税法规定的计量单位不一致,所以计算征税时需要将其换算成规定的计税单位。税法规定的换算标准如下:啤酒 1 吨 = 988 升;黄酒 1 吨 = 962 升;汽油 1 吨 = 1388 升;柴油 1 吨 = 1176 升;石脑油 1 吨 = 1385 升;溶剂油 1 吨 = 1282 升;润滑油 1 吨 = 1126 升;燃料油 1 吨 = 1015 升;航空煤油 1 吨 = 1246 升。

3. 从价定率和从量定额混合计算办法。

现行消费税的征税范围中,只有卷烟、粮食白酒、薯类白酒采用混合计算方法。其基本计算公式如下:

$$\frac{应纳}{税额} = \frac{应税销}{售数量} \times \frac{定额}{税率} + \frac{应\ 税}{销售额} \times \frac{比例}{税率}$$

生产销售卷烟、粮食白酒、薯类白酒从量定额计税依据为实际销售数量。进口、委托加工、自产自用卷烟、粮食白酒、薯类白酒从量定额计税依据分别为海关核定的进口征税数量、委托方收回数量、移送使用数量。

(二) 计税依据

1. 销售额的确定。应税消费品的销售额为纳税人销售应税消费品向购买方收取的全部价款和价外费用。

但下列款项不包括在内:(1)承运部门的运费发票开具给购货方的。(2)纳税人将该项发票转交给购货方的。其他价外费用,无论是否属于纳税人的收入,均应并入销售额计算征税。

应税消费品的销售额,不包括应向购货方收取的增值税税款。如果纳税人应税消费品的销售额中未扣除增值税税款或者因不得开具增值税专用发票而发生价款和增值税税款合并收取的,在计算消费税时,应当换算为不含增值税税款的销售额。其换算公式为:

$$应税消费品的销售额 = \frac{含增值税的销售额}{1+增值税税率或征收率}$$

2. 销售数量的确定。销售数量是指应税消费品的数量。具体分为:
(1) 销售应税消费品的,为应税消费品的销售数量;
(2) 自产自用应税消费品的,为应税消费品的移送使用数量;
(3) 委托加工应税消费品的,为纳税人收回的应税消费品数量;
(4) 进口的应税消费品,为海关核定的应税消费品进口征税数量。

3. 连同包装物销售的应税消费品计税依据的确定。实行从价定率办法计算应纳税额的应税消费品连同包装物销售的,无论包装物是否单独计价,也不论在会计上如何核算,均应并入应税消费品的销售额中征收消费税。

如果包装物不作价随同产品销售,而是收取押金,此项押金则不应并入应税消费品的销售额中征税。

4. 纳税人通过自设非独立核算门市部销售的自产应税消费品,应当按照门市部对外销售额或者销售数量征收消费税。

5. 纳税人用于换取生产资料和消费资料,投资入股和抵偿债务等方面的应税消费品,应当以纳税人同类应税消费品的最高销售价格作为计税依据计算消费税。

(三) 原料已纳消费税税款的扣除

税法规定,对用外购应税消费品连续生产应税消费品的,可以扣除原料已纳的消费税税款。具体扣除办法为:

$$\begin{matrix}当期准予扣除的外购\\应税消费品已纳税款\end{matrix} = \begin{matrix}当期准予扣除的外\\购应税消费品买价\end{matrix} \times \begin{matrix}外购应税消费品\\适\quad 用\quad 税\quad 率\end{matrix}$$

二、特殊计税方法

(一) 自产自用应税消费品

1. 用于连续生产应税消费品的。

用于连续生产应税消费品的,是指作为生产最终应税消费品的直接材料,并构成最终产品实体的应税消费品。税法规定对这种自产自用形式不再征税。

2. 用于其他方面的。

用于其他方面的,是指纳税人用于生产非应税消费品和在建工程、管理部门、非生产机构提供劳务,以及用于馈赠、赞助、集资、广告、

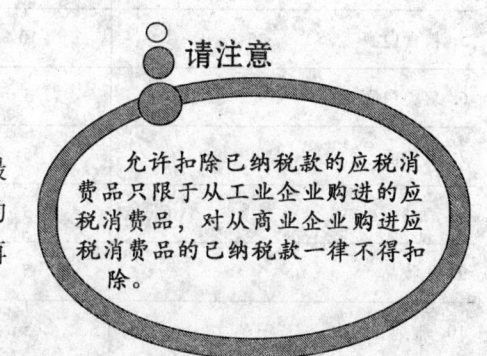

请注意

允许扣除已纳税款的应税消费品只限于从工业企业购进的应税消费品,对从商业企业购进应税消费品的已纳税款一律不得扣除。

样品、职工福利、奖励等方面的应税消费品应视同销售,依法缴纳消费税。

3. 应纳税额的计算。

根据税法规定,纳税人自产自用的应税消费品,凡用于其他方面应当纳税的,其税款计算办法有以下两种:

(1) 有同类消费品销售价格的,按照纳税人生产的同类消费品的销售价格计算纳税。其应纳税额计算公式为:

$$\text{应纳税额} = \text{同类消费品的消费单价} \times \text{自产自用数量} \times \text{适用税率}$$

(2) 没有同类消费品销售价格的,按照组成计税价格计算纳税。组成计税价格及应纳税额计算公式为:

$$\text{组成计税价格} = \frac{\text{成本} + \text{利润}}{1 - \text{消费税税率}} = \frac{\text{成本} \times (1 + \text{成本利润率})}{1 - \text{消费税税率}}$$

实行复合计税办法计算纳税的组成计税价格计算公式:

$$\text{组成计税价格} = (\text{成本} + \text{利润} + \text{自产自用数量} \times \text{定额税率}) \div (1 - \text{比例税率})$$

$$\text{应纳税额} = \text{组成计税价格} \times \text{适用税率}$$

上述公式中的"成本",是指应税消费品的产品生产成本。"利润"是指根据应税消费品的全国平均成本利润率计算的利润。应税消费品全国平均成本利润率由国家税务总局确定。

2006年3月,国家税务总局颁发的《消费税若干具体问题的规定》,确定应税消费品全国平均成本利润率见表3-2。

表3-2　　　　　　　　　　平均成本利润率表　　　　　　　　　　单位:%

货物名称	利润率	货物名称	利润率
1. 甲类卷烟	10	11. 贵重首饰及珠宝玉石	6
2. 乙类卷烟	5	12. 汽车轮胎	5
3. 雪茄烟	5	13. 摩托车	6
4. 烟丝	5	14. 高尔夫球及球具	10
5. 粮食白酒	10	15. 高档手表	20
6. 薯类白酒	5	16. 游艇	10
7. 其他酒	5	17. 木制一次性筷子	5
8. 酒精	5	18. 实木地板	5
9. 化妆品	5	19. 乘用车	8
10. 鞭炮、焰火	5	20. 中轻型商用客车	5

应纳税额 = 组成计税价格 × 适用税率

【例 3-1】 某日用化学品厂将自产的化妆品 300 套以福利形式发给本厂职工,该化妆品每套实际销售价格为 88 元(含增值税)。计算其应纳消费税额。

分析:应税消费品的销售额,不包括应向购货方收取的增值税税款。在计算消费税时,应当换算为不含增值税税款的销售额。

解:

$$应纳税额 = \frac{88}{1+17\%} \times 30\% \times 300 = 6769.23 （元）$$

(二)委托加工应税消费品

1. 委托加工应税消费品的界定。

根据税法规定,委托加工的应税消费品是指由委托方提供原料和主要材料,受托方只收取加工费和代垫部分辅助材料加工的应税消费品。

对于受托方提供原材料生产的应税消费品,或者受托方先将原材料卖给委托方,然后再接受加工的应税消费品,以及由受托方以委托方名义购进原材料生产的应税消费品,不论在财务上是否作销售处理,都不能作为委托加工消费品,而应当作为自制应税消费品缴纳消费税。

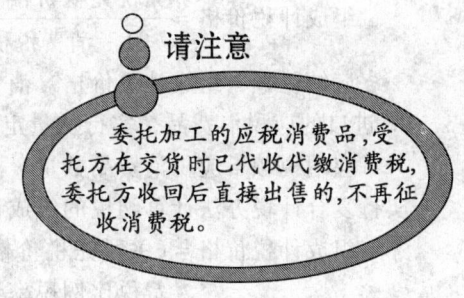

请注意

委托加工的应税消费品,受托方在交货时已代收代缴消费税,委托方收回后直接出售的,不再征收消费税。

2. 消费税款的计算及代收代缴。

委托加工的应税消费品,其具体的税款计算办法有以下两种:

(1)受托方有同类消费品销售价格的,按照受托方的同类消费品的销售价格计算纳税。其应纳税额计算公式为:

$$应纳税额 = 同类消费品的销售单价 \times 委托加工数量 \times 适用税率$$

(2)受托方没有同类消费品销售价格的,按组成计税价格计算纳税。组成计税价格及应纳税额计算公式为:

$$组成计税价格 = \frac{材料成本 + 加工费}{1 - 消费税税率}$$

实行复合计税办法计算纳税的组成计税价格计算公式为:

$$组成计税价格 = （材料成本 + 加工费 + 委托加工数量 \times 定额税率） \div （1 - 比例税率）$$
$$应纳税额 = 组成计税价格 \times 适用税率$$

【例 3-2】 红星酒厂委托永顺酒厂加工粮食白酒 10 吨,由红星酒厂提供粮食作原材料(其不含增值税成本为 150000 元)。加工完毕交付红星酒厂,收取加工费 15000 元(其中包括永顺酒厂代垫辅助材料成本 3000 元)。永顺酒厂无同类粮食白酒的销售价格。计算该笔委托加工业务永顺酒厂应收代缴的消费税。

分析:红星酒厂提供的原材料成本为不含增值税成本,不需扣除增值税;永顺厂无同类粮食白酒的销售价格,应计算组成计税价格。粮食白酒定额税率 0.5 元/500 克,比例税率 20%。

解：

$$组成计税价格 = \frac{150000 + 15000}{1 - 20\%} = 206250（元）$$

$$代收代缴消费税额 = 206250 \times 20\% + 10 \times 2000 \times 0.5 = 51250（元）$$

3. 原料已纳消费税税款的扣除。

委托加工的应税消费品在收回时已由受托方代收代缴消费税，为了避免重复征税，对委托方用委托加工收回的应税消费品连续生产应税消费品的，其已纳税款准予按照规定从连续生产的应税消费品应纳消费税税额中抵扣。

（三）进口应税消费品

1. 进口应税消费品，实行从价定率办法计算应纳税额的，按照组成计税价格计算纳税。其计算公式为：

$$组成计税价格 = \frac{关税完税价格 + 关税}{1 - 消费税税率}$$

$$应纳税额 = 组成计税价格 \times 消费税税率$$

2. 进口的应税消费品，实行从量定额办法计算应纳税额的，其计算公式为：

$$应纳税额 = 应税消费品数量 \times 消费税单位税额$$

实行复合计税办法计算纳税的组成计税价格计算公式：

$$组成计税价格 = （关税完税价格 + 关税 + 进口数量 \times 消费税定额税率）\div（1 - 消费税比例税率）$$

三、出口退（免）税的计算

纳税人出口应税消费品与出口货物一样，国家均给予退（免）税优惠。由于出口应税消费品同时涉及退（免）增值税和消费税，且退（免）消费税与出口货物退（免）增值税在退（免）税范围的限定、办理程序、审核及管理上大多一致，具体内容详见第二章第二节。这里仅就出口应税消费品退（免）税的一些特殊规定作简要介绍。

（一）出口应税消费品退（免）税范围的限定

1. 有出口经营权的外贸企业购进应税消费品直接出口，以及外贸企业受其他外贸企业（不包括非生产性的商贸企业等其他企业）委托代理出口应税消费品，出口免税并退税。

2. 有出口经营权的生产性企业自营出口或生产企业委托外贸企业代理出口自产的应税消费品，依其实际出口数量免征消费税，不予办理退还消费税。

3. 除生产企业、外贸企业外的其他企业（即一般商贸企业），委托外贸企业代理出口应税消费品一律不予退（免）税。

（二）出口应税消费品退税税率的确定

与出口货物增值税退税按规定的退税率计算不同，出口应税消费品应退消费税是按照消费税税法所规定的税率或单位税额计算的。因此，企业应将不同消费税税率的出口应税消费品分开核算和申报，凡划分不清适用税率的，一律从低适用税率计算应退消费税税额。

（三）出口应税消费品退税的计算

1. 对采用从价定率征消费税的应税消费品，应依照外贸企业从工厂购进货物时征收消费税的价格计算，其计算公式为：

应退消费税税额 = 出口货物的工厂销售额 × 税率

公式中的"出口货物的工厂销售额",不包含增值税额。如为含增值税的销售额,应将其换算为不含增值税的销售额,再计算应退消费税税额。

2. 对采用从量定额计征消费税的应税消费品,应依货物购进报关出口的数量计算。其计算公式为:

应退消费税税额 = 出口数量 × 单位税额

第三节 消费税的征收管理

一、纳税义务发生时间

1. 纳税人销售的应税消费品,其纳税义务发生时间为:
(1) 纳税人采取赊销和分期收款结算方式的,为销售合同规定的收款日期的当天;
(2) 纳税人采取预收货款结算方式的,为发出应税消费品的当天;
(3) 纳税人采取托收承付和委托银行收款方式销售的应税消费品,为发出消费品并办妥托收手续的当天;
(4) 纳税人采取其他结算方式的,为收讫销售款或者取得索取销售款的凭据的当天。
2. 纳税人自产自用的应税消费品,其纳税义务的发生时间为移送使用的当天。
3. 纳税人委托加工的应税消费品,其纳税义务的发出时间为纳税人提货的当天。
4. 纳税人进口的应税消费品,其纳税义务发生时间为报关进口的当天。

二、纳税期限

(一) 生产销售应税消费品的纳税期限

纳税人以 1 个月为一期纳税的,自期满之日起 10 日内申报纳税;以 1 日、3 日、5 日、10 日或 15 日为一期纳税的,自期满之日起 5 日内预缴税款,于次月 1 日起至 10 日内申报纳税并结清上月应纳税款;不能按固定期限纳税的,可以按次纳税。

(二) 纳税人进口应税消费品

纳税人进口应税消费品,应当自海关填发税款缴纳证之日起 15 日内缴纳税款。

三、纳税地点

1. 纳税人销售的应税消费品,以及自产自用的应税消费品,应当向纳税人核算地主管税务机关申报纳税。
2. 纳税人到外县(市)销售或委托外县(市)代销自产应税消费品,于应税消费品销售后,回纳税人核算地或所在地缴纳消费税。
3. 纳税人的总机构与分支机构不在同一县(市)的,应在生产应税消费品的分支机构所在地缴纳消费税。

4. 委托加工的应税消费品，由受托方所在地主管税务机关解缴消费税款。

5. 进口的应税消费品，由进口人或者其代理人向报关地海关申报纳税。

6. 纳税人销售的应税消费品，如因质量等原因由购买者退回时，经所在地主管税务机关审核批准后，可退还已征收的消费税税款。但不能自行直接抵减应纳税款。

四、消费税税款报缴方法

纳税人报缴税款的方法由所在地主管税务机关视不同情况，于下列办法中核定一种：

1. 纳税人按期向税务机关填报纳税申报表，并填开纳税缴款书，向所在地代理金库的银行缴纳税款。

2. 纳税人按期向税务机关填报纳税申请表，由税务机关审核后填发缴款书，按期缴纳。

3. 对会计核算不健全的小型业户，税务机关可根据其产销情况，按季或年核定其应纳税额，分月缴纳。

本章小结

1. 消费税是对在我国境内生产、委托加工和进口应税消费品的单位和个人，就其销售额征收的一种税。

2. 消费税的纳税人是在中华人民共和国境内生产、委托加工和进口应税消费品的单位和个人。

3. 现行消费税按从价征税和从量征税分别实行比例税率和定额税率。

4. 消费税实行从价定率、从量定额或从价定率和从量定额混合计算办法计算应纳税额。

5. 自产自用的应税消费品，用于连续生产应税消费品的不纳税；用于其他方面的，于移送使用时纳税。

6. 委托加工应税消费品是指委托方提供原料和主要材料，受托方只收取加工费和代垫部分辅助材料加工的应税消费品。

7. 进口应税消费品实行从价定率和从量定额两种办法计算应纳税额。

8. 消费税的征收管理包括纳税义务发生时间、纳税期限、纳税地点、税款报缴方法等内容。

主要名词（中英文对照）

消费税（Consumption tax）
价外费用（Expenses outside the price）

复习思考题

1. 如何理解消费税纳税人的含义?
2. 在计算消费税时,为什么要扣除原料已纳消费税税款?
3. 委托加工应税消费品是如何界定的?
4. 消费税有哪些报缴方法?

第四章 营业税

内容提示

营业税是世界各国普遍征收的一个税种,也是我国最重要的一种地方税。本章主要阐述我国现行营业税的基本政策和制度。通过本章学习,要求学生掌握营业税的纳税人、征税对象、征税范围和税率,重点掌握不同行业营业税税款计算的方法,了解营业税征管方面的有关规定。

案例导入

某汽车运输公司2012年3月取得运输收入50万元,同月该公司出售一间废旧仓库,取得销售收入100万元,本月还对外转让一项非专利技术,取得收入30万元,该公司当月申报缴纳营业税5.4万元[(50+100+30)×3%],结果税务部门指出该公司当月纳税申报有误。问题出在哪里呢?我们可以从本章所学内容中找到答案。

营业税是对销售不动产、转让无形资产及从事各种应税服务业的单位和个人,就其营业额计算征收的一种流转税。

第一节 营业税的征税范围、纳税人和税率

一、征税范围

（一）一般规定

营业税的征税范围是指在我国境内有偿提供应税劳务、转让无形资产或者销售不动产的行为（以下简称应税行为）。

所谓应税劳务，是指应当征收营业税的劳务，具体包括：交通运输业、建筑业、金融保险业、邮电通讯业、文化体育业、娱乐业、服务业（加工、修理修配不属于应税劳务，以下简称非应税劳务）。

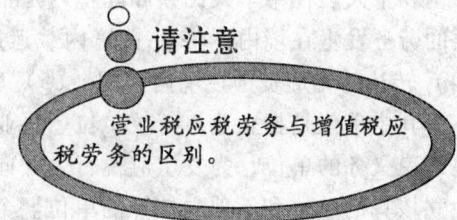

请注意

营业税应税劳务与增值税应税劳务的区别。

所谓境内，是指所提供的应税劳务发生在境内；在境内载运旅客或货物出境；组织旅客出境旅游；所转让的无形资产在境内使用；所销售的不动产在境内；在境内的保险机构所提供的保险业务（但境内保险机构为出口货物提供的保险除外）；境外保险机构以在境内的物品为标的而提供的保险业务。

所谓应税行为，是指有偿提供（包括从受让方或购买方取得货币、货物或其他经济利益）应税劳务、有偿转让无形资产或者销售不动产所有权的行为。单位或个体工商户聘用的员工为本单位或雇主提供的应税劳务，不属于营业税的征收范围。

（二）特殊规定

营业税属于流转税，与增值税一样在商品生产、流通过程中发挥作用。尽管税法已经明确划分了营业税和增值税的征收范围，但是，在实际经营活动中是很难分清的。纳税人可以同时从事多项应税活动。例如，宾馆附设餐厅、娱乐厅、健身房等适用不同税率的应税项目；客运站兼营商店等适用不同税种的经济活动。

1. 兼营不同税目的应税行为。

纳税人兼营不同税目应税行为的，应当分别核算不同税目的营业额、转让额、销售额，然后按各自的适用税率计算应纳税额；未分别核算的，将从高适用税率计算应纳税额。

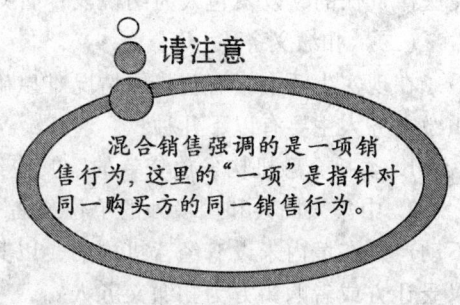

请注意

混合销售强调的是一项销售行为，这里的"一项"是指针对同一购买方的同一销售行为。

2. 混合销售行为。

一项销售行为如果既涉及营业税应税劳务又涉及货物的，为混合销售行为。从事货物的生产、批发或零售的企业、企业性单位及个体工商户的混合销售行为，视为销售货物，不征收营业税；其他单

位和个人的混合销售行为,视为提供应税劳务,应当征收营业税。

3. 兼营应税劳务与货物或非应税劳务行为。

纳税人兼营应税劳务与货物或非应税劳务行为的,应分别核算应税劳务的营业额与货物或非应税劳务的销售额,分别申报纳税;不分别核算或者不能准确核算的,其应税劳务与货物或非应税劳务一并征收增值税,不征收营业税。纳税人兼营免税、减税项目的,应当单独核算免税、减税项目的营业额;未单独核算营业额的,不得免税、减税。

二、纳税人和扣缴义务人

（一）纳税人

1. 一般规定。

营业税的纳税人为在中华人民共和国境内提供应税劳务、转让无形资产和销售不动产的单位和个人。在中华人民共和国境内是指税收行政管辖权的区域。具体情况为：（1）所提供的劳务发生在境内；（2）在境内载运旅客或货物出境；（3）在境内组织旅客出境旅游；（4）转让的无形资产在境内使用；（5）所销售的不动产在境内；（6）在境内提供保险劳务。

其中单位是指企业、行政单位、事业单位、军事单位、社会团体及其他单位。负有营业税纳税义务的单位,为发生应税行为并向对方收取货币、货物或其他经济利益的单位,包括独立核算的单位和不独立核算的单位。个人是指个体工商户和其他个人。

2. 特殊规定。

（1）企业租赁或承包给他人经营的,以承租人或承包人为纳税人。

（2）中央铁路运营业务的纳税人,为铁道部;合资铁路运营业务的纳税人,为合资铁路公司;地方铁路运营业务的纳税人,为基建临管线管理机构。

（3）从事水路运输、航空运输、管道运输和其他陆路运输业务并负有营业税纳税义务的单位,为从事运输业务并计算盈亏的单位。

（4）建筑安装业实行分包或转包的,分包或转包者为纳税人。

（5）金融保险业的纳税人包括：①银行,包括人民银行、商业银行及政策性银行。②信用合作社。③证券公司。④金融租赁公司、证券基金管理公司、财务公司、信托投资公司、证券投资基金。⑤保险公司。⑥其他经中国人民银行、中国证监会、中国保监会批准成立且经营金融保险业务的机构等。

（6）单位以承包、承租、挂靠方式经营的,承包人、承租人、挂靠人(以下统称承包人)发生应税行为,承包人以发包人、出租人、被挂靠人名义对外经营并由发包人承担相关法律责任的,以发包人为纳税人;否则以承包人为纳税人。

（二）扣缴义务人

在现实生活中,有些具体情况难以确定纳税人,因此税法规定了扣缴义务人。营业税的扣缴义务人主要有以下几种：

1. 委托金融机构发放贷款的,其应纳税款以受托发放贷款的金融机构为扣缴义务人。

2. 中华人民共和国境外的单位或者个人在境内提供应税劳务、转让无形资产或者销售不动产,在境内未设有经营机构的,以其境内代理人为扣缴义务人;在境内没有代理人的,以受让方或者购买方为扣缴义务人。

3. 单位或个人进行演出,由他人售票的,其应纳税款以售票者为扣缴义务人,演出经纪人为个人的，其办理演出业务的应纳税款也以售票者为扣缴义务人。

4. 分保险业务，其应纳税款以初保人为扣缴义务人。

5. 个人转让专利权、非专利技术、商标权、著作权、商誉的，其应纳税款以受让者为扣缴义务人。

6. 财政部规定的其他扣缴义务人。

三、税率

现行营业税按照行业、类别的不同，分别设置了9个税目。具体包括：交通运输业、建筑业、金融保险业、邮电通信业、文化体育业、娱乐业、服务业、转让无形资产和销售不动产。

根据税收的中性、简便原则，我国现行营业税实行行业差别比例税率，具体税率分为两档比例税率3%、5%和一个幅度比例税率5%~20%，详见表4-1。

表4-1　　　　　　　　　　营业税税目、税率表

税　目	征收范围	税率（%）
一、交通运输业	陆路运输、水路运输、航空运输、管道运输、装卸搬运	3
二、建筑业	建筑、安装、修缮、装饰及其他工程作业	3
三、金融保险业	金融、保险、典当	5
四、邮电通信业	邮政、集邮、邮汇、报刊发行、邮务物品销售、电报、电传、电话、电话安装	3
五、文化体育业	表演、播映、经营游览场所、其他文化业、体育	3
六、娱乐业	歌厅、舞厅、卡拉OK歌舞厅、音乐茶座、台球、高尔夫球、保龄球、球艺	5~20
七、服务业	代理业、旅店业、饮食业、旅游业、仓储业、租赁业、广告业及其他服务业	5
八、转让无形资产	转让土地使用权、专利权、非专利技术、商标权、著作权、商誉	5
九、销售不动产	销售建筑物及其他土地附着物	5

注：（1）自2004年7月1日起，对台球、保龄球减按5%的税率征收。
　　（2）居民个人按市场价格出租居住用房减按3%的税率征收。

第二节　营业税应纳税额的计算

一、计税依据

一般来说，营业税的计税依据是营业额，即纳税人从事应税劳务所实际取得的营业额、转让额和销售额（以下简称营业额）。其中，营业额是指从事交通运输业、建筑业、金融保险业、邮电通信业、文化体育业、娱乐业和服务业取得的营业收入；转让额是指转让无形资

产取得的收入;销售额是指销售不动产取得的收入。

(一) 一般规定

纳税人的应税营业额,是指纳税人提供应税劳务、转让无形资产或者销售不动产而向对方收取的手续费、基金、集资费、代收款项、代垫款项及其他各种性质的价外费用。凡价外费用,无论会计制度规定如何核算,均应并入应税营业额中计算应纳税额。

(二) 特殊规定

1. 交通运输业的计税依据。

交通运输业的计税依据为营业额,包括客运收入、装卸搬运收入、其他运输收入和运输票价中包含的保险费收入,以及随同票价、货运运价及向客户收取的各种交通运输建设基金等。其中,运输企业自我国境内运输旅客或货物出境,在境外改由其他运输企业承运旅客或者货物的,以全程运费减去付给该承运企业的运费后的余额为应税营业额。

2. 建筑业的计税依据。

建筑业的计税依据为纳税人承包建筑、修缮、安装、装饰和其他工程作业取得的营业收入额,即建筑安装企业向建设单位收取的工程价款及价外费用。其中,对以下业务又作了具体规定:

(1) 纳税人从事建筑、修缮、装饰工程作业,无论与对方如何结算,其营业额均应包括所用原材料及其他物资和动力的价款在内。

(2) 纳税人从事安装工程作业,如果安装企业只负责安装业务,所安装的设备不作为安装工程产值的,其营业额为所取得的安装收入;凡所安装的设备作为安装工程产值的,其营业额应包括设备的价款在内。

(3) 建筑业的总承包人将工程分包或转包给他人的,以工程全部承包额减去付给分包人或转包人的价款后的余额为营业额。

(4) 单位和个人自建建筑物后销售,其自建行为的营业额按组成计税价格计算。

特别强调

单位和个人自建建筑物后销售要纳两道税,即自建行为按建筑业征3%的营业税;其销售行为按销售不动产征5%的营业税。

3. 金融保险业的计税依据。

金融业的应税营业额具体包括贷款利息、融资租赁收益、金融商品转让收益以及从事金融经纪业和其他金融业务的手续费收入。保险业的应税营业额是指保险机构经营保险业务所取得的保费收入。具体规定为:

(1) 贷款业务。贷款业务一律以纳税人发放贷款所取得的利息收入全额为营业额。中国人民银行对金融机构的贷款业务不征营业税,但对企业或委托金融机构贷款的业务应当征收营业税。其他单位,不论是否为金融机构,只要发生将资金贷与他人使用的行为,均应视为发生贷款行为,按贷款业务征收营业税。

(2) 转贷业务。转贷业务以贷款利息减去借款利息后的余额为应税营业额。转贷业务是指金融机构将借入的资金贷与他人(包括直接将境外借入的外汇资金贷与国内企业)使用的业务。金融机构将吸收的单位或个人的存款或者自有资本贷与他人使用的业务,不属于转贷业务,应当划分清楚各自的营业额,按不同的计税依据计算营业税;未划分清楚各自营业额的,一律按贷款业务征税。

(3) 金融商品转让业务。金融机构从事外汇、有价证券、期货买卖业务,应以卖出价减去买入价后的余额为应税营业额。非金融机构和个人买卖外汇、有价证券或期货,不征收营业税。

(4) 融资租赁业务。经中国人民银行或商务部批准经营融资租赁业务的单位所从事的融资租赁业务,应以租赁费减去设备价款后的余额为应税营业额。对于未经中国人民银行或商务部批准而经营融资租赁业务的单位所从事的融资租赁业务,不属于金融业,应按服务业中的租赁业务征税。

(5) 保险业务。保险业务实行分保险的,以全部保费收入减去付给分保人的保费后的余额为初保业务的计税依据。

(6) 其他金融业务。典当业的应税营业额为经营者取得的利息和其他各种费用,金融经纪业的应税营业额为金融机构从事金融经济业务所取得的手续费。

4. 邮电通信业的计税依据。

邮电通信业可分为邮政业务和电信业务两类。其中,邮政业务的营业额,是指传递函件或包件、邮汇、报刊发行、邮政物品销售、邮政储蓄或其他邮政业务的收入。电信业务的营业额,是指提供电报、电话、电传、电话机安装、电信物品销售或其他电信业务的收入。

5. 文化体育业的计税依据。

文化体育业的计税依据为从事文化体育业的单位和个人所取得的营业额。其中,单位和个人进行的演出业务,应以全部票价收入或者包场收入减去付给提供演出场所的单位、演出公司或者经纪人的费用后的余额为应税营业额。游览场所的营业额是指公园、动植物园及其他游览场所销售的门票收入,不包括这些场所从事的其他游艺活动或其他经营活动的收入。

6. 娱乐业的计税依据。

娱乐业的计税依据为经营娱乐业的营业收入,即纳税人向顾客收取的全部费用,包括门票费、台位费、点歌费、烟酒费和饮料费及经营娱乐业的其他各项收费。高尔夫俱乐部所收取的会员费收入、游览场所内的游艺活动收费等均应包括在娱乐业的应税营业额中。娱乐业的纳税人兼营营业税的其他税目的业务,应将娱乐业税目的营业额和其他税目的营业额进行分别核算,不能分别核算的,应从高适用税率。

7. 服务业的计税依据。

服务业的计税依据为纳税人经营各项服务业所取得的营业收入全额。其中,旅游企业组织旅游团在我国境内旅游的,以收取的旅游费减去替旅游者支付给其他单位的房费、餐费、交通费、门票费和其他代付费用后的余额为应税营业额。旅游企业组织旅游团到我国境外旅游,在境外该由其他旅游企业接团的,以全程运费减去付给该接团企业的旅游费后的余额为应税营业额。

8. 转让无形资产的计税依据。

转让无形资产的计税依据为转让无形资产所取得的转让额,包括受让方支付给转让方的全部货币和其他经济利益。转让方收取实物或其他经济利益时,由税务机关核定其货币价值,据以作为计税依据。

9. 销售不动产的计税依据。

销售不动产的计税依据为纳税人销售不动产而向购买方收取的全部价款和价外费用。

(三) 计税依据的税务调整

1. 无营业额或营业额偏低时的税务调整。

纳税人提供应税劳务、转让无形资产或者销售不动产的价格明显偏低而无正当理由的，或者纳税人将不动产无偿赠送他人无营业额的，主管税务机关有权按下列顺序核定其营业额：

(1) 按纳税人当月提供的同类应税劳务或者销售的同类不动产的平均价格核定；

(2) 按纳税人最近时期提供的同类应税劳务或者销售的同类不动产的平均价格核定；

(3) 按下列公式核定计税价格：

$$\text{计税价格} = \text{营业成本或工程成本} \times (1 + \text{成本利润率}) \div (1 - \text{营业税税率})$$

上述公式中的成本利润率，由省、自治区、直辖市人民政府所属税务机关确定。

2. 外汇结算的营业额的税务调整。

纳税人以外汇结算营业额的，应按外汇市场价格折合成人民币计算。人民币折合率可以选择发生的当天或当月1日的国家外汇牌价（原则上为中间价）。但金融保险企业以外汇结算营业额的，金融业按其收到外汇的当天或当季季末中国人民银行公布的基准汇价折合营业额，保险业按其收到外汇的当天或当月月末中国人民银行公布的基准汇价折合营业额。纳税人选择何种折合率确定后，1年内不得变更。

二、计算应用举例

营业税税款的计算比较简单，但一定要准确把握好计税依据即计税营业额。纳税人提供应税劳务、转让无形资产或者销售不动产，按照营业额和规定的适用税率计算应纳税额。计算公式为：

应纳税额 = 营业额 × 税率

【例4-1】某运输公司某月运营售票收入总额为600万元，从中支付联运业务的金额为100万元。计算该应缴纳的营业税税额。

分析：按税法规定，运输部门支付给其他联运公司的运费可以从其营业额中扣除，以其余额为计税依据。

解：

应纳税额 =（售票收入总额 - 联运业务支出）× 适用税率
= (600 - 100) × 3% = 15（万元）

【例4-2】某卡拉OK歌舞厅某月门票收入为60万元，台位费收入30万元，相关的烟酒和饮料收入20万元，适用的税率为20%。计算该歌舞厅应缴纳的营业税税额。

分析：娱乐业的计税依据为经营娱乐业的营业收入，即纳税人向顾客收取的全部费用，包括门票费、台位费、点歌费、烟酒费和饮料费及经营娱乐业的其他各项收费。

解：

应纳税额 = 营业额 × 适用税率

$$= (60+30+20) \times 20\% = 22（万元）$$

【例 4-3】 某建筑安装公司自建一栋商住办公楼，已全部销售，取得销售额 1500 万元，建筑安装工程成本 1000 万元。当地税务机关规定的建筑工程成本利润率为 15%，计算该建筑安装公司应纳的营业税额。

分析：按税法规定，建筑安装企业的自建自用行为不征营业税，自建自售则要按"建筑业"和"销售不动产"各征一道营业税，其中自建部分需按组成计税价格计税；销售房屋应按其实际取得的价款征税。

解：

$$应纳营业税 = 1000 \times (1+15\%) \div (1-3\%) \times 3\% + 1500 \times 5\%$$
$$= 110.57（万元）$$

【例 4-4】 某旅行社本月组织团体旅游，收取旅游费共计 35 万元；其中组团境内旅游收入 15 万元，替旅游者支付给其他单位餐费、住宿费、交通费、门票共计 8 万元；组团境外旅游收入 20 万元，付给境外接团企业费用 12 万元，请计算该旅行社本月应纳的营业税额。

分析：按税法规定，组团境外旅游以全程旅费减去付给境外接团企业的旅费后的余额为营业额；旅行社代替旅游者支付给其他单位的餐费、住宿费、交通费、门票和其他代付费用可以从总收入中扣除。旅游业适用税率为 5%。

解：

$$应纳营业税 = (15-8) \times 5\% + (20-12) \times 5\% = 0.75（万元）$$

【例 4-5】 某金融机构二季度取得贷款业务利息收入 300 万元，取得转贷业务利息收入 200 万元，支付转贷业务借款利息 120 万元，试计算该金融机构二季度应纳的营业税。

分析：贷款业务以利息收入全额作为营业额，转贷业务以贷款利息收入减去借款利息后的余额作为计税依据。营业税现行税率为 5%。

解：

$$应纳营业税 = (300+200-120) \times 5\% = 19（万元）$$

三、减免税和起征点

（一）减免税

以下各项的营业税实施减免税优惠政策：

1. 托儿所、幼儿园、养老院、残疾人福利机构提供的育养服务，婚介服务，殡葬服务。
2. 残疾人员个人为社会提供的服务。
3. 医院、诊所和其他医疗机构提供的医疗服务。
4. 学校和其他教育机构提供的教育服务，学生勤工俭学提供的劳务。学校和其他教育机构是指普通学校以及经地、市级以上人民政府或者同级政府的教育行政部门批准成立、国家承认其学员学历的各类学校。
5. 农业机耕、排灌、病虫害防治、植保、农牧保险以及相关技术培训业务、家禽、牲畜、水生动物的配种和疾病防治。

6. 纪念馆、博物馆、文化馆、美术馆、展览馆、书画院、图书馆、文物保护单位举办文化活动的门票收入、宗教场所举办文化、宗教活动的门票收入。

7. 境内保险机构为出口货物提供的保险产品。

(二) 起征点

对于经营营业税应税项目的个人,营业税规定了起征点。税法规定的起征点如下:(1) 按期纳税的起征点为月营业额 5000～20000 元;(2) 按次纳税的起征点为每次(日)营业额 300～500 元。

各省、自治区、直辖市人民政府所属地方税务机关可以在规定的幅度内,根据当地实际情况确定本地区适用的起征点,并报国家税务总局备案。

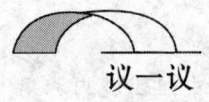

当地的营业税起征点是多少?合理吗?

第三节 营业税的征收管理

一、纳税义务发生时间

营业税的纳税义务发生时间,为纳税人收讫营业收入款项或者取得索取营业收入款项凭据的当天,具体规定为:

1. 纳税人转让土地使用权或者销售不动产,采用预收款方式的,其纳税义务发生时间为收到预收款的当天。

2. 纳税人自建建筑物销售,其纳税义务发生时间为其销售自建建筑物并收讫营业额或者索取营业额凭据的当天。

3. 纳税人将不动产无偿赠送他人,其纳税义务发生时间为不动产所有权转移的当天。

二、纳税期限

营业税的纳税期限,分别为 5 日、10 日、15 日或者 1 个月。纳税人的具体纳税期限,由主管税务机关根据纳税人应纳税额的大小分别核定;不能按照固定期限纳税的,可以按次纳税。

纳税人以 1 个月为一期纳税的,自期满之日起 10 日内申报纳税;以 5 日、10 日或者 15 日为一期纳税的,自期满之日起 5 日内预缴税款,于次月 1 日起 10 日内申报纳税并结清应纳税款。扣缴义务人的解缴税款期限,比照上述规定执行。

金融业(不包括典当业)的纳税期限为 1 个季度,自期满之日起 10 日内申报纳税。保险业的纳税期限为 1 个月。

三、纳税地点

营业税的纳税地点原则上采取属地征收的方法,就是纳税人在经营行为发生地缴纳应纳税款。具体规定如下:

1. 纳税人提供应税劳务,应当向应税劳务发生地的主管税务机关申报纳税。纳税人从事运输业务的,应当向其机构所在地主管税务机关申报纳税。
2. 纳税人转让土地使用权,应当向土地所在地主管税务机关申报纳税。纳税人转让其他无形资产,应当向其机构所在地的主管税务机关申报纳税。
3. 单位和个人出租土地使用权、不动产的营业税纳税地点为土地、不动产所在地;单位和个人出租物品、设备等动产的营业税纳税地点为出租单位机构所在地或个人居住地。
4. 纳税人销售不动产,应当向不动产所在地主管税务机关申报纳税。
5. 纳税人提供的应税劳务发生在外县(市),应向应税劳务发生地的主管税务机关申报纳税;如未向应税劳务发生地申报纳税的,由其机构所在地或者居住地主管税务机关补征税款。
6. 纳税人承包的工程跨省、自治区、直辖市的,向其机构所在地主管税务机关申报纳税。
7. 纳税人在本省、自治区、直辖市范围内发生应税行为,其纳税地点需要调整的,由省、自治区、直辖市人民政府所属税务机关确定。

趣味阅读

营业税史话

我国在历史上对于商人所课之税,其可考者,在周朝凡商贾衡虞皆有税。其后,汉武帝时有计算商贾钱缗,唐开办牙税,明代有门摊课钞,清朝有铺间房税、当税,皆属于营业税性质惟所用名称不同。

对于现有营业税的名称,系始创于民国三年(1914),其实名曰特种营业执照税,订有特种营业执照税条例。课税范围条例第一条规定为皮货、洋服、珠宝古玩、饭庄酒馆业等13个行业。

民国十七年(1928)财政部召集第一次全国财政会议,决定以营业税以地方政府办理,其以前之牙税当税一律归入整理。同年财政部又召开全国裁厘委员会会议,虽然通过各省征收营业税大纲九条,其第九条规定"各省(市)之营业税俟厘金裁撤完竣后实行",但未有结果。民国二十一年(1932)6月6日立法院制定之营业税法正式通过,13日即公布施行。以上乃我国普通营业税之创始经过也。

本章小结

1. 营业税的征税范围是指在我国境内有偿提供应税劳务、转让无形资产或者销售不动产的行为。按照行业、类别的不同，分别设置了9个税目，税率分为3%、5%和一个幅度比例税率5%~20%三档。

2. 营业税的计税依据是营业额，即纳税人从事应税劳务所实际取得的营业额、转让额和销售额。

3. 营业税的纳税期限，分别限为5日、10日、15日或者1个月。纳税地点原则上采取属地征收的方法。

主要名词（中英文对照）

营业税（Sales tax）
劳务（Labor services）
无形资产（Intangible asset）
不动产（Real property）

复习思考题

1. 增值税和营业税的征税范围是如何界定的？
2. 对纳税人提供应税劳务、转让无形资产或者销售不动产的价格明显偏低又无正当理由的，该如何确定其营业额？

第五章 关 税

内容提示

本章讲述了关税的含义和特点,重点是关税制度的内容,主要包括:关税的征税对象、纳税人、进出口关税税则、完税价格和计算办法,以及行邮物品进口税、船舶吨税等内容。

案例导入

如果你从国外回国探亲在国外共花 1000 美元买了 300 美元的名酒、300 美元的香烟、400 美元的瑞士金表作为探亲礼物的话,那你所负担的进口税负将会是比较多的。但若您带回的是 400 美元的包金首饰和 600 美元的金银戒指、项链。那您所负担的税负又可能是多少呢?相比之下,同样买 1000 美元的东西,却会付出不同的税收。本章将介绍相关内容。

关税是对进出国境或关境的货物和物品征收的一种税。

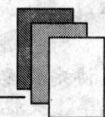 知识窗

我国自鸦片战争以后至新中国成立的 100 多年间,帝国主义国家用洋枪洋炮强加给我国许多不平等条约和通商章程,关税自主权丧失殆尽。关税管理权和关税收入被帝国主义国家长期控制。

国境是一个主权国家全面行使主权的境域,包括领土、领海、领空。关境又称税境或海关境域,是一个国家的关税法令完全实施的境域。在通常情况下,一个国家的关境与其国境是一致的。但在国境内设有免税的自由港或自由贸易区时,关境就小于国境;如果几个国家

结成关税同盟,在成员国之间货物进出国境不征收关税,只对来自和运往非同盟成员国的货物进出共同关境时征收关税,这时就各成员国来说,关境大于国境。

第一节 进出口关税的征税对象、纳税人和进出口税则

一、征税对象

进出口关税以国家准许进口和出口的货物为征税对象。凡准许进出口的货物,除国家另有规定的以外,都要按照《海关进出口税则》征收进口税或出口税。

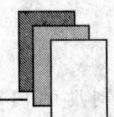

知识窗

世界海关组织(World Customs Organization),原为海关合作理事会(Customs Co‑operation Council)是为统一关税、简化海关手续而建立的国际协调组织。于1952年12月正式成立,总部设在布鲁塞尔。现有成员171个,我国于1983年7月18日加入该理事会。

二、纳税人

进出口关税以进出口货物的收、发货人或他们的代理人为纳税人。

三、进出口税则

进出口税则是为了体现关税政策和便于货物监管,按商品分类目录编制,由国家公布的对进出关境货物征收关税时所适用税率的法规性规定,是进出口关税条例的组成部分。

关税的税率是税则的关键组成部分。根据国际惯例和我国的对外贸易政策,在实际执行过程中会不断进行调整。根据世界海关组织2012年版《协调制度》目录的修订情况,结合我国生产和贸易实际,2012年版税则科目共计8194个。为适应加入WTO的需要,我国的进口关税税率水平不断降低,历年算术平均税率为:1992年43.2%、1994年35.9%、1996年23.0%、1997年17.0%、2000年16.4%、2001年15.3%、2002年12%、2003年11%、2004年10.4%、2005年和2006年降到9.9%,2007年为9.8%。

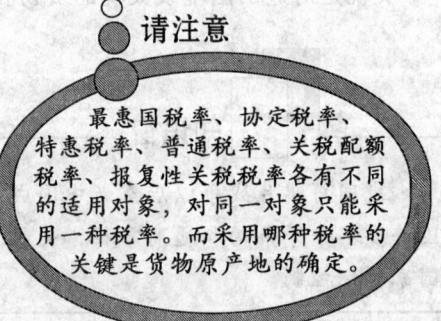

请注意

最惠国税率、协定税率、特惠税率、普通税率、关税配额税率、报复性关税税率各有不同的适用对象,对同一对象只能采用一种税率。而采用哪种税率的关键是货物原产地的确定。

进口关税设置最惠国税率、协定税率、特惠税率、普通税率、关税配额税率等税率类别。最惠国税率适用原产于与中国共同适用最惠国待遇条款的世贸组织成员国或地区的进口

货物；或原产于与中国签订有相互给予最惠国待遇条款的双边贸易协定的国家或地区的进口货物。协定税率适用原产于中国参加的含有关税优惠条款的区域性贸易协定的有关缔约方的进口货物。特惠税率适用原产于与中国签订有特殊优惠关税协定的国家或地区的进口货物。普通税率适用原产于上述国家或地区以外的国家和地区的进口货物。对进口货物在一定期限内可以实行暂定税率。适用最惠国税率的进口货物有暂定税率的，应当适用暂定税率；适用协定税率、特惠税率的进口货物有暂定税率的，应当从低适用税率；适用普通税率的进口货物，不适用暂定税率。按照国家规定实行关税配额管理的进口货物，关税配额内的，适用关税配额税率；关税配额外的，其税率的适用按上述规定执行。

任何国家或者地区违反与中华人民共和国签订或者共同参加的贸易协定及相关协定，对中华人民共和国在贸易方面采取禁止、限制、加征关税或者其他影响正常贸易的措施的，对原产于该国家或者地区的进口货物可以征收报复性关税，适用报复性关税税率。

出口税率一般按应税出口商品的类别分别规定。2008 年至今我国共有 67 个八位税号的出口货物需要征收出口关税，税率为 20%、30%、40%、50% 共 4 个税级。共有 334 个八位数税号的出口商品实行出口暂定税率，暂定税率设 0、5%、10%、15%、20%、25%、30%、35% 共 8 个税级。对纺织品采取从量税计征方式。适用出口税率的出口货物有暂定税率的，应当适用暂定税率。

第二节　进出口关税应纳税额的计算和征收

一、应纳税额的计算

（一）从价税应纳税额的计算

从价计征的计算公式为：

　　应纳税额 = 完税价格 × 关税税率

【例 5 - 1】某单位进口某种机电产品 100 台，每台关税完税价格折合人民币 1 万元，假设进口时税率为 6%，应纳关税税额的计算方法为：

　　应纳税额 = 1 万元/台 × 100 台 × 6% = 6（万元）

（二）从量税应纳税额的计算

从量计征的计算公式为：

　　应纳税额 = 货物数量 × 单位税额

（三）复合税应纳税额的计算

复合计征的计算公式为：

　　关税税额 = 从价关税 + 从量关税

二、出口货物的完税价格

出口货物的完税价格由海关以该货物向境外销售的成交价格为基础审查确定，并应包括货物运至中华人民共和国境内输出地点装载前的运输及其相关费用、保险费,但其中包含的出口关税税额应当扣除。

出口货物的成交价格是指该货物出口销售到中华人民共和国境外时买方向卖方实付或应付的价格。出口货物的成交价格不能确定时,完税价格由海关估定。

三、进口货物的完税价格

进口货物的完税价格,由海关以该货物的成交价格为基础审查确定,并应当包括货物运抵中华人民共和国境内输入地点起卸前的运输及其相关费用、保险费。

进口货物的成交价格是指买方购买该货物的实付或应付价格。进口货物的完税价格不能确定时,海关应当按规定的方法估定完税价格。

四、进出口关税的征收

进口货物的纳税义务人应当自运输工具申报进境之日起14日内;出口货物的纳税义务人除海关特准的外,应当在货物运抵海关监管区后、装货的24小时以前,向货物的进出境地海关申报。

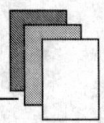
知识窗

> 我国于1962年开始对行邮物品征收进口税。1978年简化计征手续,将个人携带或邮递入境物品征收的进口关税和工商统一税合并,统称进口税。现行的《关于入境旅客行李物品和个人邮递物品征收进口税办法》是国务院关税税则委员会于1994年5月18日发布,从同年7月1日起施行的。其中,税率表已经作了多次调整,现行税率表是从2011年1月27日起施行的。

纳税义务人应当自海关填发税款缴款书之日起15日内向指定银行缴纳税款。逾期缴纳税款的,由海关自缴款期限届满之日起至缴清税款之日止,按日加收滞纳税款万分之五的滞纳金。纳税义务人应当自海关填发滞纳金缴款书之日起15日内向指定银行缴纳滞纳金。

缴款期限届满日遇休息日或法定节假日的,应当顺延至休息日或法定节假日之后的第一个工作日。

第三节 行邮物品进口税和船舶吨税

一、行邮物品进口税

行邮物品进口税是海关对入境旅客行李物品、个人邮递物品以及其他个人进口自用物品征收的进口税。简称行邮进口税。

（一）纳税人

行李和邮递物品进口税的纳税人为进境物品的所有人。

（二）税目和税率

行李和邮递物品进口税的征税项目共有3类，都采用比例税率（见表5-1）。

表5-1　　　　　　入境旅客行李物品和个人邮递物品征收进口税税率表

税号	物品名称	税率
1	书报、刊物、教育专用电影片、幻灯片、原版录音带、录像带、金、银及其制品、计算机，视频摄录一体机，数字照相机等信息技术产品、照相机、食品、饮料、本表税号2、3、4税号及备注不包含的其他商品	10%
2	纺织品及其制成品、电视摄像机及其他电器用具、自行车、手表、钟表（含配件、附件）	20%
3	高尔夫球及球具、高档手表	30%
4	烟、酒、化妆品	50%

注：1. 避孕用具和避孕药品，超过海关规定的自用合理数量部分按有关规定予以退运或按货物进口程序办理报关及验放手续。2. 上述税号中高档手表是指每块完税价格在10000元人民币及以上的手表。

（三）应纳税额的计算

纳税人应当按照海关填发税款缴纳证当日应税物品的完税价格和税率，在海关放行物品之前计算缴纳行李和邮递物品进口税。应纳税额计算公式：

应纳税额 = 完税价格 × 适用税率

其中，完税价格由海关参照应税物品的境外正常零售价格确定。例如：咖啡每公斤200元；白酒每瓶300元（不超过750毫升）；微波炉每台600元；洗碗机每台1500元；皮鞋每双300元。实际购买价格是规定完税价格的2倍及以上，或是规定完税价格的1/2及以下的物品，进境物品所有人应向海关提供销售方依法开具的真实交易的购物发票或收据，并承担相关责任。海关可以根据物品所有人提供的相关凭证，依法确定应税物品完税价格。

【例5-2】某出国人员回国时带入境内1台摄像机，完税价格折合人民币8000元，适用税率为20%，该出国人员应纳行李和邮递物品进口税税额的计算方法为：

解：

应纳税额 = 8000元 × 20% = 1600（元）

二、船舶吨税

船舶吨税是对进出、停靠我国港口的国际航行船舶由海关代征的一种税。国际航行船舶因在我国港口行驶，使用了我国的港口和助航设备，对其征收的这种税收，是一种属于使用性质的税。

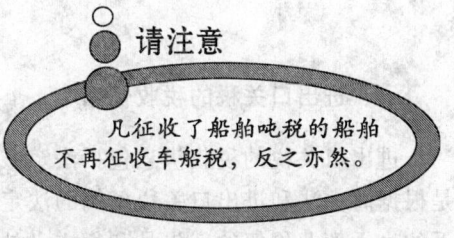

请注意

凡征收了船舶吨税的船舶不再征收车船税，反之亦然。

（一）征税范围

中华人民共和国境外港口进入境内港口的船舶，应当缴纳船舶吨税。

（二）计税依据和税率

船舶吨税的计税依据是注册净吨位。所谓注册净吨位是船上能装载客、货的船舱容量，它是船舶的容积指标。

船舶吨税，按船舶的净吨位，以吨为单位确定定额税率，吨位越大，定额税率越高，船舶吨税定额税率分为一般税率（或称普通税率）和优惠税率两种。对于同我国签有条约或协定，规定对船舶税费相互给予优惠国待遇的国家或地区的船舶，按优惠税率计征；对于没有与我国签订互惠条约的国家或地区的船舶，则按一般税率计征（见表5-2）。

表5-2 吨税税率表

税 目 （按船舶净吨位划分）	税 率（元/净吨）						说 明
	普通税率 （按执照期限划分）			优惠税率 （按执照期限划分）			
	1年	90日	30日	1年	90日	30日	
不超过2000净吨	12.6	4.2	2.1	9.0	3.0	1.5	拖船和非机动驳船分别按相同净吨位船舶税率的50%计征税款
超过2000净吨，但不超过10000净吨	24.0	8.0	4.0	17.4	5.8	2.9	
超过10000净吨，但不超过50000净吨	27.6	9.2	4.6	19.8	6.6	3.3	
超过50000净吨	31.8	10.6	5.3	22.8	7.6	3.8	

（三）计算和缴纳

船舶吨税分1年期缴纳、90天期缴纳与30天期缴纳三种。缴纳期限由应税船舶负责人或其代理人自行选择。期满时，如仍在我国港口，应从期满的次日起续征。船舶吨税的缴纳期限为自海关填发海关船舶吨税专用缴款书（以下简称缴款书）之日起15日。缴款期限届满日遇星期六、星期日等休息日或者法定节假日的，顺延至休息日或者法定节假日之后的第一个工作日。

未按期缴清税款的，自滞纳税款之日起，按日加收滞纳税款0.5‰的滞纳金。

第四节 关税的税收优惠

一、进出口关税的税收优惠

进出口关税的税收优惠包括法定减免、特定减免和临时减免三种类型。其中，法定减免是根据海关法和进出口关税条例的法定条文规定的减免税。例如：关税额在人民币50元以下的；无商业价值的广告品和货样；外国政府、国际组织无偿赠送的物资；进出境运输工具装载的途中必需的燃料、物料和饮食用品等。特定减免是指在关税基本法规确定的法定减免以外，由国务院或国务院授权的机关颁布法规、规章特别规定的减免。如对进口科技教育用品和残疾人专用品，外国驻华使领馆和有关国际机构及其人员所需物品减免关税等。临时减免是指在以上两项减免税以外，对某个纳税人由于特殊原因临时给予的减免。临时减免一般必须在货物进出口前，经所在地海关审核后，转报海关总署或海关总署会同国家税务总局、财政部审核批准。

二、行邮物品进口税的税收优惠

1. 中国常驻境外的外交机构人员、留学人员、访问学者、赴外劳务人员、援外人员、远洋海员，香港、澳门、台湾同胞和华侨，外国驻华使馆、领事馆、有关国际机构的人员，可以享受一定的免征行李和邮递物品进口税待遇。

2. 不超过海关规定的自用合理数量的避孕用具和药品，可以免征行李和邮递物品进口税。

3. 外国在华常驻人员在华居住超过1年者（指工作或者留学签证有效期超过1年者），在签证有效期以内初次来华携带进境的个人自用的家用摄像机、照相机和便携式收录机、激光唱机、计算机，报经所在地主管海关审核，在每个品种1台的数量限制以内，可以免征行李和邮递物品进口税。

三、船舶吨税的税收优惠

下列情况免征船舶吨税：（1）应纳税额在人民币50元以下的船舶；（2）自境外以购买、受赠、继承等方式取得船舶所有权的初次进口到港的空载船舶；（3）吨税执照期满后24小时内不上下客货的船舶；（4）非机动船舶（不包括非机动驳船）；（5）捕捞、养殖渔船；（6）避难、防疫隔离、修理、终止运营或者拆解，并不上下客货的船舶；（7）军队、武装警察部队专用或者征用的船舶；（8）依照法律规定应当予以免税的外国驻华使领馆、国际组织驻华代表机构及其有关人员的船舶；（9）国务院规定的其他船舶。

趣味阅读

大蒜 VS 手机

近年来，世界贸易摩擦频繁发生，在欧美之间，香蕉战、牛肉战、钢铁战、飞机战"战火连绵"。在这"战火纷飞"的年代，我国同样不能幸免。例如：由于韩国从中国进口的大蒜逐年增多，韩国国内大蒜市场批发价连年下跌。韩国有30%的农民靠种植大蒜谋生，他们认为从中国进口的大蒜损害了他们的利益，于是前往政府抗议示威。2000年5月31日，韩国政府宣布从6月1日起正式对大蒜进口采取保护性措施，关税大幅提高至315%。中国政府迅速对此作出反应，6月7日，原中国对外经济贸易合作部发言人宣布：鉴于韩国限制我国大蒜出口决定的歧视性和对中方利益造成的损害，中国政府决定即日起对进口激增的原产韩国的手机、聚乙烯暂停进口，并保留进一步采取措施的权利。又比如：2001年4月，日本对进口的葱、蘑菇和灯心草等商品实行紧急高关税,由于中国是这些商品的主要出口国,因此这一举措使得中国成为最大的受害者。5月份,中国方面予以了报复性回应,对日本生产的汽车、移动电话以及空调等进口产品增加100%的特别关税。

本章小结

1. 本章内容主要包括进出口关税、行邮物品进口税和船舶吨税三部分。其中进出口关税是核心内容。
2. 进口货物关税的税率有多种不同形式。
3. 关税的计税价格是海关在成交价格基础上审查确定的,这一点与前面几章讲到的商品劳务税是有区别的。
4. 行邮物品进口税和船舶吨税是海关税收制度的重要组成部分。

主要名词(中英文对照)

关税(Custom duty)
协定税率(Conventional tariff)
最惠国税率(The Most-favored-nation Rate of Duty)
船舶吨税(Tonnage due)
净吨位(Net tonnage)

复习思考题

1. 国境和关境的区别和联系。
2. 关税、一般进出口货物关税、行邮物品进口税、船舶吨税之间的关系怎样?
3. 我国关税税则中规定的税率有哪些类别?
4. 我国关税的计税依据是怎样规定的?

第六章

企业所得税

内容提示

本章主要介绍企业所得税的税制内容和征收管理,包括企业所得税的征税对象、纳税人、税率、计税依据、应纳税额的计算和企业所得税的征收管理。本章的重点是企业所得税的计税依据的确定和应纳税额的计算。

案例导入

某企业 2011 年度实现会计利润 100 万元,自行向其主管税务机关申报的应纳税所得额 100 万元,并依据企业所得税 25% 的税率,申报缴纳了 25 万元的企业所得税。经某注册会计师年终核查,发现企业管理费用中列支经理孩子的出国学习费用 10 万元,营业外支出中列支工商行政管理部门的罚款 8 万元,管理费用中列支职工教育经费 6 万元。按照企业所得税的规定,应调整本年度应纳税所得额,依法补缴企业所得税。在与企业会计交换意见时,会计人员不明白为什么企业所得税不按照本企业已经计算出的所得额计算,会计利润不是所得税的计税依据吗?在计算企业所得税时是以会计制度还是以税法为准?

你能解答会计人员的困惑吗?如果不能,就请认真学习和掌握本章企业所得税的税法规定吧,熟悉和掌握了企业所得税的有关规定,你就可以给会计人员一个满意的答复。

企业所得税是对在中华人民共和国境内的企业和其他取得收入的组织(以下统称企业),就其生产经营所得和其他所得征收的一种税。它是我国所得税体系中的主体税种。我国的企业所得税制度,是随着改革开放和经济体制改革的不断推进而建立、完善起来的。现行企业所得税由中华人民共和国第十届全国人民代表大会第五次会议于 2007 年 3 月 16 日通过,自 2008 年 1 月 1 日起施行。

企业所得税具有量能课税、合理负担、收入均衡的特点。

第一节 企业所得税的征税对象、纳税人和税率

一、征税对象及范围

企业所得税的征税对象是指纳税人来源于中国境内、境外的所得。具体区分依据纳税人的性质确定：

1. 居民企业应当就其来源于中国境内、境外的所得缴纳企业所得税。

2. 非居民企业在中国境内设立机构、场所的，应当就其所设机构、场所取得的来源于中国境内的所得，以及发生在中国境外但与其所设机构、场所有实际联系的所得，缴纳企业所得税。

非居民企业在中国境内未设立机构、场所的，或者虽设立机构、场所但取得的所得与其所设机构、场所没有实际联系的，应当就其来源于中国境内的所得缴纳企业所得税。

有实际联系的所得是指非居民企业在中国境内设立的机构、场所拥有据以取得所得的股权、债权，以及拥有、管理、控制据以取得所得的财产等。

以上所得包括销售货物所得、提供劳务所得、转让财产所得、股息红利所得、利息所得、租金所得、特许权使用费所得、接受捐赠所得和其他所得。

在确定来源于中国境内、境外的所得时，按照以下原则处理：

1. 销售货物所得，按照交易活动发生地确定；

2. 提供劳务所得，按照劳务发生地确定；

3. 转让财产所得，不动产转让所得按照不动产所在地确定，动产转让所得按照转让动产的企业或者机构、场所所在地确定，权益性投资资产转让所得按照被投资企业所在地确定；

4. 股息红利等权益性投资所得，按照分配所得的企业所在地确定；

5. 利息所得、租金所得、特许权使用费所得，按照负担或者支付所得的企业或者机构、场所所在地，负担或者支付所得的个人的住所所在地确定；

6. 其他所得，由国务院财政、税务主管部门确定。

此外，纳税人按照章程规定解散或破产，以及其他原因宣布终止时，其清算终了后的清算所得，也属于企业所得税的征税对象。

二、纳税人

（一）纳税义务人

在中华人民共和国境内，企业和其他取得收入的组织为企业所得税的纳税人。企业分为居民企业和非居民企业。居民企业，是指依法在中国境内成立，或者依照外国（地区）法律成立但实际管理机构在中国境内的企业。非居民企业，是指依照外国（地区）法律成立且实际管理机构不在中国境内，但在中国境内设立机构、场所的，或者在中国境内未设立机

构、场所，但有来源于中国境内所得的企业。

知识窗

1994年税改时，将原来按所有制性质不同分设的所得税税种即国营企业所得税、集体企业所得税和私营企业所得税合并，开征企业所得税，保留涉外所得税。现行企业所得税由中华人民共和国第十届全国人民代表大会第五次会议于2007年3月16日通过，自2008年1月1日起施行。

以上所称机构、场所，是指在中国境内从事生产经营活动的机构、场所，包括：
1. 管理机构、营业机构、办事机构；
2. 工厂、农场、开采自然资源的场所；
3. 提供劳务的场所；
4. 从事建筑、安装、装配、修理、勘探等工程作业的场所；
5. 其他从事生产经营活动的机构、场所。

非居民企业委托营业代理人在中国境内从事生产经营活动的，包括委托单位和个人经常代其签订合同，或者储存、交付货物等，该营业代理人视为非居民企业在中国境内设立的机构、场所。

个人独资企业、合伙企业不是企业所得税的纳税人。

（二）扣缴义务人

1. 法定扣缴义务人。

对非居民企业在中国境内未设立机构、场所的，或者虽设立机构、场所但取得的所得与其所设机构、场所没有实际联系的所得应缴纳的所得税，实行源泉扣缴，以支付人为扣缴义务人。税款由扣缴义务人在每次支付或者到期应支付时，从支付或者到期应支付的款项中扣缴。

其中支付人，是指依照有关法律规定或者合同约定对非居民企业直接负有支付相关款项义务的单位或者个人；支付，包括现金支付、汇拨支付、转账支付和权益兑价支付等货币支付和非货币支付；到期应支付的款项，是指支付人按照权责发生制原则应当计入相关成本、费用的应付款项。

2. 指定扣缴义务人。

对非居民企业在中国境内取得工程作业和劳务所得应缴纳的所得税，税务机关可以指定工程价款或者劳务费的支付人为扣缴义务人。

指定扣缴义务人的情形，包括：

（1）预计工程作业或者提供劳务期限不足一个纳税年度，且有证据表明不履行纳税义务的；

（2）没有办理税务登记或者临时税务登记，且未委托中国境内的代理人履行纳税义务的；

（3）未按照规定期限办理企业所得税纳税申报或者预缴申报的。

扣缴义务人，由县级以上税务机关指定，并同时告知扣缴义务人所扣税款的计算依据、计算方法、扣缴期限和扣缴方式。

扣缴义务人未依法扣缴或者无法履行扣缴义务的，由纳税人在所得发生地缴纳。纳税人未依法缴纳的，税务机关可以从该纳税人在中国境内其他收入项目的支付人应付的款项中，追缴该纳税人的应纳税款。

所得发生地，是指依照企业所得税所得来源地原则确定的所得发生地。在中国境内存在多处所得发生地的，由纳税人选择其中之一申报缴纳企业所得税。

三、税率

居民企业和在中国境内设立机构、场所的非居民企业，企业所得税的税率为25%。

非居民企业在中国境内未设立机构、场所的，或者虽设立机构、场所但取得的所得与其所设机构、场所没有实际联系的，应当就其来源于中国境内的所得缴纳企业所得税。税率为20%。

第二节　企业所得税计税依据的确定

企业每一纳税年度的收入总额，减除不征税收入、免税收入、各项扣除以及允许弥补的以前年度亏损后的余额，为应纳税所得额。其计算公式是：

应纳税所得额 = 收入总额 − 不征税收入 − 免税收入 − 准予扣除项目金额

或 = 利润总额 − 不征税收入 − 免税收入 ± 税收调整项目金额

企业应纳税所得额的计算，以权责发生制为原则，属于当期的收入和费用，不论款项是否收付，均作为当期的收入和费用；不属于当期的收入和费用，即使款项已经在当期收付，也不作为当期的收入和费用。国务院财政、税务主管部门另有规定的除外。

亏损是指企业根据企业所得税法和本条例的规定将每一纳税年度的收入总额减除不征税收入、免税收入和各项扣除后小于零的数额。

投资方企业从被清算企业分得的剩余资产，其中相当于从被清算企业累计未分配利润和累计盈余公积中应当分得的部分，应当确认为股息所得；剩余资产扣除上述股息所得后的余额，超过或者低于投资成本的部分，应当确认为投资转让所得或者损失。

非居民企业在中国境内未设立机构、场所的，或者虽设立机构、场所但取得的所得与其所设机构、场所没有实际联系的，按照下列方法计算其应纳税所得额：

股息、红利等权益性投资收益和利息、租金、特许权使用费所得，以收入全额为应纳税所得额；

转让财产所得，以收入全额减除财产净值后的余额为应纳税所得额；

其他所得，参照前两项规定的方法计算应纳税所得额。

收入、扣除的具体范围、标准和资产的税务处理的具体办法，由国务院财政、税务主管部门规定。

在计算应纳税所得额时，企业财务、会计处理办法与税收法律、行政法规的规定不一致的，应当依照税收法律、行政法规的规定计算。

一、收入总额

（一）基本收入的规定

企业以货币形式和非货币形式从各种来源取得的收入，为收入总额。企业取得收入的货币形式，包括现金、存款、应收账款、应收票据、准备持有至到期的债券投资以及债务的豁免等。

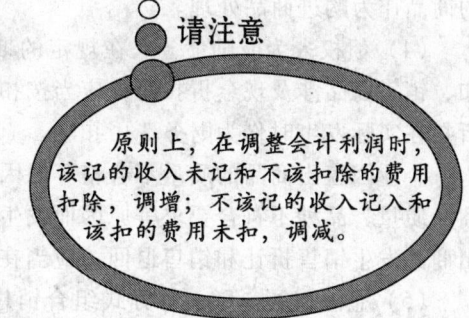

请注意

原则上，在调整会计利润时，该记的收入未记和不该扣除的费用扣除，调增；不该记的收入记入和该扣的费用未扣，调减。

企业取得收入的非货币形式，包括存货、固定资产、生物资产、无形资产、股权投资、不准备持有至到期的债券投资、劳务以及有关权益等。企业以非货币形式取得的收入，应当按照公允价值（市场价格）确定收入额。

企业收入总额包括：

1.销售货物收入。是指企业销售商品、产品、原材料、包装物、低值易耗品以及其他存货取得的收入。

销售商品收入的确认必须同时满足四个条件：

（1）商品销售合同已经签订，企业已将商品所有权相关的主要风险和报酬转移给购货方。

（2）企业对已售出的商品既没有保留通常与所有权相联系的继续管理权，也没有实施有效控制。

（3）收入的金额能够可靠地计量。

（4）已发生或将发生的销售方的成本能够可靠地核算。

销售商品不同结算方式下的收入实现条件：

（1）以分期收款销售方式销售商品的，按照合同约定的收款日期确定收入的实现。

（2）销售商品采用托收承付方式的，在办妥托收手续时确认收入。

（3）销售商品采取预收款方式的，在发出商品时确认收入。

（4）销售商品需要安装和检验的，在购买方接受商品以及安装和检验完毕时确认收入。如果安装程序比较简单，可在发出商品时确认收入。

（5）销售商品采用支付手续费方式委托代销的，在收到代销清单时确认收入。

（6）房地产开发企业建造、开发的开发产品，无论工程质量是否通过验收合格，或是否办理完工（竣工）备案手续以及会计决算手续，当企业开始办理开发产品交付手续（包括入住手续）、或已开始实际投入使用时，为开发产品开始投入使用，应视为开发产品已经完工。此时，房地产开发企业应确认销售收入，并及时结算开发产品计税成本，计算企业当年度应纳税所得额。

销售商品收入金额的确定：

（1）企业以非货币形式取得的收入，应当按照公允价值确定收入额。

（2）采用售后回购方式销售商品的，销售的商品按售价确认收入，回购的商品作为购进商品处理。有证据表明不符合销售收入确认条件的，如以销售商品方式进行融资，收到的款项应确认为负债，回购价格大于原售价的，差额应在回购期间确认为利息费用。

（3）销售商品以旧换新的，销售商品应当按照销售商品收入确认条件确认收入，回收的商品作为购进商品处理。

（4）债权人为鼓励债务人在规定的期限内付款而向债务人提供的债务扣除属于现金折扣，销售商品涉及现金折扣的，应当按扣除现金折扣前的金额确定销售商品收入金额，现金折扣在实际发生时作为财务费用扣除。

企业因售出商品的质量不合格等原因而在售价上给予的减让属于销售折让；企业因售出商品质量、品种不符合要求等原因而发生的退货属于销售退回。企业已经确认销售收入的售出商品发生销售折让和销售退回，应当在发生当期冲减当期销售商品收入。

（5）企业以买一赠一等方式组合销售本企业商品的，不属于捐赠，应将总的销售金额按各项商品的公允价值的比例来分摊确认各项的销售收入。

2. 提供劳务收入。是指企业从事建筑安装、修理修配、交通运输、仓储租赁、金融保险、邮电通信、咨询经纪、文化体育、科学研究、技术服务、教育培训、餐饮住宿、中介代理、卫生保健、社区服务、旅游、娱乐、加工以及其他劳务服务活动取得的收入。

3. 转让财产收入。是指企业转让固定资产、生物资产、无形资产、股权、债权等财产取得的收入。

企业转让股权收入，应于转让协议生效、且完成股权变更手续时，确认收入的实现。转让股权收入扣除为取得该股权所发生的成本后，为股权转让所得。企业在计算股权转让所得时，不得扣除被投资企业未分配利润等股东留存收益中按该项股权所可能分配的金额。

企业转让国债，应作为转让财产，其取得的收益（损失）应作为企业应纳税所得额计算纳税。

（1）企业转让国债应在转让国债合同、协议生效的日期，或者国债移交时确认转让收入的实现。

（2）企业投资购买国债，到期兑付的，应在国债发行时约定的应付利息的日期，确认国债转让收入的实现。

企业转让或到期兑付国债取得的价款，减除其购买国债成本，并扣除其持有期间按照规定计算的国债利息收入以及交易过程中相关税费后的余额，为企业转让国债收益（损失）。

4. 股息、红利等权益性投资收益。是指企业因权益性投资从被投资方取得的收入。股息、红利等权益性投资收益，除国务院财政、税务主管部门另有规定外，按照被投资方作出利润分配决定时间确认收入的实现。

将未分配利润、盈余公积、资本公积（除资本溢价外）转增资本要确认收入。实际上是将转股看做两个事项，第一件事是先分红，第二件事是用分红去投资。被投资企业将股权（票）溢价所形成的资本公积转为股本的，不作为投资方企业的股息、红利收入，投资方企业也不得增加该项长期投资的计税基础。股权溢价转增资本是投资成本在注册资金和资本公积的内部划转，不影响计税基础，因此也不能确认收入。

5. 利息收入。是指企业将资金提供他人使用但不构成权益性投资，或者因他人占用本企业资金取得的收入，包括存款利息、贷款利息、债券利息、欠款利息等收入。

6. 租金收入。是指企业提供固定资产、包装物或者其他有形资产的使用权取得的收入。租金收入，按照合同约定的承租人应付租金的日期确认收入的实现。其中，如果交易合同或协议中规定租赁期限跨年度，且租金提前一次性支付的，根据收入与费用配比原则，出租人可对上述已确认的收入，在租赁期内，分期均匀计入相关年度收入。

7. 特许权使用费收入。是指企业提供专利权、非专利技术、商标权、著作权以及其他特许权的使用权取得的收入。特许权使用费收入，按照合同约定的特许权使用人应付特许权使用费的日期确认收入的实现。

8. 接受捐赠收入。是指企业接受的来自其他企业、组织或者个人无偿给予的货币性资产、非货币性资产。接受捐赠收入，按照实际收到捐赠资产时确认收入的实现。

9. 其他收入。是指企业取得的除以上收入外的其他收入，包括企业资产溢余收入、逾期未退包装物押金收入、确实无法偿付的应付款项、已作坏账损失处理后又收回的应收款项、债务重组收入、补贴收入、违约金收入、汇兑收益等。

（二）特殊收入的规定

1. 纳税人接受捐赠的实物资产按下列规定执行：

（1）企业接收捐赠的货币性资产，须一次性并入所属年度的应纳税所得，依法计算缴纳企业所得税。

（2）企业接收捐赠的非货币性资产，须按接收捐赠时资产的入账价值确认捐赠收入，一次性并入所属年度应纳税所得，依法计算缴纳企业所得税。

2. 销售货物给购货方的折扣销售，如果销售额和折扣额在同一张销售发票上注明的，可按折扣后的销售额计算收入；如果将折扣额另开发票，则不得从销售额中减除折扣额。

3. 企业收取的包装物押金，从收取之日起计算，已超过1年（指12个月）仍未返还的，原则上要确认为期满之日所属年度的收入。

4. 企业取得国家财政性补贴和其他补贴收入，除国务院、财政部和国家税务总局规定不计入损益者外，应一律并入实际收到该补贴收入年度的应纳税所得额。

5. 纳税人取得的收入为非货币资产或者权益的，其收入额应当参照取得收入当时的市场价格计算或估定。

6. 收入总额的确认。纳税人下列经营业务的收入可以分期确定：

（1）以分期收款方式销售货物的，可以合同约定的购买方应付价款的日期确定销售收入的实现。

（2）建筑、安装、装配工程和提供劳务，持续时间超过12个月的，可以按完工进度或完成的工作量确定收入的实现。

（3）为其他企业加工、制造大型机械设备、船舶等，持续时间超过12个月的，可以按完工进度或者完成的工作量确定收入的实现。

企业在各个纳税期末未完成的劳务交易，如果提供劳务交易的结果能够可靠估计的，应采用完工进度（完工百分比）法确认劳务收入的方法。其中：提供劳务交易的结果能够可靠估计，是指同时满足收入的金额能够可靠地计量、交易的完工进度、能够可靠地确定、交易中已发生和将发生的成本，能够可靠地核算三个条件。

完工进度的确定方法可以选用：已完工作的测量；已经提供的劳务占应提供劳务总量的比例；已发生的成本占估计总成本的比例。

企业应按照从接受劳务方已收或应收的合同或协议价款确定劳务收入总额，根据纳税期末提供劳务收入总额乘以完工进度扣除以前纳税年度累计已确认提供劳务收入后的金额，确认为当期劳务收入；同时，按照提供劳务估计总成本乘以完工进度扣除以前纳税期间累计已确认劳务成本后的金额，结为当期劳务成本。

7. 采取产品分成方式取得收入的，按照企业分得产品的时间确认收入的实现，其收入额按照产品的公允价值确定。

8. 企业发生非货币性资产交换，以及将货物、财产、劳务用于捐赠、偿债、赞助、集资、广告、样品、职工福利和利润分配等用途的，应当视同销售货物、转让财产和提供劳务，但国务院财政、税务主管部门另有规定的除外。

9. 事业单位、社会团体、民办非企业性单位的固定资产、无形资产变卖收入，应计入应纳税所得额。

10. 企业将自产、委托加工和外购的原材料、无形资产、固定资产和有价证券用于捐赠，应分解为按公允价值视同对外销售和捐赠两项业务进行所得税处理。

（三）处置资产收入的规定

1. 不属于视同销售的资产处置情形。

企业发生下列情形的处置资产，除将资产转移至境外以外，由于资产所有权属在形式和实质上均不发生改变，可作为内部处置资产，不视同销售确认收入，相关资产的计税基础延续计算。

（1）将资产用于生产、制造、加工另一产品。
（2）改变资产形状、结构或性能。
（3）改变资产用途（如，自建商品房转为自用或经营）。
（4）将资产在总机构及其分支机构之间转移。
（5）上述两种或两种以上情形的混合。
（6）其他不改变资产所有权属的用途。

2. 属于视同销售的资产处置情形。

企业将资产移送他人的下列情形，因资产所有权属已发生改变而不属于内部处置资产，应按规定视同销售确定收入。

（1）用于市场推广或销售。
（2）用于交际应酬。
（3）用于职工奖励或福利。
（4）用于股息分配。
（5）用于对外捐赠。
（6）其他改变资产所有权属的用途。

（四）不征税收入

1. 财政拨款。是指各级政府对纳入预算管理的事业单位、社会团体等组织拨付的财政资金，但国务院和国务院财政、税务主管部门另有规定的除外。

2. 依法收取并纳入财政管理的行政事业性收费、政府性基金。行政事业性收费是指根据法律法规等有关规定，依照国务院规定程序批准，在实施社会公共管理，以及在向公民、法人或者其他组织提供特定公共服务过程中，向特定对象收取并纳入财政管理的费用。政府性基金，是指企业根据法律、行政法规等有关规定，代政府收取的具有专项用途的财政资金。

3. 国务院规定的其他不征税收入。是指企业取得的，经国务院批准的国务院财政、税务主管部门规定专项用途的财政性资金。

二、准予扣除项目

准予扣除的项目是指在计算应税所得额时准予从收入当中扣除的项目，包括纳税人每一纳税年度发生的与取得应税收入有关的所有必要和正常的、合理的成本、费用、税金、损失和其他支出。

1. 成本。是指企业在生产经营活动中发生的销售成本、销货成本、业务支出以及其他耗费。

2. 费用。是指企业在生产经营活动中发生的销售费用、管理费用和财务费用，已经计入成本的有关费用除外。

3. 税金。是指企业发生的除企业所得税和允许抵扣的增值税以外的各项税金及其附加。包括纳税人按规定缴纳的消费税、营业税、资源税、关税、城市维护建设费、教育费附加等产品销售税金及附加，以及房产税、车船使用税、土地使用税、印花税等。

4. 损失。是指企业在生产经营活动中发生的固定资产和存货的盘亏、毁损、报废损失，转让财产损失，呆账损失，坏账损失，自然灾害等不可抗力因素造成的损失以及其他损失。企业发生的损失，减除责任人赔偿和保险赔款后的余额，按照国务院财政、税务主管部门的规定扣除。企业已经作为损失处理的资产，在以后纳税年度全部收回或者部分收回时，应当计入当期收入。

5. 其他支出。是指除成本、费用、税金、损失外，企业在生产经营活动中发生的有关的、合理的支出。

合理的支出，是指符合生产经营活动常规，应当计入当期损益或者有关资产成本的必要和正常的支出。

企业发生的支出应当区分收益性支出和资本性支出。收益性支出在发生当期直接扣除；资本性支出应当分期扣除或者计入有关资产成本，不得在发生当期直接扣除。企业的不征税收入用于支出所形成的费用或财产，不得扣除或计算对应的折旧、摊销扣除。

除企业所得税法和本条例另有规定外，企业实际发生的成本、费用、税金、损失和其他支出，不得重复扣除。

三、部分扣除项目的具体范围和标准

（一）借款利息支出

企业在生产经营活动中发生的下列利息支出，准予扣除：

1. 非金融企业向金融企业借款的利息支出、金融企业的各项存款利息支出和同业拆借利息支出、企业经批准发行债券的利息支出；

2. 非金融企业向非金融企业借款的利息支出，不超过按照金融企业同期同类贷款利率计算的数额的部分。

> **请注意**
> 企业在纳税年度内应计未计扣除项目，包括各类应计未计费用、应提未提折旧等，不得转移以后年度补扣。纳税人的财务会计处理与税法规定不一致的，应依照税收规定予以调整，按税法规定允许扣除的金额，准予扣除。

企业在生产经营活动中发生的合理的不需要资本化的借款费用，准予扣除。

企业为购置、建造固定资产、无形资产和经过12个月以上的建造才能达到预定可销售状态的存货发生借款的，在有关资产购置、建造期间发生的合理的借款费用，应当作为资本性支出计入有关资产的成本。

（二）工资、薪金支出

企业发生的合理的工资薪金，准予扣除。工资薪金，是指企业每一纳税年度支付给在本企业任职或者受雇的员工的所有现金或者非现金形式的劳动报酬，包括基本工资、奖金、津贴、补贴、年终加薪、加班工资，以及与任职或者受雇有关的其他支出。

所谓合理的工资、薪金支出，是指企业按照股东大会、董事会、薪酬委员会或相关管理机构制订的工资薪金制度规定实际发放给员工的工资薪金。工资薪金进行合理性确认时，可按以下原则掌握：企业制订了较为规范的员工工资薪金制度；企业所制订的工资薪金制度符合行业及地区水平；企业在一定时期所发放的工资薪金是相对固定的，工资薪金的调整是有序进行的；企业对实际发放的工资薪金，已依法履行了代扣代缴个人所得税义务；有关工资薪金的安排，不以减少或逃避税款为目的。

属于国有性质的企业，其准予税前扣除的工资、薪金支出，不得超过政府有关部门给予的限定数额；超过部分，不得计入企业工资薪金总额，也不得在计算企业应纳税所得额时扣除。

需要指出的是：准予税前扣除的工资必须是当年实际支付的部分。

（三）职工工会经费、职工福利费、职工教育经费

企业发生的职工福利费支出，不超过工资薪金总额14%的部分，准予扣除。超过部分，不得扣除。

企业拨缴的职工工会经费支出，不超过工资薪金总额2%的部分，准予扣除。超过部分，不得扣除。

除国务院财政、税务主管部门另有规定外，企业发生的职工教育经费支出，不超过工资薪金总额2.5%的部分，准予扣除；超过部分，准予在以后纳税年度结转扣除。

（四）公益、救济性的捐赠

企业发生的公益性捐赠支出，在年度利润总额12%以内的部分，准予在计算应纳税所得额时扣除。年度利润总额，是指企业按照国家统一会计制度的规定计算的年度会计利润。

公益性捐赠，是指企业通过公益性社会团体或者县级以上人民政府及其部门，用于《中华人民共和国公益事业捐赠法》规定的公益事业的捐赠。

公益性社会团体，是指同时符合下列条件的基金会、慈善组织等社会团体：

1. 依法登记，具有法人资格；
2. 以发展公益事业为宗旨，并不以营利为目的；
3. 全部资产及其增值为该法人所有；
4. 收益和营运结余主要用于设立目的的事业；
5. 终止后的剩余财产不归属任何个人或者营利组织；
6. 不经营与其设立目的无关的业务；
7. 有健全的财务会计制度；
8. 捐赠者不以任何形式参与社会团体财产的分配；

9. 国务院财政、税务主管部门会同民政主管部门等登记管理部门规定的其他条件。

企业或个人应提供省级以上（含省级）财政部门印制并加盖接受捐赠单位印章的公益性捐赠票据，或加盖接受捐赠单位印章的《非税收入一般缴款书》收据联，方可按规定进行税前扣除。

纳税人直接向受赠人的捐赠不允许扣除。

（五）业务招待费

纳税人发生的与其生产、经营业务直接相关的业务招待费，按照发生额的60%扣除，但最高不得超过当年销售（营业）收入的5‰。

纳税人申报扣除的业务招待费，主管税务机关要求提供证明资料的，应提供能证明真实性的足够的有效凭证或资料。不能提供的，不得在税前列支。

所谓销售（营业）收入包括主营业务收入、其他业务收入和视同销售收入。

纳税人以偷税手段隐瞒收入，在计算应纳税所得额时调增的部分，不作为计提业务招待费的基数。

（六）各类保险基金和统筹基金

企业按照国务院有关主管部门或者省级人民政府规定的范围和标准为职工缴纳的基本养老保险费、基本医疗保险费、失业保险费、工伤保险费、生育保险费等基本社会保险费和住房公积金，准予扣除。

企业为其投资者或者职工支付的补充养老保险费、补充医疗保险费，在国务院财政、税务主管部门规定的范围和标准内，准予扣除。

除企业按照国家有关规定为特殊工种职工支付的人身安全保险费和国务院财政、税务主管部门规定可以扣除的其他商业保险费外，企业为其投资者或者职工支付的商业保险费，不得扣除。

（七）财产保险和运输保险费用

纳税人参加财产保险和运输保险，按规定缴纳的保险费用，准予扣除。保险公司给予纳税人的无赔偿优待，应计入当年计税所得额。

（八）固定资产租赁费

企业根据生产经营活动的需要租入固定资产支付的租赁费，按照以下方法扣除：

1. 以经营租赁方式租入固定资产发生的租赁费，按照租赁期限均匀扣除；

2. 以融资租赁方式租入固定资产发生的租赁费，按照规定构成融资租入固定资产价值的部分应当提取折旧费用，分期扣除。

（九）手续费及佣金支出

企业发生与生产经营有关的手续费及佣金支出，不超过以下规定计算限额以内的部分，准予扣除；超过部分，不得扣除。

1. 保险企业：财产保险企业按当年全部保费收入扣除退保金等后余额的15%（含本数，下同）计算限额；人身保险企业按当年全部保费收入扣除退保金等后余额的10%计算限额。

2. 其他企业：按与具有合法经营资格中介服务机构或个人（不含交易双方及其雇员、代理人和代表人等）所签订服务协议或合同确认的收入金额的5%计算限额。

不得扣除的佣金及手续费情形：

1. 除委托个人代理外，企业以现金等非转账方式支付的手续费及佣金不得在税前扣除。

2. 企业为发行权益性证券支付给有关证券承销机构的手续费及佣金不得在税前扣除。

3. 企业已计入固定资产、无形资产等相关资产的手续费及佣金支出，应当通过折旧、摊销等方式分期扣除，不得在发生当期直接扣除。

（十）专项资金

企业依照法律、行政法规有关规定提取的用于环境保护、生态恢复等专项资金，准予扣除。上述专项资金提取后改变用途的，不得扣除。

（十一）劳动保护支出。企业发生的合理的劳动保护支出，准予扣除。

（十二）汇兑损益

纳税人在生产、经营期间发生的外国货币存、借和以外国货币结算的往来款项增减变动时，由于汇率变化而与记账本位币折合发生的汇兑损益应计入当期所得或在当期扣除。

（十三）管理费

非居民企业在中国境内设立的机构、场所，就其中国境外总机构发生的与本机构、场所生产经营有关的费用，能够提供总机构出具的费用汇集范围、定额、分配依据和方法等证明文件，并合理计算分摊的，准予扣除。

企业之间支付的管理费、企业内营业机构之间支付的租金和特许权使用费，以及非银行企业内营业机构之间支付的利息，不得扣除。

（十四）广告费与业务宣传费

企业每一纳税年度发生的符合条件的广告费和业务宣传费，除国务院财政、税务主管部门另有规定外，不超过当年销售（营业）收入15%的部分，准予扣除；超过部分，准予在以后纳税年度结转扣除。

（十五）资产损失

1. 损失的类型及其扣除年度。

企业发生的资产损失，应按规定的程序和要求向主管税务机关申报后方能在税前扣除。未经申报的损失，不得在税前扣除。

资产是指企业拥有或者控制的、用于经营管理活动相关的资产，包括现金、银行存款、应收及预付款项（包括应收票据、各类垫款、企业之间往来款项）等货币性资产，存货、固定资产、无形资产、在建工程、生产性生物资产等非货币性资产，以及债权性投资和股权（权益）性投资。

资产损失从性质可分为实际资产损失和法定资产损失。

（1）实际资产损失。实际资产损失是指企业在实际处置、转让上述资产过程中发生的合理损失。企业实际资产损失，应当在其实际发生且会计上已作损失处理的年度申报扣除；企业以前年度发生的资产损失未能在当年税前扣除的，可以按照规定，向税务机关说明并进行专项申报扣除。准予追补至该项损失发生年度扣除，其追补确认期限一般不得超过5年，但因计划经济体制转轨过程中遗留的资产损失、企业重组上市过程中因权属不清出现争议而未能及时扣除的资产损失、因承担国家政策性任务而形成的资产损失以及政策定性不明确而形成资产损失等特殊原因形成的资产损失，其追补确认期限经国家税务总局批准后可适当延长。

企业因以前年度实际资产损失未在税前扣除而多缴的企业所得税税款，可在追补确认年度企业所得税应纳税款中予以抵扣，不足抵扣的，向以后年度递延抵扣。

企业实际资产损失发生年度扣除追补确认的损失后出现亏损的,应先调整资产损失发生年度的亏损额,再按弥补亏损的原则计算以后年度多缴的企业所得税税款,并按前述办法进行税务处理。

企业对外进行权益性投资所发生的损失,在经确认的损失发生年度,作为企业损失在计算企业应纳税所得额时一次性扣除。

(2)法定资产损失。法定资产损失是指企业虽未实际处置、转让上述资产,但符合国家税务总局公告〔2011〕第25号规定条件计算确认的损失。

法定资产损失,应当在企业向主管税务机关提供证据资料证明该项资产已符合法定资产损失确认条件,且会计上已作损失处理的年度申报扣除。企业以前年度发生的资产损失未能在当年税前扣除的,可以按照本办法的规定,向税务机关说明并进行专项申报扣除,并在申报年度扣除。

2. 资产损失的申报。

企业在进行企业所得税年度汇算清缴申报时,可将资产损失申报材料和纳税资料作为企业所得税年度纳税申报表的附件一并向税务机关报送。

企业在申报资产损失税前扣除过程中不符合企业资产损失税前扣除政策要求的,税务机关应当要求其改正,企业拒绝改正的,税务机关有权不予受理。

企业资产损失按其申报内容和要求的不同,分为清单申报和专项申报两种申报形式。

(1)清单申报。所谓清单申报的资产损失,是指在资产损失申报时企业可按会计核算科目进行归类、汇总,然后再将汇总清单报送税务机关,有关会计核算资料和纳税资料留存备查。

下列资产损失,应以清单申报的方式向税务机关申报扣除:

——企业在正常经营管理活动中,按照公允价格销售、转让、变卖非货币资产的损失;

——企业各项存货发生的正常损耗;

——企业固定资产达到或超过使用年限而正常报废清理的损失;

——企业生产性生物资产达到或超过使用年限而正常死亡发生的资产损失;

——企业按照市场公平交易原则,通过各种交易场所、市场等买卖债券、股票、期货、基金以及金融衍生产品等发生的损失。

(2)专项申报。专项申报的资产损失是指在资产损失申报时企业应逐项(或逐笔)报送申请报告,同时附送会计核算资料及其他相关的纳税资料。

除适用清单申报以外的资产损失,应以专项申报的方式向税务机关申报扣除。企业无法准确判别是否属于清单申报扣除的资产损失,可以采取专项申报的形式申报扣除。

属于专项申报的资产损失,企业因特殊原因不能在规定的时限内报送相关资料的,可以向主管税务机关提出申请,经主管税务机关同意后,可适当延期申报。

(十六)免税收入对应的费用

企业取得的各项免税收入所对应的各项成本费用,除另有规定者外,可以在计算企业应纳税所得额时扣除。企业所得税法规定不征税收入支出形成的费用不允许在税前扣除,因此,纳税人在实务中须严格分清不征税收入和免税收入。

四、不得扣除的项目

按照企业所得税法及有关规定,在计算应纳税所得额时,下列项目不得扣除:

1. 向投资者支付的股息、红利等权益性投资收益款项;
2. 企业所得税税款;
3. 税收滞纳金;
4. 罚金、罚款和被没收财物的损失;
5. 公益经济性捐赠以外的捐赠支出;
6. 赞助支出。赞助支出,是指企业发生的与生产经营活动无关的各种非广告性质支出;
7. 未经核定的准备金支出。未经核定的准备金支出,是指不符合国务院财政、税务主管部门规定的各项资产减值准备、风险准备等准备金支出;
8. 与取得收入无关的其他支出。

五、亏损弥补

企业所得税法规定,纳税人发生年度亏损的,可以用下一纳税年度的所得弥补;下一纳税年度的所得不足弥补的,可以逐年延续弥补,但是延续弥补期最长不得超过5年。此外,对亏损弥补还有如下规定:

1. 对企业取得的免税收入、减计收入以及减征、免征所得额项目,不得弥补当期及以前年度应税项目亏损;当期形成亏损的减征、免征所得税项目,也不得用当期和以后纳税年度应税项目所得抵补。

2. 企业境外营业机构的亏损不得抵减境内营业机构的盈利。

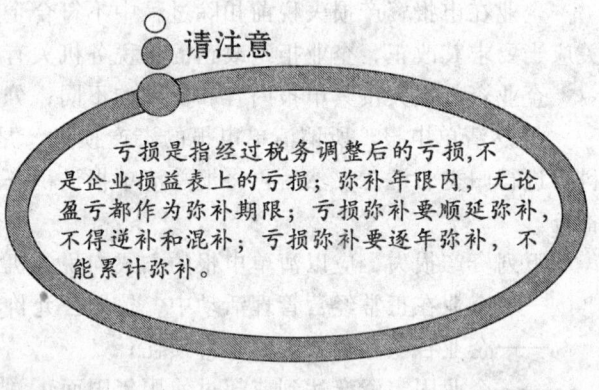

请注意

亏损是指经过税务调整后的亏损,不是企业损益表上的亏损;弥补年限内,无论盈亏都作为弥补期限;亏损弥补要顺延弥补,不得逆补和混补;亏损弥补要逐年弥补,不能累计弥补。

第三节 资产的税务处理

企业的各项资产,包括固定资产、生物资产、无形资产、长期待摊费用、投资资产、存货等,以历史成本为计税基础。

前款所称历史成本,是指企业取得该项资产时实际发生的支出。

企业持有各项资产期间产生资产增值或者减值,除国务院财政、税务主管部门规定可以确认损益外,不得调整该资产的计税基础。

一、固定资产的计价和折旧

固定资产,是指企业为生产产品、提供劳务、出租或者经营管理而持有的、使用时间超过 12 个月的非货币性资产,包括房屋、建筑物、机器、机械、运输工具以及其他与生产经营活动有关的设备、器具、工具等。

(一)固定资产的计税基础

1. 外购的固定资产,以购买价款和支付的相关税费为计税基础;
2. 自行建造的固定资产,以竣工结算前发生的支出为计税基础;
3. 融资租入的固定资产,以租赁合同约定的付款总额和承租人在签订租赁合同过程中发生的相关费用为计税基础,租赁合同未约定付款总额的,以该资产的公允价值和承租人在签订租赁合同过程中发生的相关费用为计税基础;
4. 盘盈的固定资产,以同类固定资产的重置完全价值为计税基础;
5. 通过捐赠、投资、非货币性资产交换、债务重组等方式取得的固定资产,以该资产的公允价值和支付的相关税费为计税基础;
6. 改建的固定资产,除企业所得税法规定外,以改建过程中发生的改建支出增加计税基础。

企业对房屋、建筑物固定资产在未足额提取折旧前进行改扩建的,如属于推倒重置的,该资产原值减除提取折旧后的净值,应并入重置后的固定资产计税成本,并在该固定资产投入使用后的次月起,按照税法规定的折旧年限,一并计提折旧;如属于提升功能、增加面积的,该固定资产的改扩建支出,并入该固定资产计税基础,并从改扩建完工投入使用后的次月起,重新按税法规定的该固定资产折旧年限计提折旧,如该改扩建后的固定资产尚可使用的年限低于税法规定的最低年限的,可以按尚可使用的年限计提折旧。

(二)固定资产的折旧,按下列规定处理

1. 在计算应纳税所得额时,企业按照规定计算的固定资产折旧,准予扣除。
2. 不得提取折旧的固定资产:
(1) 房屋、建筑物以外未投入使用的固定资产;
(2) 以经营租赁方式租入的固定资产;
(3) 以融资租赁方式租出的固定资产;
(4) 已足额提取折旧仍继续使用的固定资产;
(5) 与经营活动无关的固定资产;
(6) 单独估价作为固定资产入账的土地;
(7) 其他不得计算折旧扣除的固定资产。

(三)提取折旧的依据和方法

1. 纳税人的固定资产,应当从投入使用月份的次月起计提折旧;停止使用的固定资产,应当从使用月份的次月起,停止计提折旧。
2. 企业应当根据固定资产的性质和使用情况,合理确定固定资产的预计净残值。固定资产的预计净残值一经确定,不得变更。
3. 纳税人可扣除的固定资产折旧的计算,采用直线折旧法。
4. 除应特殊原因需要缩短折旧年限的,可由企业提出申请,逐级报国家税务总局批准的以外，一般固定资产折旧不得短于以下年限：（1）房屋、建筑物，为20年；（2）飞机、火车、轮船、机器、机械和其他生产设备，为10年；（3）与生产经营活动有关的器具、工具、家具等，为5年；（4）飞机、火车、轮船以外的运输工具，为4年；（5）电子设备，为3年。（6）构成固定资产或无形资产的软件，为2年。

5. 从事开采石油、天然气等矿产资源的企业，在开始商业性生产之前发生的费用和有关固定资产的折耗、折旧方法，由国务院财政、税务主管部门另行规定。

二、生产性生物资产按照以下方法确定计税基础

生产性生物资产，是指为生产农产品、提供劳务或者出租等目的持有的生物资产，包括经济林、薪炭林、产畜和役畜等。

1. 外购生产性生物资产，以购买价款和支付的相关税费为计税基础。生产性生物资产，是指为生产农产品、提供劳务或者出租等目的持有的生物资产，包括经济林、薪炭林、产畜和役畜等。

2. 通过捐赠、投资、非货币性资产交换、债务重组等方式取得的生产性生物资产，以该资产的公允价值和支付的相关税费为计税基础。

生产性生物资产按照直线法计算的折旧，准予扣除。

企业应当从生产性生物资产投入使用月份的次月起计算折旧；停止使用的生产性生物资产，应当从停止使用月份的次月起停止计算折旧。

企业应当根据生产性生物资产的性质和使用情况，合理确定生产性生物资产的预计净残值。生产性生物资产的预计净残值一经确定，不得变更。

3. 生产性生物资产计算折旧的最低年限如下：

（1）林木类生产性生物资产，为10年；

（2）畜类生产性生物资产，为3年。

三、无形资产的计价和摊销

无形资产，是指企业为生产产品、提供劳务、出租或者经营管理而持有的、没有实物形态的非货币性长期资产，包括专利权、商标权、著作权、土地使用权、非专利技术、特许权等。

（一）无形资产计税基础的确定方法

1. 外购的无形资产，以购买价款、支付的相关税费以及直接归属于使该资产达到预定用途发生的其他支出为计税基础；

2. 自行开发的无形资产，以开发过程中符合资本化条件后至达到预定用途前发生的支出为计税基础；

3. 通过捐赠、投资、非货币性资产交换、债务重组等方式取得的无形资产，以该资产的公允价值和支付的相关税费为计税基础。

（二）无形资产的摊销

无形资产按照直线法计算的摊销费用，准予扣除。

无形资产的摊销年限不得低于10年。

作为投资或者受让的无形资产，有关法律规定或者合同约定使用年限的，可以按照规定

或者约定的使用年限分期摊销。

外购商誉的支出，在企业整体转让或者清算时，准予扣除。

四、长期待摊费用

企业发生的下列支出作为长期待摊费用，按照规定摊销的，准予扣除：

1. 已足额提取折旧的固定资产的改建支出。按照固定资产预计尚可使用年限分期摊销。
2. 租入固定资产的改建支出。按照合同约定的剩余租赁期限分期摊销。

固定资产的改建支出，是指改变房屋或者建筑物结构、延长使用年限等发生的支出。

3. 固定资产的大修理支出。按照固定资产尚可使用年限分期摊销。固定资产的大修理支出，是指同时符合下列条件的支出：（1）修理支出达到取得固定资产时的计税基础50%以上；（2）修理后固定资产的使用年限延长2年以上。
4. 其他应当作为长期待摊费用的支出。自支出发生月份的次月起，分期摊销，摊销年限不得低于3年。
5. 开办费未明确列作长期待摊费用，企业可以在开办的当年一次性扣除，也可以按照税法有关长期待摊费用的处理规定处理，但一经选定，不得改变。

五、存货

存货，是指企业持有以备出售的产品或者商品、处在生产过程中的在产品、在生产或者提供劳务过程中耗用的材料和物料等。

企业使用或者销售存货，按照规定计算的存货成本，准予在计算应纳税所得额时扣除。

存货按照以下方法确定成本：

1. 通过支付现金方式取得的存货，以购买价款和支付的相关税费为成本；
2. 通过支付现金以外的方式取得的存货，以该存货的公允价值和支付的相关税费为成本；
3. 生产性生物资产收获的农产品，以产出或者采收过程中发生的材料费、人工费和分摊的间接费用等必要支出为成本。

纳税人的商品、材料、产成品、半成品的计算，应当以实际成本为准。纳税人各项存货的发生和领用，其实际成本价的计算方法，可以在先进先出法、加权平均法、移动平均法等方法中任选一种。计价方法一经确定，不得随意改变。

六、投资资产

投资资产，是指企业对外进行权益性投资和债权性投资形成的资产。

企业对外投资期间，投资资产的成本在计算应纳税所得额时不得扣除。

企业在转让或者处置投资资产时，投资资产的成本，准予扣除。

投资资产按照以下方法确定成本：

1. 通过支付现金方式取得的投资资产，以购买价款为成本；
2. 通过支付现金以外的方式取得的投资资产，以该资产的公允价值和支付的相关税费为成本。

七、资产转让

企业转让资产,该项资产的净值,准予在计算应纳税所得额时扣除。资产的净值和财产的净值,是指有关资产、财产的计税基础减除按照规定已经扣除的折旧、折耗、摊销、准备金等后的余额。

八、股权投资和企业合并、分立的税务处理

除国务院财政、税务主管部门另有规定外,企业在重组过程中,应当在交易发生时确认有关资产的转让所得或者损失,相关资产应当按照交易价格重新确定计税基础。

第四节 企业所得税应纳税额的计算

一、应纳所得税额的计算

(一)全年应纳所得税额计算的一般方法

应纳税额是企业依照税法规定应向国家缴纳的税款。企业的应纳税所得额乘以适用税率,减除依照本法关于税收优惠的规定减免和抵免的税额后的余额,为应纳税额。应纳税额的计算公式如下:

应纳税额 = 应纳税所得额 × 适用税率 − 减免税额 − 抵免税额

年终应补(退)税额 = 全年应纳所得税额 − 全年按月(季)累计预缴税额

公式中的减免税额和抵免税额,是指按照企业所得税法和国务院的税收优惠规定减征、免征和抵免的应纳税额。

(二)分期预缴所得税的计算方法

纳税人预缴所得税时,应当按纳税期限的实际数预缴。实际数预缴有困难的,可以按上一年度应纳税所得额的十二分之一或四分之一,或者经当地税务机关认可的其他方法分期预缴所得税。预缴方法一经确定,不得随意改变。

预缴时的应纳税额 = 月(季)应纳税所得额 × 25%

或 = 上年应纳税所得额 × 1/12(1/4)× 25%

纳税人在年终汇算清缴时,少缴的所得税税额,应在下一年度内缴纳;多预缴的所得税税额,在下一年度内抵缴,抵缴后仍有结余的,或者下一年度发生亏损的,应及时办理退库。

纳税人缴纳的所得税额,应以人民币为计算单位。

二、清算所得应纳税额的计算

纳税人依法进行清算时,其清算终了后的清算所得,应当按照《企业所得税法》规定

缴纳所得税。

清算所得＝企业的全部资产可变现价值或交易价格－资产的计税基础－清算费用－相关税费＋债务清偿损益－弥补以前年度亏损

其中债务清偿损益＝债务的计税基础－债务的实际偿还金额

公式中的相关税费为企业在清算过程中发生的相关税费，不包含企业以前年度欠税。

【例6-1】某企业停止生产经营之日的资产负债表记载：资产的账面价值3360万元、资产的计税基础3500万元、资产的可变现净值4000万元、负债账面价值3750万元、负债计税基础3600万元、最终偿付额3500万元，企业清算期内支付清算费用100万元，支付职工安置费、法定补偿金200万元，清算过程中发生的相关税费为20万元，以前年度可以弥补的亏损100万元。

解：清算所得＝4000－3500－100－200－20＋（3600－3500）－100＝180（万元），清算所得税＝180×25%＝45（万元）

三、税额扣除

（一）一般规定

企业所得税的税额扣除，是指国家对企业来自境外所得依法征收所得税时，允许企业将其已在境外缴纳的所得税税额从其应向本国缴纳的所得税税额中扣除。

税额扣除有全额扣除与限额扣除，我国税法实行限额扣除。纳税人来源于中国境外的所得，已在境外缴纳的所得税税款，准予在汇总纳税时，从其应纳税额中扣除，但扣除额不得超过其境外所得依照中国税法规定计算的应纳税额。

已在境外缴纳的所得税税额，是指企业来源于中国境外的所得依照中国境外税收法律以及相关规定应当缴纳并已经实际缴纳的企业所得税性质的税款。

（二）抵免范围

企业取得的下列所得已在境外缴纳的所得税税额，可以从其当期应纳税额中抵免：

1. 居民企业来源于中国境外的应税所得；

2. 非居民企业在中国境内设立机构、场所，取得发生在中国境外但与该机构、场所有实际联系的应税所得。

（三）计算方法

抵免限额，是指企业来源于中国境外的所得，依照企业所得税法和实施条例的规定计算的应纳税额。除国务院财政、税务主管部门另有规定外。超过抵免限额的部分，可以在以后5个年度内，用每年度抵免限额抵免当年应抵税额后的余额进行抵补。5个年度，是指从企业取得的来源于中国境外的所得，已经在中国境外缴纳的企业所得税性质的税额超过抵免限额的当年的次年起连续5个纳税年度。

扣除限额，应当分国（地区）不分项计算，其计算公式是：

$$\text{境外所得税款扣除限额} = \text{境内、境外所得按税法计算的应纳税总额} \times \left(\text{来源于某外国的所得} \div \text{境内、境外所得总额} \right)$$

纳税人来源于境外所得在境外实际缴纳的税款，低于按上述公式计算的扣除限额的，可以从应纳税额中按实扣除；超过扣除限额，其超过部分不得在本年度的应纳税额中扣除，也不得作为费用支出，但可用以后年度税额扣除的余额补扣，补扣期限最长不得超过5年。

从境外取得的税后收益，应将其还原成税前收益后作为来自于境外的应纳税所得额计算抵免限额。

【例6-2】某公司2011年度境内应纳税所得300万元，境外所得100万元（境外税率20%），试计算该公司应纳所得税税额。

解：
(1) 境内外应纳税所得额 = 300 + 100 = 400（万元）
(2) 境内外所得应纳所得税 = 400 × 25% = 100（万元）
(3) 境外所得扣除限额 = 100 × 100 ÷ (300 + 100) = 25（万元）
(4) 应按境外实纳税额扣除 = 100 × 20% = 20（万元）
(5) 本年度应纳税额 = 100 - 20 = 80（万元）

(四) 其他规定

居民企业从其直接或者间接控制的外国企业分得的来源于中国境外的股息、红利等权益性投资收益，外国企业在境外实际缴纳的所得税税额中属于该项所得负担的部分，可以作为该居民企业的可抵免境外所得税税额，在规定的抵免限额内抵免。

直接控制，是指居民企业直接持有外国企业20%以上股份。

间接控制，是指居民企业以间接持股方式持有外国企业20%以上股份，具体认定办法由国务院财政、税务主管部门另行规定。

规定抵免企业所得税税额时，应当提供中国境外税务机关填发的税款所属年度的有关纳税凭证。

四、居民企业核定征收应纳税额的计算

(一) 核定征收的适用范围

居民企业纳税人具有下列情形之一的，核定征收企业所得税：

1. 依照法律、行政法规的规定可以不设置账簿的。
2. 依照法律、行政法规的规定应当设置但未设置账簿的。
3. 擅自销毁账簿或者拒不提供纳税资料的。
4. 虽设置账簿，但账目混乱或者成本资料、收入凭证、费用凭证残缺不全，难以查账的。
5. 发生纳税义务，未按照规定的期限办理纳税申报，经税务机关责令限期申报，逾期仍不申报的。
6. 申报的计税依据明显偏低，又无正当理由的。

(二) 核定征收的方法

税务机关应根据纳税人具体情况，对核定征收企业所得税的纳税人，核定应税所得率或者核定应纳所得税额。

具有下列情形之一的，核定其应税所得率：

1. 能正确核算（查实）收入总额，但不能正确核算（查实）成本费用总额的。
2. 能正确核算（查实）成本费用总额，但不能正确核算（查实）收入总额的。

3. 通过合理方法，能计算和推定纳税人收入总额或成本费用总额的。

纳税人不属于以上情形的，核定其应纳所得税额。

采用应税所得率方式核定征收企业所得税的，应纳所得税额计算公式如下：

应纳所得税额 = 应纳税所得额 × 适用税率

应纳税所得额 = 应税收入额 × 应税所得率

或：应纳税所得额 = 成本（费用）支出额 ÷ （1 - 应税所得率）× 应税所得率

应税所得率幅度标准见表6-1：

表6-1　　　　　　　　　应 税 所 得 率 表

行　业	应税所得率（%）
农、林、牧、渔业	3～10
制造业	5～15
批发和零售贸易业	4～15
交通运输业	7～15
建筑业	8～20
饮食业	8～25
娱乐业	15～30
其他行业	10～30

纳税人的生产经营范围、主营业务发生重大变化，或者应纳税所得额或应纳税额增减变化达到20%的，应及时向税务机关申报调整已确定的应纳税额或应税所得率。

五、在我国未设立机构场所的非居民企业应纳税额计算

在中国境内未设立机构、场所的非居民企业，应就其取得来源于中国境内的股息、红利等权益性投资收益和利息、租金、特许权使用费所得、转让财产所得以及其他所得应当缴纳的企业所得税，实行源泉扣缴，以依照有关法律规定或者合同约定对非居民企业直接负有支付相关款项义务的单位或者个人为扣缴义务人。

应纳税额的计算公式为：

扣缴企业所得税应纳税额 = 应纳税所得额 × 实际征收率

实际征收率是指企业所得税法及其实施条例等相关法律法规规定的税率，或者税收协定规定的更低的税率。

由扣缴义务人负担应纳税款的，应将非居民企业取得的不含税所得换算为含税所得后计算征税。

按照企业所得税法及其实施条例和相关税收法规规定，给予非居民企业减免税优惠的，应按相关税收减免管理办法和行政审批程序的规定办理。对未经审批或者减免税申请未得到批准之前，扣缴义务人发生支付款项的，应按规定代扣代缴企业所得税。

第五节 特别纳税调整

一、一般规定

(一) 关联企业界定

企业所得税法所称关联方,是指与企业有下列关联关系之一的企业、其他组织或者个人:

1. 在资金、经营、购销等方面存在直接或者间接的控制关系;
2. 直接或者间接地同为第三者控制;
3. 在利益上具有相关联的其他关系。

(二) 税务处理的一般规定

1. 企业与其关联方之间的业务往来,不符合独立交易原则而减少企业或者其关联方应纳税收入或者所得额的,税务机关有权按照合理方法调整。

2. 企业与其关联方共同开发、受让无形资产,或者共同提供、接受劳务发生的成本,在计算应纳税所得额时应当按照独立交易原则进行分摊。所称独立交易原则,是指没有关联关系的交易各方,按照公平成交价格和营业常规进行业务往来遵循的原则。

3. 企业可以向税务机关提出与其关联方之间业务往来的定价原则和计算方法,税务机关与企业协商、确认后,达成预约定价安排。

4. 企业向税务机关报送年度企业所得税纳税申报表时,应当就其与关联方之间的业务往来,附送年度关联业务往来报告表。

5. 税务机关在进行关联业务调查时,企业及其关联方,以及与关联业务调查有关的其他企业,应当按照规定提供相关资料。相关资料包括:与关联业务往来有关的价格、费用的制定标准、计算方法和说明等同期资料;关联业务往来所涉及的财产、财产使用权、劳务等的再销售(或者转让)价格或者最终销售(或者转让)价格的相关资料;与关联业务调查有关的其他企业须提供与被调查企业可比的产品价格、定价方式以及利润水平等资料;其他与关联业务往来有关的资料。

与关联业务调查有关的其他企业,是指与被调查企业在经营内容和方式上相类似的企业。企业应当在税务机关规定的期限内提供与关联业务往来有关的价格、费用的制定标准、计算方法和说明等同期资料。关联方以及与关联业务调查有关的其他企业应当在税务机关与其约定的期限内提供相关资料。

6. 企业不提供与其关联方之间业务往来资料,或者提供虚假、不完整资料,未能真实反映其关联业务往来情况的,税务机关有权依法核定其应纳税所得额。相关资料包括:

(1) 与关联业务往来有关的价格、费用的制定标准、计算方法和说明等同期资料;

(2) 关联业务往来所涉及的财产、财产使用权、劳务等的再销售(或者转让)价格或者最终销售(或者转让)价格的相关资料;

(3) 与关联业务调查有关的其他企业须提供的与被调查企业可比的产品价格、定价方式以及利润水平等资料;

(4) 其他与关联业务往来有关的资料。

二、特别纳税调整方法

1. 企业与其关联方之间的业务往来,不符合独立交易原则,税务机关有权按照以下合理方法调整。

(1) 可比非受控价格法,是指按照没有关联关系的交易各方进行相同或者类似业务往来的价格进行定价的方法;

(2) 再销售价格法,是指按照从关联方购进商品再销售给没有关联关系的交易方的价格,减去相同或者类似业务的销售毛利进行定价的方法;

(3) 成本加成法,是指按照成本加合理的费用和利润进行定价的方法;

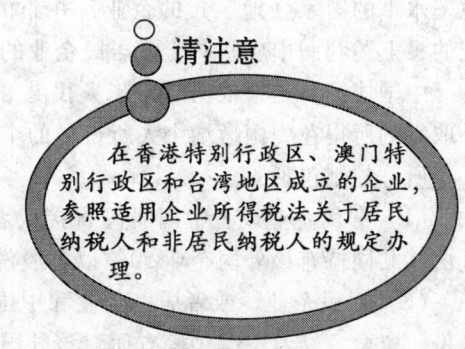

请注意

在香港特别行政区、澳门特别行政区和台湾地区成立的企业,参照适用企业所得税法关于居民纳税人和非居民纳税人的规定办理。

(4) 交易净利润法,是指按照没有关联关系的交易各方进行相同或者类似业务往来取得的净利润水平确定利润的方法;

(5) 利润分割法,是指将企业与其关联方的合并利润或者亏损在各方之间采用合理标准进行分配的方法;

(6) 其他符合独立交易原则的方法。

企业可以按照企业所得税法的规定,按照独立交易原则与其关联方分摊共同发生的成本,达成成本分摊协议。

企业与其关联方分摊成本时,应当按照成本与预期收益相配比的原则进行分摊,并在税务机关规定的期限内,按照税务机关的要求报送有关资料。

企业与其关联方分摊成本时违反本条规定的,其自行分摊的成本不得在计算应纳税所得额时扣除。

2. 企业不提供或不能准确提供与其关联方之间业务往来资料税务机关有权依法核定其应纳税所得额。

(1) 参照同类或者类似企业的利润率水平核定;

(2) 按照企业成本加合理的费用和利润的方法核定;

(3) 按照关联企业集团整体利润的合理比例核定;

(4) 按照其他合理方法核定。

企业对税务机关按照前款规定的方法核定的应纳税所得额有异议的,应当提供相关证据,经税务机关认定后,调整核定的应纳税所得额。

【例6-3】某小型工业企业2011年度收入总额100万元,应扣除的成本费用80万元,经税务机关检查,该企业成本费用真实,与关联企业收入无法核实。应税所得率为20%,计算该企业本年度应纳所得税额。

解:
(1) 应纳税所得额 = 80 ÷ (1 - 20%) × 20% = 20 (万元)
(2) 本年度应纳所得税额 = 20 × 25% = 5 (万元)

3. 企业实施其他不具有合理商业目的的安排而减少其应纳税收入或者所得额的,税务机关有权按照合理方法调整。

4. 由居民企业,或者由居民企业和中国居民控制的设立在实际税负明显低于税法规定税率水平的国家(地区)的企业,并非由于合理的经营需要而对利润不作分配或者减少分配的,上述利润中应归属于该居民企业的部分,应当计入该居民企业的当期收入。

中国居民,是指根据《中华人民共和国个人所得税法》的规定,就其从中国境内和境外取得的所得在中国缴纳个人所得税的个人。

所称控制包括:

(1) 居民企业或者中国居民直接或者间接单一持有外国企业10%以上有表决权股份,且由其共同持有该外国企业50%以上股份;

(2) 居民企业,或者居民企业和中国居民持股比例没有达到第1项规定的标准,但在股份、资金、经营、购销等方面对该外国企业构成实质控制。

5. 税务机关依照本章规定作出纳税调整,需要补征税款的,应当补征税款,并按照国务院规定加收利息。利息应当按照税款所属纳税年度中国人民银行公布的与补税期间同期的人民币贷款基准利率加5个百分点计算。企业能够按照企业所得税法的规定提供有关资料的,可以减按前款规定的人民币贷款基准利率计算利息。加收的利息,不得在计算应纳税所得额时扣除。

6. 企业从其关联方接受的债权性投资与权益性投资的比例超过规定标准而发生的利息支出,不得在计算应纳税所得额时扣除。债权性投资,是指企业直接或者间接从关联方获得的,需要偿还本金和支付利息或者需要以其他具有利息性质的方式予以补偿的融资。包括:

(1) 关联方通过无关联第三方提供的债权性投资;
(2) 无关联第三方提供的、由关联方担保且负有连带责任的债权性投资;
(3) 其他间接从关联方获得的具有负债实质的债权性投资。

企业所得税法所称权益性投资,是指企业接受的不需要偿还本金和利息,投资人对企业净资产拥有所有权的投资。

三、特别纳税调整管理

1. 税务机关根据税收法律、行政法规的规定,对企业做出纳税调整的,应当对补征的税款,自税款所属纳税年度的次年6月1日起至补缴税款之日止的期间,按日加收利息。

2. 企业与其关联方之间的业务往来,不符合独立交易原则,或者企业实施其他不具有合理商业目的的安排的,税务机关有权在该业务发生的纳税年度起10年内,进行纳税调整。

第六节 税收优惠

一、免税收入

（一）国债利息收入

国债利息收入，是指企业持有国务院财政部门发行的国债取得的利息收入。企业从发行者直接投资购买的国债持有至到期，其从发行者取得的国债利息收入，全额免征企业所得税。企业到期前国债、或者从非发行者投资购买的国债转让时，其中的国债利息收入，免征企业所得税。

（二）符合条件的居民企业之间的股息、红利等权益性投资收益

居民企业之间的股息、红利等权益性投资收益，是指居民企业直接投资于其他居民企业取得的投资收益。

（三）在中国境内设立机构、场所的非居民企业从居民企业取得与该机构、场所有实际联系的股息、红利等权益性投资收益

股息、红利等权益性投资收益，不包括连续持有居民企业公开发行并上市流通的股票短于12个月取得的投资收益。

（四）符合条件的非营利组织的收入

非营利组织，是指同时符合下列条件的组织：

1. 依法履行非营利组织登记手续；
2. 从事公益性或者非营利性活动；
3. 取得的收入除用于与该组织有关的、合理的支出外，全部用于登记核定或者章程规定的公益性或者非营利性事业；
4. 财产及其孳息不用于分配；
5. 按照登记核定或者章程规定，该组织注销后的剩余财产用于公益性或者非营利性目的，或者由登记管理机关转赠给与该组织性质、宗旨相同的组织，并向社会公告；
6. 投入人对投入该组织的财产不保留或者享有任何财产权利；
7. 工作人员工资福利开支控制在规定的比例内，不变相分配该组织的财产；
8. 国务院财政、税务主管部门规定的其他条件。

符合条件的非营利组织的收入，不包括非营利组织从事营利性活动取得的收入，但国务院财政、税务主管部门另有规定的除外。

非营利组织的下列收入为免税收入：

1. 接受其他单位或者个人捐赠的收入；
2. 除属于不征税收入的财政拨款以外的其他政府补助收入，但不包括因政府购买服务取得的收入；
3. 按照省级以上民政、财政部门规定收取的会费；

4. 不征税收入和免税收入孳生的银行存款利息收入；
5. 财政部、国家税务总局规定的其他收入。

二、企业可以享受免征、减征企业所得税的所得

（一）从事农、林、牧、渔业项目的所得
1. 企业从事下列项目的所得，免征企业所得税：
（1）蔬菜、谷物、薯类、油料、豆类、棉花、麻类、糖料、水果、坚果的种植；
（2）农作物新品种的选育；
（3）中药材的种植；
（4）林木的培育和种植；
（5）牲畜、家禽的饲养；
（6）林产品的采集；
（7）灌溉、农产品初加工、兽医、农技推广、农机作业和维修等农、林、牧、渔服务业项目；
（8）远洋捕捞。
2. 企业从事下列项目的所得，减半征收企业所得税：
（1）花卉、茶以及其他饮料作物和香料作物的种植；
（2）海水养殖、内陆养殖。
国家禁止和限制发展的项目，不得享受本条规定的税收优惠。

（二）从事国家重点扶持的公共基础设施项目投资经营的所得
国家重点扶持的公共基础设施项目，是指《公共基础设施项目企业所得税优惠目录》规定的港口码头、机场、铁路、公路、电力、水利等项目。企业从事规定的国家重点扶持的公共基础设施项目的投资经营的所得，从项目取得第一笔生产经营收入所属纳税年度起，第一年至第三年免征企业所得税，第四年至第六年减半征收企业所得税。

企业承包经营、承包建设和内部自建自用以上项目，不得享受本条规定的企业所得税优惠。在减免税期限内转让的，受让方自受让之日起，可以在剩余期限内享受规定的减免税优惠；减免税期限届满后转让的，受让方不得就该项目重复享受减免税优惠。

（三）从事符合条件的环境保护、节能节水项目的所得
环境保护、节能节水项目，包括公共污水处理、公共垃圾处理、沼气综合开发利用、节能技术改造、海水淡化等，具体条件和范围由国务院财政、税务主管部门商有关部门制订报国务院批准后公布施行。企业从事符合条件的环境保护、节能节水项目的所得，从项目取得第一笔生产经营收入所属纳税年度起，第一年至第三年免征企业所得税，第四年至第六年减半征收企业所得税。

规定享受减免税优惠的项目，在减免税期未满时转让的，受让方自受让之日起，可以在剩余期限内享受规定的减免税优惠；减免税期满后转让的，受让方不得就该项目重复享受减免税优惠。

（四）符合条件的技术转让所得
技术转让所得免征、减征企业所得税，是指一个纳税年度内居民企业转让技术所有权所得不超过 500 万元的部分免征企业所得税，超过 500 万元的部分减半征收企业所得税。

1. 享受技术转让所得减免企业所得税优惠的企业,应单独计算技术转让所得,并合理分摊企业的期间费用;没有单独计算的,不得享受技术转让所得企业所得税优惠。

2. 技术转让所得的范围包括,居民企业转让专利技术、计算机软件著作权、集成电路设计权、植物新品种、生物医药新品种,以及财政部和国家税务总局确定的其他技术。

$$技术转让所得 = 技术转让收入 - 技术转让成本 - 相关税费$$

技术转让收入是指当事人履行技术转让合同后获得的价款,不包括销售或转让设备、仪器、零部件、原材料等非技术性收入。不属于与技术转让项目密不可分的技术咨询、技术服务、技术培训等收入,不得计入技术转让收入。

技术转让成本是指转让的无形资产的净值,即该无形资产的计税基础减除在资产使用期间按照规定计算的摊销扣除额后的余额。

相关税费是指技术转让过程中实际发生的有关税费,包括除企业所得税和允许抵扣的增值税以外的各项税金及其附加、合同签订费用、律师费等相关费用及其他支出。

(五)非居民企业取得企业所得税法规定的减免税所得

非居民企业取得企业所得税法规定的减免税所得减按10%的税率征收企业所得税,其中,下列所得可以免征企业所得税:

1. 外国政府贷款给中国政府取得的利息所得;
2. 国际金融组织贷款给中国政府和居民企业取得的利息所得;
3. 经国务院批准的其他所得。

三、优惠税率

1. 符合条件的小型微利企业,减按20%的税率征收企业所得税。符合条件的小型微利企业,是指从事国家非限制和禁止行业,并符合下列条件的企业:

(1) 工业企业,年度应纳税所得额不超过30万元,从业人数不超过100人,资产总额不超过3000万元;

(2) 其他企业,年度应纳税所得额不超过30万元,从业人数不超过80人,资产总额不超过1000万元。

从业人数,是指与企业建立劳动关系的职工人数和企业接受的劳务派遣用工人数之和;资产总额一般按企业年初和年末的资产总额平均计算。

从业人数和资产总额指标,按企业全年月平均值确定,具体计算公式如下:

$$月平均值 = (月初值 + 月末值) \div 2$$

$$全年月平均值 = 全年各月平均值之和 \div 12$$

年度中间开业或者终止经营活动的,以其实际经营期作为一个纳税年度确定上述相关指标。

小型微利企业,是指企业的全部生产经营活动产生的所得均负有我国企业所得税纳税义务并具备建账核算自身应纳税所得额条件的企业。仅就来源于我国所得负有我国纳税义务的非居民企业,不适用这一规定。

2. 国家需要重点扶持的高新技术企业,减按15%的税率征收企业所得税。国家需要重点扶持的高新技术企业,是指拥有核心自主知识产权,并同时符合下列条件的企业:

(1) 在中国境内(不含港、澳、台地区)注册的企业,近3年内通过自主研发、受让、

受赠、并购等方式,或通过5年以上的独占许可方式,对其主要产品(服务)的核心技术拥有自主知识产权;

(2) 产品(服务)属于《国家重点支持的高新技术领域》规定的范围;

(3) 企业近3个会计年度的研究开发费用总额占销售收入总额的比例符合如下要求:最近1年销售收入小于5000万元的企业,比例不低于6%;最近1年销售收入在5000万元至20000万元的企业,比例不低于4%;最近1年销售收入在20000万元以上的企业,比例不低于3%。其中,企业在中国境内发生的研究开发费用总额占全部研究开发费用总额的比例不低于60%。企业注册成立时间不足3年的,按实际经营年限计算;

(4) 高新技术产品(服务)收入占企业总收入的比例不低于60%;

(5) 具有大学专科以上学历的科技人员占企业当年职工总数的30%以上,其中研发人员占企业当年职工总数的10%以上;

(6) 企业研究开发组织管理水平、科技成果转化能力、自主知识产权数量、销售与总资产成长性等指标符合《高新技术企业认定管理工作指引》的要求。

《国家重点支持的高新技术领域》和高新技术企业认定管理办法由国务院科技、财政、税务主管部门商有关部门制订报国务院批准后公布施行。

四、加计扣除

企业的下列支出,可以在计算应纳税所得额时加计扣除:

1. 开发新技术、新产品、新工艺发生的研究开发费用。研究开发费用的加计扣除,是指企业为开发新技术、新产品、新工艺发生的研究开发费用,未形成无形资产计入当期损益的,在按照规定据实扣除的基础上,按照研究开发费用的50%加计扣除;形成无形资产的,按照无形资产成本的150%摊销。

研究开发费是指从事规定范围内的研究开发活动发生的相关费用。在一个纳税年度内,下列费用支出属于可以加计扣除的研究开发费:

(1) 新产品设计费、新工艺规程制定费以及与研发活动直接相关的技术图书资料费、资料翻译费。

(2) 从事研发活动直接消耗的材料、燃料和动力费用。

(3) 在职直接从事研发活动人员的工资、薪金、奖金、津贴、补贴。

(4) 专门用于研发活动的仪器、设备的折旧费或租赁费。

(5) 专门用于研发活动的软件、专利权、非专利技术等无形资产的摊销费用。

(6) 专门用于中间试验和产品试制的模具、工艺装备开发及制造费。

(7) 勘探开发技术的现场试验费。

(8) 研发成果的论证、评审、验收费用。

企业研究开发费各项目的实际发生额归集不准确、汇总额计算不准确的,主管税务机关有权调整其税前扣除额或加计扣除额。

2. 安置残疾人员及国家鼓励安置的其他就业人员所支付的工资。安置残疾人员所支付的工资的加计扣除,是指企业安置残疾人员的,在按照支付给残疾职工工资据实扣除的基础上,按照支付给上述人员工资的100%加计扣除。残疾人员的范围适用《中华人民共和国残疾人保障法》的有关规定。

企业享受安置残疾职工工资100%加计扣除应同时具备如下条件：

(1) 依法与安置的每位残疾人签订了1年以上（含1年）的劳动合同或服务协议，并且安置的每位残疾人在企业实际上岗工作。

(2) 为安置的每位残疾人按月足额缴纳了企业所在区县人民政府根据国家政策规定的基本养老保险、基本医疗保险、失业保险和工伤保险等社会保险。

(3) 定期通过银行等金融机构向安置的每位残疾人实际支付了不低于企业所在区县适用的经省级人民政府批准的最低工资标准的工资。

(4) 具备安置残疾人上岗工作的基本设施。

3. 企业安置国家鼓励安置的其他就业人员所支付的工资的加计扣除办法，由国务院另行规定。

【例6-4】 某企业2011年度会计利润100万元，未形成无形资产的新技术、新产品、新工艺研究开发费用20万元，在计算会计利润时已经扣除。没有其他调整项目。计算本年度该企业应纳所得税额。

解：

全年应纳税所得额 = 100 - 20 × 50% = 90（万元）

全年应纳所得税额 = 90 × 25% = 22.5（万元）

五、创业投资优惠

创业投资企业从事国家需要重点扶持和鼓励的创业投资，可以按投资额的一定比例抵扣应纳税所得额。创业投资企业采取股权投资方式投资于未上市的中小高新技术企业2年以上的，可以按照其投资额的70%在股权持有满2年的当年抵扣该创业投资企业的应纳税所得额；当年不足抵扣的，可以在以后纳税年度结转抵扣。

中小高新技术企业是指按照《高新技术企业认定管理办法》（国科发火〔2008〕172号）和《高新技术企业认定管理工作指引》（国科发火〔2008〕362号）取得高新技术企业资格，且年销售额和资产总额均不超过2亿元、从业人数不超过500人的企业。

六、加速折旧优惠

企业的固定资产由于技术进步等原因，确需加速折旧的，可以缩短折旧年限或者采取加速折旧的方法。可以采取缩短折旧年限或者采取加速折旧的方法的固定资产，包括：

1. 由于技术进步，产品更新换代较快的固定资产；
2. 常年处于强震动、高腐蚀状态的固定资产。

采取缩短折旧年限方法的，最低折旧年限不得低于税法规定折旧年限的60%；采取加速折旧方法的，可以采取双倍余额递减法或者年数总和法。

七、综合利用资源的优惠

企业综合利用资源，生产符合国家产业政策规定的产品所取得的收入，可以在计算应纳税所得额时减计收入。减计收入，是指企业以《资源综合利用企业所得税优惠目录》规定的资源作为主要原材料，生产非国家限制和禁止并符合国家和行业相关标准的产品取得的收入,减按 90% 计入收入总额。原材料占生产产品材料的比例不得低于《资源综合利用企业所得税优惠目录》规定的标准。

八、专用设备投资优惠

企业购置用于环境保护、节能节水、安全生产等专用设备的投资额,可以按一定比例实行税额抵免。税额抵免,是指企业购置并实际使用《环境保护专用设备企业所得税优惠目录》、《节能节水专用设备企业所得税优惠目录》和《安全生产专用设备企业所得税优惠目录》规定的环境保护、节能节水、安全生产等专用设备,其设备投资额的10%可以从企业当年的应纳税额中抵免;当年不足抵免的,可以在以后5个纳税年度结转抵免。

享受企业所得税优惠的环境保护、节能节水、安全生产等专用设备,应当是企业实际购置并自身实际投入使用的设备;企业购置上述设备在5年内转让、出租的,应当停止执行本条规定的企业所得税优惠政策,并补缴已经抵免的企业所得税税款。

专用设备投资额的确定方式如下:

如购买设备时支付的增值税进项税额允许抵扣,其专用设备投资额为购买价款,不包括增值税进项税额以及设备运输、安装和调试等费用。

如增值税进项税额不允许抵扣,其专用设备投资额应为增值税专用发票上注明的价税合计金额。

企业购买专用设备取得普通发票的,其专用设备投资额为普通发票上注明的金额。

九、支持和促进就业的税收优惠政策

对商贸企业、服务型企业(除广告业、房屋中介、典当、桑拿、按摩、氧吧外)、劳动就业服务企业中的加工型企业和街道社区具有加工性质的小型企业实体,在新增加的岗位中,当年新招用持《就业失业登记证》(注明"企业吸纳税收政策")人员,与其签订1年以上期限劳动合同并依法缴纳社会保险费的,在3年内按实际招用人数予以定额依次扣减营业税、城市维护建设税、教育费附加和企业所得税优惠。定额标准为每人每年4000元,可上下浮动20%,由各省、自治区、直辖市人民政府根据本地区实际情况在此幅度内确定具体定额标准,并报财政部和国家税务总局备案。

按上述标准计算的税收扣减额应在企业当年实际应缴纳的营业税、城市维护建设税、教育费附加和企业所得税税额中扣减,当年扣减不足的,不得结转下年使用。

持《就业失业登记证》(注明"企业吸纳税收政策")人员是指:

1. 国有企业下岗失业人员。
2. 国有企业关闭破产需要安置的人员。
3. 国有企业所办集体企业(即厂办大集体企业)下岗职工。
4. 享受最低生活保障且失业1年以上的城镇其他登记失业人员。

该优惠政策的审批期限为2011年1月1日至2013年12月31日,以纳税人到税务机关办理减免税手续之日起作为优惠政策起始时间。

十、鼓励软件产业和集成电路产业发展的优惠政策

1. 软件生产企业实行增值税即征即退政策所退还的税款,由企业用于研究开发软件产

品和扩大再生产,不作为企业所得税应税收入,不予征收企业所得税。

2. 我国境内新办软件生产企业经认定后,自获利年度起,第一年和第二年免征企业所得税,第三年至第五年减半征收企业所得税。

3. 国家规划布局内的重点软件生产企业,如当年未享受免税优惠的,减按10%的税率征收企业所得税。

4. 软件生产企业的职工培训费用,可按实际发生额在计算应纳税所得额时扣除。

5. 企事业单位购进软件,凡符合固定资产或无形资产确认条件的,可以按照固定资产或无形资产进行核算,经主管税务机关核准,其折旧或摊销年限可以适当缩短,最短可为2年。

6. 集成电路设计企业视同软件企业,享受上述软件企业的有关企业所得税政策。

7. 集成电路生产企业的生产性设备,经主管税务机关核准,其折旧年限可以适当缩短,最短可为3年。

8. 投资额超过80亿元人民币或集成电路线宽小于0.25微米的集成电路生产企业,可以减按15%的税率缴纳企业所得税,其中,经营期在15年以上的,从开始获利的年度起,第一年至第五年免征企业所得税,第六年至第十年减半征收企业所得税。

9. 对生产线宽小于0.8微米(含)集成电路产品的生产企业,经认定后,自获利年度起,第一年和第二年免征企业所得税,第三年至第五年减半征收企业所得税。

十一、民族自治地方所得税减免

依照《中华人民共和国民族区域自治法》的规定,实行民族区域自治的自治区、自治州、自治县,对本民族自治地方的企业应缴纳的企业所得税中属于地方分享的部分,可以决定减征或者免征。

对民族自治地方内国家限制和禁止行业的企业,不得减征或者免征企业所得税。

企业同时从事适用不同企业所得税待遇项目的,其优惠项目应当单独计算所得,并合理分摊企业的期间费用;没有单独计算的,不得享受企业所得税优惠。

第七节　企业所得税的征收管理

一、企业所得税的缴纳方法与纳税期限

企业所得税实行按年计算、分月或分季预缴、年终汇算清缴、多退少补的征纳办法。纳税人应当在月份或者季度终了后15天内,向其所在地主管税务机关报送会计报表和预缴所得税申报表,并在规定的纳税期限内预缴所得税。企业所得税的年终汇算清缴,在年终后5个月内进行。企业所得税分月或者分季预缴,由税务机关具体核定。

企业分月或者分季预缴企业所得税时,应当按照月度或者季度的实际利润额预缴;按照月度或者季度的实际利润额预缴有困难的,可以按照上一纳税年度应纳税所得额的月度或者季度平均额,按照月度或者季度以及经税务机关认可的其他方法预缴。预缴方法一经确定,该纳税年度内不得随意变更。

企业在纳税年度内无论盈利或者亏损,都应当依照企业所得税法规定的期限,向税务机关报送预缴企业所得税纳税申报表、年度企业所得税纳税申报表、财务会计报告和税务机关规定应当报送的其他有关资料。

企业在年度中间终止经营活动的,应当自实际经营终止之日起60日内,向税务机关办理当期企业所得税汇算清缴。企业应当在办理注销登记前,就其清算所得向税务机关申报并依法缴纳企业所得税。

二、企业所得税的纳税年度

企业所得税的纳税年度,自公历1月1日起至12月31日止。纳税人在一个纳税年度的中间开业,或者由于合并、关闭等原因,是该纳税年度的实际经营期不足12个月的,应当以其实际经营期为一个纳税年度。纳税人清算时,应当以清算期间作为一个纳税年度。

三、纳税地点

企业所得税由纳税人向其登记注册地主管税务机关缴纳。企业登记注册地,是指企业依照国家有关规定登记注册的所在地。

登记注册地在境外的,以实际管理机构所在地为纳税地点。

居民企业在中国境内设立不具有法人资格的营业机构的,应当汇总计算并缴纳企业所得税。

四、汇总纳税

非居民企业在中国境内设立机构、场所的,应当就其所设机构、场所取得的来源于中国境内的所得,以及发生在中国境外但与其所设机构、场所有实际联系的所得的,以机构、场所所在地为纳税地点。非居民企业在中国境内设立两个或者两个以上机构、场所的,经税务机关审核批准,可以选择由其主要机构、场所汇总缴纳企业所得税。企业所得税法所称主要机构、场所,应当同时符合下列条件:

1. 对其他各机构、场所的生产经营活动负有监督管理责任;
2. 设有完整的账簿、凭证,能够准确反映各机构、场所的收入、成本、费用和盈亏情况。

非居民企业在中国境内未设立机构、场所的,或者虽设立机构、场所但取得的所得与其所设机构、场所没有实际联系的,以扣缴义务人所在地为纳税地点。

非居民企业经批准汇总缴纳企业所得税后,需要增设、合并、迁移、停止、关闭机构、场所的,应当事先由负责汇总申报缴纳企业所得税的主要机构、场所向其所在地税务机关报告;需要变更汇总缴纳企业所得税的主要机构、场所的,依照前款规定办理。

除国务院另有规定外,企业之间不得合并缴纳企业所得税。

五、源泉扣缴

对非居民企业在中国境内未设立机构、场所的,或者虽设立机构、场所但取得的所得与其所设机构、场所没有实际联系的，其所得应缴纳的所得税，实行源泉扣缴，以支付人为扣缴义务人。税款由扣缴义务人在每次支付或者到期应支付时，从支付或者到期应支付的款项中扣缴。对非居民企业在中国境内取得工程作业和劳务所得应缴纳的所得税，税务机关可以指定工程价款或者劳务费的支付人为扣缴义务人。

扣缴义务人每次代扣的税款，应当自代扣之日起七日内缴入国库，并向所在地的税务机关报送扣缴企业所得税报告表。

请注意

扣缴义务人未依法扣缴或者无法履行扣缴义务的，由纳税人在所得发生地缴纳。纳税人未依法缴纳的，税务机关可以从该纳税人在中国境内其他收入项目的支付人应付的款项中，追缴该纳税人的应纳税款。

六、税款计算单位

企业所得为人民币以外的货币的，预缴企业所得税时，应当按照月度或者季度最后一日的人民币汇率中间价，折合成人民币计算应纳税所得额。年度终了汇算清缴时，对已经按照月度或者季度预缴税款的人民币以外的货币，不再重新折合计算，只就全年未缴纳企业所得税的人民币以外的货币所得部分，按照纳税年度最后一日的人民币汇率中间价，折合成人民币计算应纳税所得额。

经税务机关检查确认，企业少计或者多计人民币以外的货币所得的，应当按照检查确认补税或者退税时的上一个月最后一日的人民币汇率中间价，将少计或者多计的人民币以外的货币所得折合成人民币计算应纳税所得额，再计算应补缴或者应退的税款。

本章小结

1. 企业所得税是对在中华人民共和国境内的企业和其他取得收入的组织，就其生产经营所得和其他所得征收的一种税，它是我国所得税体系中的主体税种。

2. 企业所得税的征税对象是指纳税人来源于中国境内、境外的所得。具体区分纳税人的性质确定：居民企业应当就其来源于中国境内、境外的所得缴纳企业所得税。非居民企业在中国境内设立机构、场所的，应当就其所设机构、场所取得的来源于中国境内的所得，以及发生在中国境外但与其所设机构、场所有实际联系的所得，缴纳企业所得税。

3. 在中华人民共和国境内，企业和其他取得收入的组织为企业所得税的纳税人。企业分为居民企业和非居民企业。

4. 居民企业和在中国境内设立机构、场所的非居民企业，企业所得税的税率为25%。

非居民企业在中国境内未设立机构、场所的，或者虽设立机构、场所但取得的所得与其所设机构、场所没有实际联系的，应当就其来源于中国境内的所得缴纳企业所得税。税率为20%。

5. 企业每一纳税年度的收入总额，减除不征税收入、免税收入、各项扣除以及允许弥补的以前年度亏损后的余额，为应纳税所得额。

6. 企业所得税应纳税额的计算，行按年计算、分月或分季预缴、年终汇算清缴、多退少补的征纳办法。

主要名词（中英文对照）

企业所得税（Enterprise income tax）
应纳税所得额（Taxable in come）
税款抵免（Tax credit）

复习思考题

1. 企业所得税纳税人如何界定？
2. 企业所得税计税依据如何确定？
3. 亏损如何弥补？

第七章 个人所得税

内容提示

个人所得税是世界各国普遍征收的一个税种,它在有的国家已成为主体税种,在我国税法体系中的地位逐年提高。本章按个人所得税的纳税人、个人所得税的应税项目及税率、个人所得税应纳税所得额的确定、个人所得税应纳税额的计算、个人所得税的税收优惠及个人所得税的征收管理进行研究和阐述。重点和难点是各应税项目应纳税额的计算。

每当提及个人所得税时,很多人都会说,个人所得税是对工资超过3500元征税,税率3%,其实这样回答是很不全面的,个人所得税不仅仅对工资征税,税率也不仅仅是3%。

案例导入

某研究所科技工作者杨某,某月从单位领取工资3800元,应邀讲学取得酬金1500元;接受技术咨询取得咨询费2000元,从出版社领取论文集稿酬5400元,国家科委寄来发明奖金3000元,从银行取得国库券利息500元。王先生本月应纳多少个人所得税呢?本章就来解决这个问题。

个人所得税是对个人取得的各项应税所得征收的一种税。具有分项课征、计算简便;分项定率、税率较低;分项扣费、扣除额宽的特点。

第一节 个人所得税的纳税人

个人所得税的纳税人是取得各项应税所得的个人。我国依据国际通行做法，同时行使居民税收管辖权和地域税收管辖权。

一、居民与非居民的确认

居民与非居民的划分以有无住所和居住时间两个标准来加以确认。

（一）居民

居民，即在中国境内有住所，或者无住所而在境内居住满1年的个人。这里所说的在中国境内有住所的个人，是指在中国境内拥有永久性居住权并因家庭、经济利益关系而在中国境内习惯性居住的个人，具体包括：（1）在中国境内居住的公民；（2）暂时未在中国境内居住的公民；（3）在中国境内没有永久性住所，而在中国境内居住满1年的外籍人员。

（二）非居民

非居民，即在中国境内无住所又不居住，或者无住所而在中国境内居住不满1年的个人，具体包括：（1）不在中国境内居住，从中国境内取得所得的外籍人员；（2）在中国境内居住，但居住时间不满1年，从中国境内取得所得的外籍人员。

二、纳税人的具体规定

我国依据居民纳税人负无限的纳税义务（即就其来源于中国境内、境外的所得缴纳个人所得税）、非居民纳税人负有限纳税义务（即仅就其来源于中国境内的所得缴纳个人所得税）这一基本原则作出如下规定：

1. 在中国境内无住所而在境内居住满1年的个人是指在中国境内无永久性居住场所，而在一个纳税年度（公历每年1月1日起至12月31日止）在中国境内居住满365日的个人。例如：某外国专家应邀来华讲学，2010年2月1日到华，2011年12月20日离华回国，因该专家在华的2010年和2011年两个纳税年度中，居住期均不满365日，所以他在这两个年度里，都是非居民。此外，税法还规定，在纳税年度内临时离境不扣减日数。所谓临时离境，是指在一个纳税年度内一次不超过30日或多次累计不超过90日的离境。

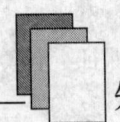
知识窗

全国人大八届四次会议对原个人所得税进行了重要修改，将个人所得税、个人收入调节税、城乡个体工商业户所得税三个税种合并为个人所得税。

2. 中国境内无住所，但居住满 1 年未超过 5 年的个人，其来源于中国境外的所得，只就由中国境内公司、企业以及其他经济组织和个人支付的部分缴纳个人所得税。

3. 在中国境内无住所，但居住超过 5 年的个人，从第六年起，就其来源于中国境内外的全部所得缴纳个人所得税。

4. 下列所得不论支付地点是否在中国境内，均为来源于中国境内的所得，应依法纳税：（1）个人在中国境内任职，受雇或提供劳务的所得；（2）个人将财产出租给中国境内租用者取得的所得；（3）个人转让中国境内的房屋、建筑物、土地使用权等财产，或者在中国境内转让其他财产取得的所得；（4）个人提供或转让在中国境内使用的各种特许权而取得的所得；（5）从中国境内的公司、企业或其他经济组织以及个人取得的利息、股息、红利所得。

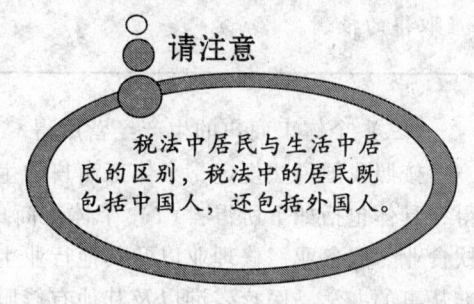

请注意

税法中居民与生活中居民的区别，税法中的居民既包括中国人，还包括外国人。

对来源于中国境内的所得，不论其支付地点是否在中国境内，均按照个人所得税法缴纳个人所得税。本着从宽从简的原则，税法对特殊情况作了优惠的规定，即在中国境内无住所并在一个纳税年度中，在中国境内连续或累计居住不超过 90 日的个人，其来源于中国境内提供劳务取得的所得，由境外雇主支付并不属该雇主在中国境内营业机构、场所负担的部分，免于征税。

第二节 个人所得税的应税项目及税率

一、应税项目

我国采用列举的方法具体列举征税的所得项目，主要有 11 项（未列举的不征税）：工资、薪金所得；个体工商户的生产经营所得；对企事业单位的承包经营、承租经营所得；劳务报酬所得；稿酬所得；特许权使用费所得；财产租赁所得；财产转让所得；利息、股息、红利所得；偶然所得及国务院财政部规定的其他所得。

（一）工资薪金所得

工资薪金所得是指个人因任职或受雇而取得的工资、薪金、奖金、年终加薪、劳动分红、津贴、补贴以及与任职或受雇有关的其他所得。

按照税法规定，纳税人的年终加薪、劳动分红不分种类和取得情况，一律按工资、薪金所得课税。但对津贴、补贴等收入中的下列项目不予征税，主要包括：（1）独生子女补贴；（2）托儿补助费；（3）执行公务员工资制度未纳入基本工资总额的补贴、津贴差额和家属成员的副食品补贴；（4）差旅费补贴、误餐费。

知识窗

劳务报酬所得与工资、薪金所得的主要区别在于：前者是个人独立从事某种技艺、提供某种劳务而取得的所得；后者则是个人从事非独立劳动，从所在单位领取的因任职、受雇取得的报酬。

（二）个体工商户的生产经营所得

按照我国税法规定，个体工商户的生产经营所得是指个人从事生产经营活动而取得的所得，具体包括如下所得：(1) 个体工商户从事工业、手工业、建筑业、交通运输业、商业、饮食业、服务业、修理业以及其他行业生产经营取得的所得；(2) 个人经政府有关部门批准从事的办学、医疗咨询以及其他有偿服务活动取得的所得。

（三）对企事业单位的承包经营、承租经营所得

对企事业单位的承包经营、承租经营所得是指个人承包经营或承租经营企业、事业单位取得的所得以及转包、转租取得的所得。上述所得包括纳税人按月或按次领取的工资、薪金性质的所得。

（四）劳务报酬所得

劳务报酬所得具体包括个人从事设计、装潢、安装、制图、化验、测试、医疗、法律、会计、咨询、讲学、新闻、广播、翻译、审稿、书画、雕刻、影视、录音、各种演出与表演、展览、技术服务、介绍服务、经纪服务、代办服务以及其他劳务取得的所得。

（五）稿酬所得

稿酬所得是指个人因其作品以图书、报刊形式出版、发表而取得的所得。它包括个人的著作、译著及其他各种书籍的出版和在报刊、杂志上发表的文章所取得的所得。作者去世后，他人取得的遗作稿酬所得，也属于这一征税项目。

（六）特许权使用费所得

特许权使用费是指个人提供专利权、商标权、著作权、非专利技术以及其他特许权的使用权取得的所得。

此外，作者将自己的文学作品手稿原件或复印件公开拍卖取得的所得，属于提供著作权的使用权所得，应按特许权使用费所得项目计征个人所得税。但提供著作权的使用权所得，不包括稿酬所得。

（七）财产租赁所得

财产租赁所得是指个人出租建筑物、土地使用权、机器设备、车船以及其他财产取得的所得。个人将财产转租取得的收入，属于转租人的财产租赁所得。

（八）财产转让所得

财产转让所得是指个人转让有价证券、股权、建筑物、土地使用权、机器设备、车船以及其他财产取得的所得。

（九）利息、股息、红利所得

利息是指个人取得的存款利息、贷款利息和各种债券利息；股息是指个人从公司、企业

按每股股票的一定比例取得的每股息金;红利是指公司、企业按照投资股份分配给个人的利润。

(十) 偶然所得

偶然所得是指得奖、中奖、中彩以及其他偶然性质的所得。包括个人参加各种有奖竞赛活动,取得名次获得的奖金以及在各种有奖销售、有奖储蓄、购买彩票等活动中,因中奖或中彩取得的奖金。

(十一) 其他所得

纳税人取得的所得,难以界定应纳税所得项目的,由主管税务机关确定。

二、税率

还记得吗?

我国税率有三种,即比例税率、定额税率和累进税率。你还记得累进税率的种类吗?为什么在实际工作中我们用超额累进而不用全额累进?

个人所得税采取分项定率办法,按应税项目分别设计了超额累进税率和比例税率。具体规定如下:

(一) 运用超额累进税率

1. 工资、薪金所得,适用3%~45%七级超额累进税率(见表7-1)。

表7-1　　　　　　　　　　　工资、薪金所得适用

级数	全月应纳税所得额		税率(%)	速算扣除数
	含税级距	不含税级距		
1	不超过1500元的	不超过1455元的	3	0
2	超过1500元至4500元的部分	超过1455元至4155元的部分	10	105
3	超过4500元至9000元的部分	超过4155元至7755元的部分	20	555
4	超过9000元至35000元的部分	超过7755元至27255元的部分	25	1005
5	超过35000元至55000元的部分	超过27255元至41255元的部分	30	2755
6	超过55000元至80000元的部分	超过41255元至57505元的部分	35	5505
7	超过80000元的部分	超过57505元的部分	45	13505

注:(1) 表中所列含税级距与不含税级距,均为按照税法规定减除有关费用后的所得额。(2) 含税级距适用于由纳税人负担税款的工资、薪金所得;不含税级距适用于由他人(单位)代付税款的工资薪金所得。

2. 个体工商户的生产经营所得和对企事业单位的承包经营、承租经营所得,适用5%~35%的五级超额累进税率(见表7-2)。

（二）运用比例税率

表 7-2　　　　　　　　　　　个体工商户的生产、经营所得
和对企事业单位的承包经营、承租经营所得适用

级数	全年应纳税所得额		税率（%）	速算扣除数
	含税级距	不含税级距		
1	不超过 15000 元的	不超过 14250 元的	5	0
2	超过 15000 元至 30000 元的部分	超过 14250 元至 27750 元的部分	10	750
3	超过 30000 元至 60000 元的部分	超过 27750 元至 51750 元的部分	20	3750
4	超过 60000 元至 100000 元的部分	超过 51750 元至 79750 元的部分	30	9750
5	超过 100000 元的部分	超过 79750 元的部分	35	14750

注：（1）表中所列含税级距与不含税级距，均为按照税法规定减除有关费用（成本、损失）后的所得额。（2）含税级距适用于个体工商户的生产、经营所得和由纳税人负担税款的承包经营、承租经营所得；不含税级距适用于由他人（单位）代付税款的承包经营承租经营所得。

除工资、薪金所得、个体工商户的生产经营所得和对企事业单位的承包经营、承租经营所得外，其他税目适用 20% 的比例税率，但要注意以下特殊情况：

1. 稿酬所得，适用 20% 的比例税率，并按应纳税额减征 30%。
2. 劳务报酬所得，适用 20% 的税率。纳税人一次取得的劳务报酬收入畸高的，实行加成征收，具体规定是：劳务报酬一次收入超过 2 万元至 5 万元的部分，按税法规定计算的税额，加征五成；超过 5 万元的部分，加征十成。为简化计算据此设计超额累进税率表（见表 7-3）。

表 7-3　　　　　　　　　　　劳务报酬所得适用

级数	含税级距	不含税级距	税率（%）	速算扣除数
1	不超过 20000 元的	不超过 16000 元的	20	0
2	超过 20000 元至 50000 元的部分	超过 16000 元至 37000 元的部分	30	2000
3	超过 50000 元的部分	超过 37000 元的部分	40	7000

注：（1）表中的含税级距、不含税级距，均为按照税法规定减除有关费用后的所得额。（2）含税级距适用于由纳税人负担税款的劳务报酬所得；不含税级距适用于由他人（单位）代付税款的劳务报酬所得。

第三节　个人所得税应纳税所得额的确定

个人所得税的应纳税所得额是个人所得税的计税依据。应纳税所得额即从纳税人收入总额中扣除税法规定的必要费用后的余额。

一、工资、薪金的应纳税所得额

工资、薪金所得，以每月收入额减除费用 3500 元之后的余额为应纳税所得额。其计算

公式为：

$$应纳税所得额 = 月工资、薪金收入 - 费用扣除额$$

对在中国境内无住所而在中国境内取得工资、薪金所得的纳税义务人和在中国境内有住所而在境外取得工资、薪金所得的纳税义务人，可以根据其平均收入水平、生活水平以及汇率变化情况确定附加减除费用。所谓附加减除费用是指每月在减除3500元费用的基础上，附加扣除1300元，即合计扣除4800元。

附加费用扣除额的具体适用范围包括：(1) 在中国境内的外商投资企业和外国企业中工作的外籍人员；(2) 受聘在中国境内企业、事业单位、社会团体、国家机关中工作的外籍专家；(3) 在中国境内有住所而在中国境外任职或者受雇取得工资、薪金所得的个人；(4) 财政部确定的其他人员。

二、个体工商户生产经营所得的应纳税所得额

从事生产经营的个体工商户，以每一纳税年度的收入总额减除成本、费用和损失后的余额为应纳税所得额。其计算公式为：

$$应纳税所得额 = 收入总额 - 成本 - 费用 - 损失$$

（一）收入总额

收入总额是指个体工商户从事生产经营以及与生产经营有关的活动所取得的各项收入。具体包括按权责发生制确定的商品（产品）销售收入、营运收入、劳务服务收入、工程价款收入、财产出租或转让收入、利息收入、其他业务收入和营业外收入。

（二）成本、费用、损失

指纳税人发生与取得生产经营收入有关的各项支出。具体包括：

1. 成本、费用。

个体业户从事生产经营所发生的各项直接支出和分配计入成本的间接费用以及销售费用、管理费用和财务费用，其中包括纳税人支付给生产经营从业人员的工资。

2. 损失。

个体业户在生产经营过程中发生的各项营业外支出。包括固定资产盘亏、报废、毁损和出售的净损失，自然灾害或意外事故损失，公益救济性捐赠、赔偿金和违约金等。

个体业户按规定缴纳的消费税、营业税、城市维护建设税、资源税、土地使用税、土地增值税、房产税、车船税、印花税、耕地占用税以及教育费附加，准予税前扣除。

三、对企事业单位的承包经营、承租经营所得的应纳税所得额

纳税人取得的对企事业单位的承包、承租所得，以每一纳税年度的收入总额，减去必要费用后的余额为应纳税所得额。其计算公式为：

$$应纳税所得额 = 年收入总额 - 必要费用$$

四、劳务报酬所得的应纳税所得额

对纳税人的劳务报酬所得实行定额和定率两种费用扣除方法。

（一）定额扣除法

每次收入不超过4000元的，定额扣除费用扣除额800元。其计算公式为：

应纳税所得额 = 每次收入额 - 800

（二）定率扣除法

每次收入超过4000元的，定率扣除费用扣除20%。其计算公式为：

应纳税所得额 = 每次收入额 × （1 - 20%）

所谓"每次收入"税法规定如下：（1）属于只有一次收入的，以完成一次劳务取得该项收入为一次。（2）属于同一事项连续取得收入的，以同一辖区1个月内取得的收入为一次。当连续提供劳务而多月收入一次支付（如1年支付一次）时，也应以1个月为一次。

五、稿酬所得的应纳税所得额

稿酬所得以纳税人每次取得的收入额减除费用扣除后的余额为应纳税所得额。其应纳税所得额的计算公式同"劳务报酬所得"。所谓"每次收入"，是指纳税人的作品每出版、发表一次取得的收入。具体规定为：

1. 同一作品以图书、报刊方式出版、发表一次为一次，无论出版单位是预付还是分笔支付稿酬的，均应合并作为一次收入计税。

2. 同一作品出版、发表后，因添加印数追加稿酬的，应与以前出版发行取得的稿酬合并作为一次收入计税。

3. 同一作品在多处出版、发表或再版的，应分别各处取得的收入，分次计算所得。

4. 同一作品在报刊上连载，以连载完毕取得的全部收入为一次收入；连载之外出版的，与连载收入分开，单独作为一次收入计税。

5. 作者去世后，对取得遗作稿酬的个人按稿酬所得征税。

六、特许权使用费所得的应纳税所得额

特许权使用费所得以纳税人某项使用权的一次转让取得的收入扣除费用扣除额后的余额为应纳税所得额。其应纳税所得额的计算公式同"劳务报酬所得"。所谓"每次收入"，指一项特许权一次许可使用所取得的收入。

此外，个人从事技术转让中所支付的中介费，如果能够提供有效合法凭证的，允许从其所得中扣除。

七、财产租赁所得的应纳税所得额

财产租赁所得以纳税人每次取得的收入，减除费用扣除额后的余额为应纳税所得额，分为定额扣除和定率扣除两种。

（一）定额扣除法

每次收入不超过4000元的，定额扣除费用800元。其计算公式为：

应纳税所得额 = 每次收入总额 - 准予扣除项目金额 - 800

（二）定率扣除法

即每次收入超过4000元的，定率减除费用扣除额为20%。其计算公式为：

$$应纳税所得额 = (每次收入总额 - 准予扣除项目金额) \times (1 - 20\%)$$

前述公式中的"准予扣除项目金额"，包括：（1）纳税人在出租财产过程中缴纳的税金

和教育费附加,持完税凭证,准予扣除。(2)由纳税人负担的,该出租财产实际开支的修缮费用,允许每次以 800 元为限,从其财产租赁收入中扣除。一次扣除不完的,准予下次继续扣除,直到扣完为止。

八、财产转让所得的应纳税所得额

应纳税所得额 = 每次收入额 - 财产原值 - 合理费用

上述公式中的各相关项目内容为:(1)财产原值。指转让财产在买入、建造时的价款和有关费用。(2)合理费用。指卖出财产时按照规定支付的有关费用。

九、利息、股息、红利所得的应纳税所得额

利息、股息、红利所得以纳税人每次取得的收入额为应纳税所得额,不得从收入中扣除任何费用。

十、偶然所得的应纳税所得额

偶然所得以纳税人每次取得的收入额为应纳税所得额,不得扣除任何费用。

十一、其他所得的应纳税所得额

其他所得以纳税人每次取得的收入额为应纳税所得额,不得扣除任何费用。

第四节 个人所得税应纳税额的计算

一、工资、薪金所得的计税

工资、薪金所得应纳的个人所得税额,按其应纳税所得额适用 9 级超额累进税率计算。其基本公式为:

应纳税额 = 应纳税所得额 × 适用税率 - 速算扣除数

(一)一般情况下工资、薪金应纳个人所得税的计算

【例 7-1】某境内大学教师陈某某月工资、薪金 4800 元,其中包括岗位津贴 450 元,课时费 1000 元,计算该教师应纳的个人所得税。

分析:应首先确定应税所得额,然后再乘以适用税率。

解:

当月应纳税所得额 = 4800 - 3500 = 1300(元)

当月应纳税额 = 1300 × 3% = 39(元)

(二)工资、薪金特殊支付方式下应纳个人所得税的计算

1. 在我国境内两处或两处以上取得工资、薪金所得,必须合并计算。

【例7-2】 某中国公民邹某在甲单位每月领取基本工资4500元,在乙单位领取任职薪金1200元,计算其应纳个人所得税。

分析:在计算应纳税所得额时应将几处以上的所得合并计算。

解:

应纳税所得额 = 4500 + 1200 - 3500 = 2200(元)

当月应纳税额 = 2200 × 10% - 105 = 115(元)

2. 在中国境内有住所的个人,一次取得数月奖金(不包括按月支付的奖金)或年终加薪、劳动分红(以下简称奖金),按照以下办法计算:当月工资高于3500元,将全年一次性奖金除以12(分摊到每个月)后,确定适用税率和速算扣除数进行计算,当月工资低于3500元,将一次性奖金收入与当月工资合并扣除3500元除以12后,确定适用税率和速算扣除数进行计算。

【例7-3】 某中国公民2011年12月份取得的工资收入为3800元,当月取得的年终加薪6000元,计算该公民应纳的个人所得税。

分析:因取得年终加薪的月份工资超过3500元,将奖金除以12后再确定适用税率和速算扣除数进行计算。

解:

工资应纳税额 = (3800 - 3500) × 3% = 9(元)

奖金应纳税额:先确定税率:税率为 6000 ÷ 12 = 500,税率为3%

奖金应纳税额 = 6000 × 3% = 180(元)

该纳税人合计应纳税额 = 9 + 180 = 189(元)

假定该中国公民2011年12月份取得的工资收入为3499元,年终加薪6000元,计算该公民应纳的个人所得税额。

分析:因取得年终加薪的月份工资不足3500元,所以应把奖金收入与当月工资合并扣除3500除以12后,确定适用税率和速算扣除数进行计算。

先确定税率:6000 - (3500 - 3499) ÷ 12 = 499.91,税率为3%

应纳税额 = [6000 - (3500 - 3499)] × 3% = 179.97(元)

二、个体工商户的生产经营所得的计税

(一)个体工商户生产经营所得实行按年计算、分月预缴

由于适用的五级超额累进税率是按全年应纳税所得额设计的,因此,在计算预缴所得税时,必须将本期应纳税所得额换算成全年应纳税所得额,乘以适用税率进行计算,然后再换算为本期应纳税所得额。计算公式为:

全年应纳税所得额 = 当月累计应纳税所得额 × (全年月份 ÷ 当月月份)

全年应纳税税额 = 全年应纳税所得额 × 适用税率 - 速算扣除数

当月累计应纳税额 = 全年应纳税额 × (当月月份 ÷ 全年月份)

本月应纳税额 = 当月累计应纳税额 - 上月累计已缴税额

【例7-4】 某个体工商户1~6月份应纳税所得额累计为10000元,1~5月份累计已预缴所得税500元,计算该户6月份应预缴的个人所得税。

分析: 先将1~6月份的应纳税所得额换算成全年应纳税所得额,乘以适用税率,计算出全年应纳税额,再换算为1~6月份累计应纳税额。

解:
全年应纳税所得额 = 10000 × 12 ÷ 6 = 20000(元)
全年应纳税额 = 20000 × 10% - 750 = 1250(元)
当月累计应纳税额 = 1250 × 6 ÷ 12 = 625(元)
本月应纳税额 = 625 - 500 = 125(元)

(二)年终汇算清缴

年终汇算应按年度会计报表和税法的有关规定计算,与全年累计预缴税款相抵,多退少补。

三、对企事业单位的承包承租经营所得的计税

对企事业单位承包承租经营所得应纳的个人所得税,按其应纳税所得额,适用五级超额累进税率。对纳税人在1年内分次取得承包、承租经营所得的,应在每次取得所得后预缴税额,年终汇算清缴,多退少补。

四、劳务报酬所得的计税

(一)劳务报酬所得应纳税额的计算

每次收入不满4000元的:
应纳税额 = (每次收入 - 800)× 20%

每次收入4000元以上的:
应纳税额 = [每次收入额 ×(1 - 20%)] × 20%

【例7-5】 某职业歌手与某歌舞厅签约,双休日晚到歌舞厅演唱一场2小时,每场酬金1200元。某月共演出10场,计算该歌手劳务报酬所得应纳的个人所得税。

分析: 歌手签约于歌厅进行演出活动,属于连续提供劳务而多月收入一次支付,应以1个月为一次。

解:
应纳税所得额 = 1200 × 10 = 12000(元)
应纳个人所得税 = 12000 ×(1 - 20%)× 20% = 1920(元)

(二)劳务报酬所得一次收入畸高,实行加成征收,计算公式为:

1. 每次应纳税所得额在2万元~5万元时:
应纳税额 = 应纳税所得额 ×(1 - 20%)× 30% - 2000

2. 每次应纳税所得额在5万元以上时:
应纳税额 = 应纳税所得额 ×(1 - 20%)× 40% - 7000

五、稿酬所得的计税

稿酬所得应纳税额的计算公式为：

每次收入不足 4000 元的：

应纳税额 =（每次收入额 - 800）× 20% ×（1 - 30%）

每次收入在 4000 元以上的：

应纳税额 = 每次收入额 ×（1 - 20%）× 20% ×（1 - 30%）

【例 7-6】某作者写了一本书交付出版，出版前出版社先预付稿酬 5000 元；出版后再付给作者稿酬 40000 元；半年后，再加印发行，又付给作者稿酬 3000 元，计算出版社应扣缴个人所得税（即作者应纳个人所得税）。

分析：先计算预付稿酬时出版社应扣缴的个人所得税，出版后支付的稿酬连同预付稿酬一起计税，再从中减除预付稿酬已扣税款；重印稿酬应与前两次稿酬并为一次计税，然后再减除前两次已扣税款。

解：

(1) 预付稿酬时应扣缴税额 = 5000 ×（1 - 20%）× 20% ×（1 - 30%）

= 560（元）

(2) 出书后支付的稿酬应与预付稿酬为一次计税，再从中减除预付稿酬已扣税款。

出书后应扣缴税款 =（40000 + 5000）×（1 - 20%）× 20% ×（1 - 30%）- 560

= 5040 - 560

= 4480（元）

(3) 重印稿酬应与前两次稿酬并为一次计税，然后再减除前两次已扣税款。

重印稿酬应扣缴税款 =（5000 + 40000 + 3000）×（1 - 20%）× 20%

×（1 - 30%）-（560 + 4480）

= 5376 - 5040

= 336（元）

六、特许权使用费所得的计税

（一）每次收入不超过 4000 元的减除 800 元

应纳税额 =（每次收入 - 800 元）× 20%

（二）每次收入超过 4000 元的减除 20%

应纳税额 = 每次收入额 ×（1 - 20%）× 20%

【例 7-7】2011 年某月某作家在深圳拍卖自己的一部分小说手稿，获得 580000 元的拍卖收入，计算其应纳的个人所得税。

分析：拍卖部分小说手稿获得的收入，属于特许权使用费所得，不是稿酬所得。

解：

应纳个人所得税为：580000×（1-20%）×20% = 92800（元）

你分清了吗？

拍卖小说手稿属于特许权使用费，而不是稿酬，还记得他们之间在计算上的区别吗？

七、财产租赁所得的计税

每次收入不超过4000元的，计算公式为：

$$应纳税额 = \left(每次收入总额 - 准予扣除项目金额 - 800\right) \times 20\%$$

每次收入超过4000元的，计算公式为：

$$应纳税额 = \left(每次收入总额 - 准予扣除项目金额\right) \times (1-20\%) \times 20\%$$

【例7-8】某居民出租一间商业用铺位，月租金收入5000元，已按规定缴纳有关税费1100元，该业主当月还支付维修费900元，计算其应纳个人所得税。

分析：根据规定，纳税人实际支付的出租财产的修缮费，只能从租赁收入中扣除800元。

解：

$$应纳税额 = (5000-1100-800) \times (1-20\%) \times 20\%$$
$$= 2480 \times 20\%$$
$$= 496（元）$$

（尚有100元维修费可在下月继续抵扣）

八、财产转让所得的计税

$$应纳税额 = \left(每次收入额 - 财产原值 - 合理费用\right) \times 20\%$$

【例7-9】罗某将其一辆小车以120000元的价格卖给他人，该车买入价80000元，蒋某在购置该车过程中按规定缴纳了车辆购置有关费用20000元，计算其应纳的个人所得税。

分析：卖出财产时相关的费用可以从收入中扣除。

解：

$$应纳税额 = (120000-80000-20000) \times 20\% = 4000（元）$$

九、利息、股息、红利、偶然所得的计税

利息、股息、红利、偶然所得和其他所得按应纳税所得额，适用20%的比例税率计算应纳的个人所得税。其计算公式为：

$$应纳税额 = 应纳税所得额 \times 20\%$$

【例7-10】某科研单位工程设计人员2011年因一项职务发明,并且其科研成果向本单位转让,获得奖励10万元,折合股权100股,年末取得股息8000元。2010年11月13日存入银行1年期定期存款60000元(假定年利率为4.77%),2011年11月13日全部取出后,拿出其中的2000元购买民政部门的定额赈灾募捐专项福利彩票,3个月后取得中奖收入9000元,计算该居民应纳的个人所得税。

请注意

不是所有的偶然所得都征税,个人购买民政部门分配的中国福利彩票赈灾专项募捐额度内的福利彩票取得的中奖所得,一次中奖收入在10000元以下(含10000元)免征个人所得税,超过10000元的,全额征税。

分析:股息和存款利息在计算个人所得税时,均不做任何扣除,税率20%,中奖9000元不用纳税。

解:
(1) 股息应纳税额 = 8000 × 20% = 1600(元)
(2) 存款利息应纳税额 = 60000 × 4.77% × 20% = 572.4(元)
(3) 中奖所得因属于民政部门定额赈灾募捐专项福利彩票奖,低于10000元,免税。

第五节 个人所得税的税收优惠

一、免税规定

1. 省级人民政府、国务院部委和中国人民解放军军以上单位,以及外国组织、国际组织颁发的科学、教育、技术、文化、卫生、体育、环境保护等方面的奖金。

2. 国债、国家发行的金融债券利息和教育存款利息。国债利息是指个人持有的中华人民共和国财政部发行的债券而取得的利息;国家发行的金融债券利息是指个人持有经国务院批准发行的金融债券而取得的利息;教育存款利息是指个人按照中国人民银行有关规定,在银行开设教育储蓄存款专户,并享有利率优惠的存款。

3. 按照国家统一规定发给的补贴、津贴。指按国务院规定发给的政府特殊津贴和国务院规定免纳个人所得税的补贴、津贴。其中:包括中国科学院资深院士和中国工程院资深院士,每人每年1万元的资深院士津贴。

4. 福利费、抚恤金、救济金。福利费是指按照国家规定,从企业、事业单位、国家机关、社会团体提留的福利费或从工会经费中支付给个人的生活补助费;救济金是指国家民政部门支付给个人的生活困难补助费。

5. 保险赔偿。

6. 军人的转业费、复员费。

7. 国家统一规定发给干部、职工的安家费、退职费、退休工资、离休工资、离休生活补助费。

8. 住房公积金、医疗保险金和基本养老保险金。指按国家规定提取并向指定金融机构实际缴付的住房公积金、医疗保险金、基本养老保险金，免征个人所得税。个人领取原提存的住房公积金、医疗保险金、基本养老保险金时，免征个人所得税。

9. 发给见义勇为者的奖金。是指乡、镇（含乡镇）以上人民政府或经县（含县）级以上人民政府主管部门批准成立的有机构、有章程的见义勇为基金或类似性质组织、以及奖励见义勇为者的奖金或奖品，经主管税务机关核准，免征个人所得税。

10. 科研机构、高等院校转化职务科技成果以股份或出资比例等股权形式给予科技人员个人的奖励，经主管税务机关审核后，暂不征个人所得税。

11. 按我国有关法律规定应予免税的各国驻华使馆、领事馆的外交代表，领事官员和其他人员的所得。

12. 中国政府参加的国际公约以及签订的协议中规定免税的所得。

13. 经国务院、财政部门批准免税的项目。

二、减税规定

1. 残疾、孤老人员和烈军属的所得。
2. 因严重自然灾害造成重大损失的。
3. 其他经国务院财政部门批准减税的。

上述减税项目的减征幅度和期限，由省、自治区、直辖市人民政府确定。

三、抵免规定

为避免国际间重复征税，国际上通行做法是有限地域所得来源国的地域税收管辖权，采用抵免法避免和缓解国际双重征税。

纳税人从中国境外取得的所得，准予其在应纳税额中扣除已在境外缴纳的所得税额，但扣除额不得超过该纳税人的境外所得依照我国税法规定计算的应纳税额。具体规定如下：

1. 纳税人从中国境外取得的所得，应区别国家（地区）和不同应税项目，依照我国税法适用税率计算应纳税额，即抵免限额。

2. 纳税人从中国境外一国（地区）取得的所得在该国实际缴纳的个人所得税额，低于扣除限额的，应扣除境外实际税额，在中国补交差额部分的税额。

3. 纳税人从境外一国（地区）取得的所得在该国实际缴纳的个人所得税额超过扣除限额的，只能扣除限额部分，超过部分不得在当年的税额中扣除，但可于以后年度在同一国家（地区）的扣除限额有余额时补扣，补扣期限最长不得超过5年。

【例7-11】某外国人（在境内居住6年）某年度在A国取得工薪收入96000元，转让一项专用技术使用权，取得特许权使用费收入50000元，两项所得在A国已缴纳个人所得税10000元；在B国出版专著，获得稿酬收入20000元，在B国已缴纳个人所得税2300元，计算该纳税人应纳个人所得税。

解：

（1）境外所得依照我国税法规定计算应纳税额，即为抵免限额：

A 国工薪所得应纳税额 = {[(96000÷12)-4800]×10% - 105}×12
= 2580（元）
A 国特许权使用费所得应纳税额 = 50000×（1-20%）×20%
= 8000（元）

在 A 国所得依照我国税法计算的抵免限额为：

2580 + 8000 = 10580（元）

（2）B 国稿酬所得应纳税额 = [20000×（1-20%）×20%]×（1-30%）
= 2240（元）

在 A 国缴纳的税额低于该国的扣除限额，必须补缴差额部分的税款为：

10580 - 10000 = 580（元）

在 B 国缴纳的税额高于该国的扣除限额，不得抵免。其超出抵扣限额 60 元（2300 - 2240 = 60），不能在本年度扣除，但可在以后 5 个纳税年度内扣除限额的余额中抵扣。

第六节 个人所得税的征收管理

参照国际惯例，我国个人所得税采取了代扣代缴和纳税义务人自行申报纳税两种征收方式。

一、代扣代缴

代扣代缴是指支付个人所得的一切单位，必须在支付的同时代扣税款，并在税法规定的期限内将税款缴入国库。

扣缴义务人：以支付所得的单位或个人为扣缴义务人。

代扣代缴的范围：除支付个体工商户生产、经营所得外，其他各项应税所得都属于代扣代缴的范围。

代扣代缴期限：扣缴义务人每月所扣税款，应于次月 7 日内缴入国库。

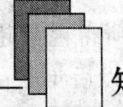
知识窗

自行申报的纳税人，应当向取得所得的当地主管税务机关申报纳税。

二、自行申报纳税

自行申报纳税，是指由纳税人自行在规定纳税期限内，向税务机关申报取得的应税所得项目和数额，并计算应纳税额据以缴纳。

（一）自行申报的范围

包括：(1) 从两处或两处以上取得工资、薪金所得的；(2) 取得应纳税所得，没有扣缴义务人的；(3) 分笔取得属于一次劳务报酬所得、稿酬所得、特许权使用费所得、财产租赁所得的；(4) 取得应税所得，扣缴义务人未按规定扣缴税款的；(5) 税务主管部门规定必须自行申报纳税的。

（二）申报的纳税期限

工资、薪金所得应纳税额，按月计征，于次月7日内缴入国库。

账册健全的个体工商户的生产、经营所得应纳的税款，按年计算，分月预缴，由纳税人在次月7日内预缴；年度终了后3个月内汇算清缴，多退少补。账册不健全的个体工商户的生产、经营所得的应纳税款，由各地税务机关依据有关规定，自行确定征收方法。

承包、承租经营所得应纳税额，自取得收入之日起30日内申报纳税，在1年内分次取得承包、承租经营所得的，在每次取得所得后的7日内申报预缴，年度终了后3个月内汇算清缴，多退少补。

境外所得应纳税额，应于所得来源国的纳税年度终了结清税款后的30日内，向境内主管税务机关申报纳税；如在取得时未结清税款的，或在境外按所得来源国税法规定免税的，应在次年1月1日起30日内向境内主管税务机关申报纳税。

○ 请注意

特定行业是指采掘业、远洋运输业、远洋捕捞业以及财政部门确定的其他行业。这些行业的工资、薪金所得应纳的税款可以采取按年、分月预缴的方式计征，即先按月预缴，然后自年度终了之日起30日内，合计全年工资、薪金所得，再按12个月平均计算实际应纳的税额，多退少补。

其他各项所得应纳税额，按次计征，应于次月7日内缴入国库。

（三）自行申报的纳税地点

申报地点一般为收入来源地的主管税务机关。纳税人从两处或两处以上取得工薪所得的，可选择并固定在其中一地税务机关申报纳税；从境外取得所得的应向境内户籍所在地或经常居住地税务机关申报纳税。

本章小结

1. 个人所得税是对个人取得的各项应税所得征收的一种税。个人所得税具有分项课征、计算简便、分项定率、税率较低、分项扣费、扣除额宽的特点。

2. 个人所得税的纳税人包括居民和非居民，他们是根据有无住所和居住时间两个标准来加以划分的，在计算缴纳个人所得税时，对来源于其他国家的所得在处理上是不同的。

3. 个人所得税的征收范围包括：工资、薪金所得，个体工商户的生产经营所得，对企事业单位的承包、承租经营所得，劳务报酬所得，稿酬所得，特许权使用费所得，财产租赁所得，财产转让所得，利息、股息、红利所得，偶然所得及国务院、财政部规定的其他所得。

4. 个人所得税的税率有比例税率和累进税率两种。

5. 个人所得税的计算是本章的重点内容，主要掌握工资、薪金所得、劳务报酬所得、稿酬所得、利息、股息、红利所得、偶然所得5个税目的计算。

6. 为避免重复征税，我国采用限额抵免法。

7. 个人所得税的缴纳方式有代扣代缴和自行申报纳税两种方式。

主要名词（中英文对照）

个人所得税（Individual income tax）

居民（Resident）

非居民（Nonresident）

临时离境（Temporary exit）

自行申报纳税（Declare taxation voluntarily）

复习思考题

1. 简述个人所得税的征税范围。
2. 哪些项目免征个人所得税？
3. 简述个人所得税税款的两种缴纳方式。
4. 计算本文开头的导入案例。

第八章

资源税

 **内容提示**

本章主要阐述我国资源税的基本政策和制度。通过本章学习，要求学生掌握资源税的纳税人、征税对象、范围和税率，重点掌握资源税税款的计算方法，了解资源税征管方面的有关规定。

案例导入

某煤矿用100吨原煤经过入洗、去除废弃物等生产过程，一般可生产出60吨精煤、10吨块煤和10吨煤泥。该煤矿2011年12月份共生产销售精煤5000吨，该矿原煤适用单位税额为每吨0.6元。该煤矿自行计算申报的应纳资源税额为3000元（5000×0.6）。税务部门指出该煤矿申报有误。让我们通过本章内容的学习分析问题出在哪里。

资源税是以自然资源为课税对象征收的一种税。目前我国开征的资源税，是对在我国境内开采应税矿产品及生产盐的单位和个人，就其应税资源销售数量或自用数量为课税对象而征收的一种税。

第一节 资源税的征税范围、纳税人和税率

一、征税范围

从理论上讲，资源税的征税范围应当包括一切可以开发和利用的国有资源。但由于我国

开征资源税还缺乏经验,因而税法中只将矿产品和盐列入征税范围,主要包括原油、天然气、煤炭、其他非金属矿原矿、黑色金属矿原矿、有色金属矿原矿和盐7类。

1. 原油。指开采的天然原油,不包括人造石油。
2. 天然气。指专门开采或与原油同时开采的天然气。暂不包括煤矿生产的天然气。
3. 煤炭。指原煤,不包括洗煤、选煤及其他煤炭制品。
4. 其他非金属矿原矿。指除原油、天然气、煤炭和井矿盐以外的非金属矿原矿,如宝石、大理石、石膏和石棉等。
5. 黑色金属矿原矿。指纳税人开采后自行销售的,用于直接入炉冶炼或作为主产品先入选精矿,制造人工矿,再最终入炉冶炼的金属矿石原矿,如铁矿石、铜矿石等。
6. 有色金属矿原矿。包括铜矿石、铅矿石、铝土矿石、钨矿石、锡矿石、锑矿石、钼矿石、镍矿石、黄金矿石等。
7. 盐。指固体盐和液体盐。固体盐,指海盐原盐、湖盐原盐和井矿盐;液体盐,指卤水,即氯化钠含量达到一定浓度的溶液,是用于生产碱和其他产品的原料。

二、纳税人和扣缴义务人

(一)纳税人

在中华人民共和国境内开采应税矿产品或者生产盐的单位和个人,为资源税的纳税人。

上述单位是指企业、行政单位、事业单位、军事单位、社会团体及其他单位。个人,是指个体工商户及其他个人。除以上单位和个人以外,进口矿产品或盐以及经营已税矿产品或盐的单位和个人也属于资源税的纳税人。

(二)扣缴义务人

为便于加强对资源税的征管和保证税款及时、安全入库,堵塞漏洞,在《中华人民共和国资源税暂行条例》和细则中规定以收购未税矿产品的单位作为资源税的扣缴义务人。扣缴义务人主要是对那些税源小,零散、不定期开采,税务机关难以控制,容易发生漏税的单位和个人,在收购其未税矿产品时代扣代缴其应纳的税款。具体包括独立矿山、联合企业和其他收购未税矿产品的单位。这些收购未税矿产品的单位在履行扣缴义务时,应以本单位应税资源税额为标准,依据收购的数量代扣代缴资源税。

三、税目和税额

根据税法规定,资源税按照应税资源的地理位置开采条件、资源优劣等,实行地区差别幅度定额税率。对税法未列举名称的纳税人适用的税率,由省、市、自治区人民政府根据纳税人资源状况,参照邻近矿山税率标准,在浮动30%幅度内核定。其税目税额参见表8-1。

表8-1　　　　　　　　　资源税税目税额表

税　目		税　率
一、原油		销售额的5%~10%
二、天然气		销售额的5%~10%
三、煤炭	焦煤	每吨8~20元
	其他煤炭	每吨0.3~5元

续表

税目		税率
四、其他非金属矿原矿	普通非金属矿原矿	每吨或者每立方米 0.5~20 元
	贵重非金属矿原矿	每千克或者每克拉 0.5~20 元
五、黑色金属矿原矿		每吨 2~30 元
六、有色金属矿原矿	稀土矿	每吨 0.4~60 元
	其他有色金属矿原矿	每吨 0.4~30 元
七、盐	固体盐	每吨 10~60 元
	流体盐	每吨 2~10 元

第二节　资源税应纳税额的计算

资源税的应纳税额，按照从价定率或者从量定额的办法，分别以应税产品的销售额乘以纳税人具体适用的比例税率或者以应税产品的销售数量乘以纳税人具体适用的定额税率计算。

一、课税数量

（一）课税数量的一般规定

主要包括以下两种情形：

1. 纳税人开采或者生产应税产品销售的，以销售数量为课税数量。

2. 纳税人开采或者生产应税产品自用于非连续生产应税产品的，视同销售，以自用数量为课税数量。

（二）课税数量的特殊规定

主要规定如下：

1. 纳税人不能准确提供应税产品销售数量或移送使用数量的，以应税产品的产量或主管税务机关确定的折算比，换算成的数量为课税数量。

2. 原油中的稠油、高凝油与稀油划分不清或不易划分的，一律按原油的数量课税。

3. 对于煤炭连续加工前无法正确计算原煤移送使用量的，可按加工产品的综合回收率，将加工产品实际销量和自用量折算成原煤数量作为课税数量。

4. 对金属和非金属矿产品原矿，无法准确掌握纳税人移送使用原矿数量的，可将其精矿按选矿比折算成原矿数量作为课税数量。

5. 纳税人以自产的液体盐加工固体盐，按固体盐税额征税，以加工的固体盐数量为课税数量。

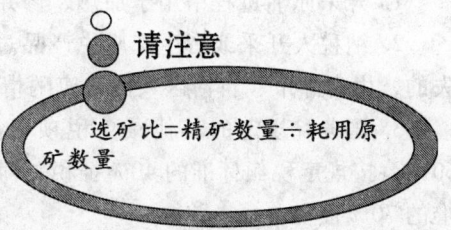

请注意

选矿比=精矿数量÷耗用原矿数量

纳税人以外购的液体盐加工成固体盐,其加工固体盐所耗用液体盐的已纳税额准予抵扣。

6. 扣缴义务人代扣代缴资源税,以收购未税矿产品的数量为计税依据。

对于纳税人开采或者生产不同税目应税产品的,应当分别核算,不能准确提供不同税目应税产品课税数量的,从高适用税额。

二、应纳税额计算

【例 8-1】 东北某油田 10 月份对外销售原油 4000 万吨,工业锅炉烧用 60 万吨,原油价格为 500 元/吨;对外销售天然气 3000 千立方米,天然气价格为 2000 元/千立方米。该油田的原油和天然气适用税率均为 5%。则应纳资源税税额为多少?

分析: 按税法规定,自产自用的应税矿产品属于自用于连续生产应税产品范畴,在此环节不用缴纳资源税。

解:

$$应纳税额 = 500 \times 4000 \times 5\% + 3000 \times 2000 \times 5\% = 40（万元）$$

【例 8-2】 某独立矿山 5 月份销售铁矿石 30000 吨,移送入选精矿 5000 吨,选矿比为 20%,该矿山适用税率为 15 元/吨。则应纳资源税税额为多少?

分析: 按税法规定,对金属和非金属矿产品原矿,无法准确掌握纳税人移送使用原矿数量的,可将其精矿按选矿比折算成原矿数量作为课税数量计算纳税。对独立矿山应纳的铁矿石资源税减征 60%,按规定税额标准的 40% 征税。

解:

(1) 外销原矿应纳税额 $= 30000 \times 15 \times 40\% = 180000$(元)

(2) 入选精矿应纳税额 $= 5000 \div 20\% \times 15 \times (1 - 60\%)$
$= 150000$(元)

第三节 资源税的税收优惠与征收管理

一、减税、免税项目

资源税贯彻普遍征收、级差调节的原则思想,因此减免税规定较为严格、项目比较少。主要有:

1. 开采原油过程中用于加热、修井的原油免税。

2. 纳税人开采或者生产应税产品过程中,因意外事故或者自然灾害等原因遭受重大损失的,由省、市、自治区人民政府酌情决定减税或者免税。

3. 国务院规定的其他减免税项目。具体包括:对独立矿山应纳的铁矿石资源税减征 60%,按规定税额标准的 40% 征税;对应纳的有色金属矿资源税减征 30%,按规定税额标准的 70% 征税。

纳税人的减免税项目，应当单独核算课税数量；未单独核算或者不能准确提供课税数量的，不予减税或者免税。

二、出口应税产品不退（免）资源税的规定

资源税规定仅对在中国境内开采或生产应税产品的单位和个人征收，进口的矿产品和盐不征收资源税。由于对进口应税产品不征收资源税，相应地对出口应税产品也不免征或退还已纳资源税。

三、纳税地点

纳税人应纳的资源税，一般应向应税产品的开采或生产所在地缴纳。

纳税人在本省、市、自治区范围内开采或生产应税产品，其纳税地点需要调整的，由省、市、自治区人民政府确定。

跨省开采的矿山或油（气）田（独立矿山或独立油田、气田、联合企业），其下属生产单位与核算单位不在同一省、市、自治区的，对其开采的矿产品，一律在采掘地纳税，其应纳税款由独立核算、自负盈亏的单位（如独立矿山或独立油田、气田、联合企业），按照采掘地各矿井的实际销售量或自用量及适用税额计算划拨。

扣缴义务人代扣代缴的资源税，应当向收购地主管税务机关缴纳。

四、代扣代缴

（一）代扣代缴的适用范围

代扣代缴的适用范围是指收购的除原油、天然气、煤炭以外的资源税未税矿产品。

（二）代扣代缴资源税适用的单位税额

独立矿山、联合企业收购的与本单位矿种相同的未税矿产品，按照本单位相同矿种应税产品的单位税额，依据收购数量代扣代缴资源税。

独立矿山、联合企业收购与本单位矿种不同的未税矿产品，以及其他收购单位的未税矿产品，按照收购地相应矿种规定的单位税额，依据收购数量代扣代缴资源税。

收购地没有相同品种矿产品的，按收购地主管税务机关核定的单位税额，依据收购数量代扣代缴资源税。

（三）代扣代缴资源税的计算公式

$$\text{代扣代缴的资源税额} = \text{收购的未税矿产品数量} \times \text{适用单位税额}$$

（四）代扣代缴资源税的时间

扣缴义务人代扣代缴资源税义务发生时间为扣缴义务人支付货款的当天。

（五）代扣代缴资源税的地点

代扣代缴资源税的地点为应税未税矿产品的收购地。

趣味阅读

古代税事诗

皇粮国税，古已有之，中国老百姓对其早有认同。这在古人诗歌中多有反映：

《诗经》中《小雅·大田》篇云："有渰萋萋，兴雨祈祈，雨我公田，遂及我私。"这里说的公田私田，是指商代时实行的井田赋税制度，即借助民力助耕公田，以劳役地租代替交税。该诗以平常自然的口吻，赞美老天爷及时下雨，从而保证了公田、私田的丰收，间接反映出一种先公后私的古朴民风，这是最早对井田制予以褒扬的诗篇。

"昔年逢太平，山村二十年。泉溪在庭户，洞壑当门前。井税有常期，日晏犹得眠。"唐时的元结在《贼退示官吏》一诗中，以眷恋不已的心情回忆起在以往的太平日子里，人们按规定的数额和期限交清了赋税后，便心安理得，可在家享受舒适的生活，就是日上高竿，也能安然酣睡的情景。这是对依率定额征税的一种肯定和赞美。

俗话说："大河满，小河不会干"。我国现行税收制度追求的是法治和公平，是兼顾国家、集体和个人三者的利益。学习和借鉴古人对皇粮国税的认识，必须在坚持依法治税的前提下努力实现税收公平，并通过开展税收宣传提高人们的税收法纪观念，才能最大限度地促进我国经济与社会事业的发展。这也是我们欣赏古人税事诗的意义所在。

本章小结

1. 资源税的征税范围主要包括原油、天然气、煤炭、其他非金属矿原矿、黑色金属矿原矿、有色金属矿原矿和盐7类。

2. 资源税应纳税额计算公式＝课税数量×单位税额

主要名词（中英文对照）

资源税（Resources tax）
矿产品（Mineral products）
盐（Salt）
定额税率（Fixed taxation rate）

复习思考题

1. 我国开征资源税有何意义？其特点有哪些？
2. 我国资源税的课税数量是如何规定的？

第九章

土地增值税

 **内容提示**

本章主要阐述土地增值税的基本政策和制度。通过本章学习，要求学生掌握土地增值税的纳税人、征税对象、范围和税率，重点掌握土地增值税应纳税款计算的方法，了解土地增值税征管方面的有关规定。

案例导入

某房地产开发公司转让写字楼一栋，共取得转让收入5000万元，公司按有关规定申报缴纳了营业税、城市维护建设税等共计275万元。后公司所在地税务部门责令该公司限期缴纳未予申报的土地增值税。土地增值税到底是一个什么样的税种？征税范围包括哪些？其增值额又是如何核定的？让我们通过本章内容的学习寻求答案。

土地增值税是对有偿转让国有土地使用权及地上建筑物和其他附着物产权、取得增值性收入的单位和个人一次性征收的一种税。

 ## 第一节 土地增值税的征税范围和纳税人

一、征税范围

土地增值税的课税对象是有偿转让国有土地使用权及地上建筑物和其他附着物产权所取

得的增值额。

有关土地增值税征税范围的一般规定如下：

1. 土地增值税只对转让国有土地使用权的行为课税，转让非国有土地和出让国有土地的行为均不征税。

2. 土地增值税既对转让土地使用权课税，也对转让地上建筑物和其他附着物的产权征税。

3. 土地增值税只对有偿转让的房地产征税，对以继承、赠与等方式无偿转让的房地产，则不予征税。具体包括以下两种情况：其一，房产所有人、土地使用权所有人将房屋产权、土地使用权赠与直系亲属或承担直接赡养义务人的行为。其二，房产所有人、土地使用权所有人通过中国境内非营利的社会团体、国家机关将房屋产权、土地使用权赠与教育、民政和其他社会福利、公益事业的行为。

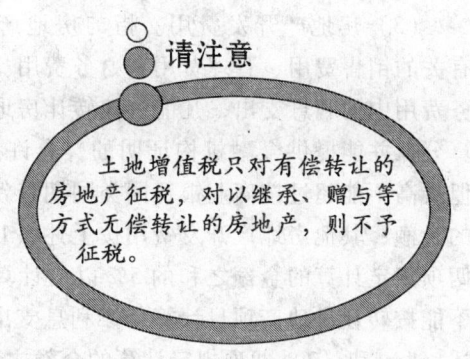

请注意

土地增值税只对有偿转让的房地产征税，对以继承、赠与等方式无偿转让的房地产，则不予征税。

二、纳税人

土地增值税的纳税人是转让国有土地使用权及地上的一切建筑物和其他附着物产权，并取得收入的单位和个人。包括机关、团体、部队、企业事业单位、个体工商户及国内其他单位和个人；还包括外商投资企业、外国企业及外国机构、华侨、港澳台同胞及外国公民等。

第二节 土地增值税的计税依据和税率

一、计税依据

土地增值税的计税依据是土地增值额。

土地增值额 = 应税收入 - 扣除项目金额

（一）应税收入的确定

税法规定，纳税人转让房地产取得的应税收入，应包括转让房地产的全部价款及有关的经济收入。包括货币收入、实物收入和其他（无形资产收入或具有财产价值的权利）收入。

（二）扣除项目金额的确定

主要分以下两类：

1. 转让新开发房地产的扣除项目金额。

（1）取得土地使用权所支付的金额。指纳税人为取得土地使用权所支付的地价款和按国家统一规定缴纳的有关费用。其中，有关费用指按国家统一规定缴纳的有关登记费、过户手续费等。

（2）房地产开发成本。指纳税人房地产开发项目实际发生的成本（以下简称房地产开发成本），包括土地征用费、拆迁补偿费、前期工程费、建筑安装工程费、基础设施费、公共配套设施费和开发间接费。

（3）房地产开发费用。指与房地产开发项目有关的销售费用、管理费用和财务费用。其中，财务费用中的利息支出，凡能够按转让房地产项目计算分摊并能提供金融机构证明的，允许据实扣除，但最高不能超过按商业银行同类同期贷款利率计算的金额；其他房地产开发费用按上述（1）和（2）两项规定计算的金额之和的 5% 以内计算扣除。凡不能按转让房地产项目计算分摊利息支出或不能提供金融机构证明的，房地产开发费用按上述（1）和（2）两项规定计算的金额之和的 10% 以内计算扣除。

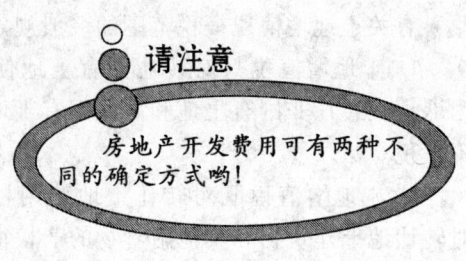

请注意

房地产开发费用可有两种不同的确定方式哟！

上述计算扣除的具体比例，由各省、市、自治区人民政府规定。上述利息上浮幅度按国家有关规定执行，超过上浮幅度的部分不允许扣除。

对于超过贷款期限的利息部分和加罚的利息不允许扣除。

（4）与转让房地产有关的税金。指在转让房地产时缴纳的营业税、城市维护建设税、印花税及教育费附加。但房地产开发企业不得扣除印花税，其他纳税人可按产权转移书据所载金额的万分之五扣除印花税。

（5）加计扣除。根据税法规定，对从事房地产开发的纳税人，可按上述（1）、（2）两项即房地产开发成本和房地产开发费用金额之和的 20% 计算扣除。

2. 转让旧房地产的扣除项目金额。

（1）房屋及建筑物的评估价格。指在转让已使用的房屋及建筑物时，由政府批准设立的房地产评估机构评定的重置成本乘以成新度折扣率后的价格。评估价格须经当地税务机关确认。

（2）取得土地使用权所支付的地价款和按国家统一规定交纳的有关费用。对取得土地使用权时未支付地价或不能提供已支付的地价款凭据的，在计征土地增值税时不允许扣除。

（3）在转让环节缴纳的税金。包括营业税、城建税、教育费附加和印花税。

二、税率

土地增值税采用四级超率累进税率（见表 9-1）。

表 9-1 　　　　　　　　　　　土地增值税四级超率累进税率表

级数	增值额与扣除项目金额的比率	税率（%）	速算扣除率（%）
1	不超过 50% 的部分	30	0
2	超过 50%~100% 的部分	40	5
3	超过 100%~200% 的部分	50	15
4	超过 200% 的部分	60	35

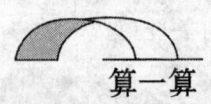

算一算

表 9-1 中的速算扣除率是怎么来的？

第三节 土地增值税应纳税额的计算

一、土地增值额的确定

土地增值额为纳税人的应纳税收入与扣除项目金额的差额。其计算公式如下:

土地增值额 = 应纳税收入 - 扣除项目金额

此外,税法还规定,纳税人有下列情形之一的,按房地产评估价格计算征收土地增值税:(1)隐瞒、虚报房地产成交价格的;(2)提供扣除项目金额不实的;(3)转让房地产的成交价格低于房地产评估价格,又无正当理由的。房地产的评估价格,是指由政府批准设立的房地产评估机构根据相同地段、同类房地产进行综合评定的,并经当地税务机关确认的价格。

二、土地增值税应纳税额的计算

土地增值税应纳税额的计算,可以利用速算扣除数,按照简易办法计算。其计算公式如下:

$$应纳土地增值税 = 土地增值额 \times 适用税率 - 扣除项目金额 \times 速算扣除率$$

同时要确定土地增值额占扣除项目金额的比率。其计算公式为:

$$土地增值额占扣除项目金额的比率 = \frac{土地增值额}{扣除项目金额} \times 100\%$$

纳税人应依据上述比例确定税率和速算扣除率,按公式计算应纳土地增值税额。

【例 9-1】 2011年10月,某房地产开发公司转让一幢写字楼,共取得收入5100万元,公司按规定缴纳了有关税金。该公司为取得土地使用权而支付的地价款和有关费用为510万元,投入的房地产开发成本为1550万元;房地产开发费用中的利息支出为120万元(能按房地产项目分摊,并提供金融机构证明),比按工商银行同类同期贷款利率计算的利息多出10万元。公司所在地政府规定的其他房地产开发费用的计算扣除比例为5%,营业税率5%,城市维护建设税率7%,教育费附加税率3%,印花税率5‰。试计算该公司应纳土地增值税额。

分析:按税法规定,房地产开发费用中的利息支出,凡能够按转让房地产项目计算分摊并能提供金融机构证明的,允许据实扣除,但最高不能超过按商业银行同类同期贷款利率计算的金额;其他房地产开发费用按取得土地使用权所支付的金额与房地产开发成本规定计算的金额之和的5%以内计算扣除。对从事房地产开发的纳税人,可按房地产开发成本和房地产开发费用金额之和的20%加计扣除。

解:
(1)收入额 = 5100(万元)

（2）扣除项目金额为：

①取得土地使用权支付的地价款 = 510（万元）

②房地产开发成本 = 1550（万元）

③房地产开发费用 =（120 - 10）+（510 + 1550）×5%
= 213（万元）

④与转让房地产有关的税金 = 5100×5%×（1 + 7% + 3%）
= 280.5（万元）

⑤加计扣除 =（510 + 1550）×20% = 412（万元）

⑥扣除项目金额合计 = 510 + 1550 + 213 + 280.5 + 412
= 2965.5（万元）

（3）土地增值额 = 5100 - 2965.5 = 2134.5（万元）

（4）土地增值额占扣除项目比例 = 2134.5÷2965.5×100%
= 72%

适用税率为 40%，速算扣除率为 5%。

（5）应纳土地增值税额 = 2134.5×40% - 2965.5×5%
= 705.53（万元）

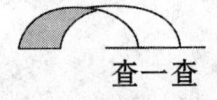

查一查

根据国家税务总局 2007 年 1 月 25 日发布的消息，我国各地将从这天开始对房地产企业土地增值税项目进行清算，房地产企业将交纳 30%~60% 不等的土地增值税。

第四节　土地增值税的税收优惠与征收管理

一、对建设普通标准住宅的税收优惠

建造普通标准住宅出售，其增值额未超过扣除项目金额之和 20% 的，予以免税。增值额超过扣除项目金额之和 20% 的，应就其全部增值额按规定计税。

所谓"普通标准住宅"，是指按所在地一般民用住宅标准建造的居住用住宅。高级别墅、小洋楼、渡假村，以及超面积、超标准豪华装修的住宅，均不属于普通标准住宅。普通标准住宅与其他住宅的具体界限，由省级人民政府规定。

对纳税人既建普通标准住宅，又搞其他房地产开发的，应分别核算增值额；不分别核算增值额或不能准确核算增值额的，其建造的普通标准住宅不适用该免税规定。

二、对国家征用收回的房地产的税收优惠

因国家建设需要而被政府征用、收回的房地产免税。这类房地产是指因城市市政规划、国家建设的需要拆迁,而被政府征用、收回的房地产。由于上述原因,纳税人自行转让房地产的,亦给予免税。

三、对个人转让房地产的税收优惠

个人因工作调动或改善居住条件而转让原自用住房,经向税务机关申报核准,凡居住满5年或5年以上的,免予征收土地增值税;居住满3年未满5年的,减半征收土地增值税;居住未满3年的,按规定计征土地增值税。

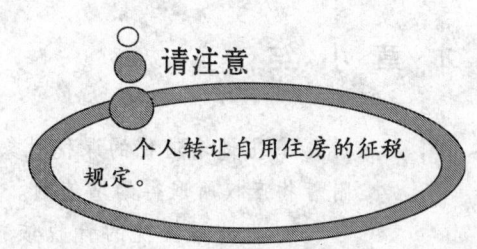

请注意

个人转让自用住房的征税规定。

四、纳税申报时间和缴纳方法

根据《中华人民共和国土地增值税暂行条例》规定,纳税人应自转让房地产合同签定之日起7日内,向房地产所在地的主管税务机关办理纳税申报,同时向税务机关提交房屋及建筑物产权、土地使用权证书、土地转让、房产买卖合同、房地产评估报告及其他与转让房地产有关的资料,然后在税务机关核定的期限内缴纳土地增值税。纳税人因经常发生转让房地产核定的期限而难以在每次转让后申报的,经税务机关审核同意后,可以定期进行纳税申报,具体期限由税务机关确定。

五、纳税地点

土地增值税的纳税人应向房地产所在地主管税务机关办理纳税申报,并在税务机关核定的期限内缴纳土地增值税。这里所说的"房地产所在地",是指房地产的坐落地。纳税人转让的房地产坐落在两个或两个以上地区的,应按房地产所在地分别申报纳税。

在实际工作中,纳税地点的确定又分为以下两种情况:

1. 纳税人是法人的。当转让的房地产坐落地与其机构所在地或经营所在地一致时,则在办理税务登记的原管辖税务机关申报纳税即可;如果转让的房地产坐落地与其机构所在地或经营地不一致时,则应在房地产坐落地所管辖的税务机关申报纳税。

2. 纳税人是自然人的。当转让的房地产坐落地与其居住地一致时,则在住所所在地税务机关申报纳税;当转让的房地产坐落地与其居住所在地不一致时,在办理过户手续所在地的税务机关申报纳税。

趣 味 阅 读

美国减肥可享税收优惠

美国国内收入署最近颁布了一项关于纳税人减肥的医疗支出享受税收优惠的

新规定。享受此项优惠的条件是，其医疗支出费用必须超过当年应税所得的 7.5%，其减肥支出没有保险理赔，纳税人的减肥是医生的要求，而不是出于使体态健美的需要。如某纳税人年应税所得 5 万美元，减肥医疗费用 5000 美元，超过了应税所得的 7.5%，其扣除额为 5000 − 50000 × 7.5% = 1250 美元。

据悉，美国的成年人胖子约 400 万人，占总人口的 1/4。体重过度容易导致心脏病、糖尿病、高血压病和关节炎等疾病。

据了解，该国治疗此类疾病年花费约 1000 万美元，每年约 30 万人死于此类疾病，因此，上述新规定受到公众欢迎。

本章小结

1. 土地增值税的课税对象是有偿转让国有土地使用权及地上建筑物和其他附着物产权所取得的增值额。

2. 土地增值税的计税依据是土地增值额，土地增值税采用四级超率累进税率。

3. 纳税人应自转让房地产合同签定之日起 7 日内，向房地产所在地的主管税务机关办理纳税申报。

主要名词（中英文对照）

土地增值税（Increment tax on land value）
增值额（Increment value）
房地产（Real estate）

复习思考题

1. 土地增值税征税范围是如何界定的？
2. 如何确定土地增值税的扣除项目金额？

第十章 印花税

内容提示

印花税是世界各国普遍征收的一个税种，属于行为税的范畴，本章主要讲述印花税的征收范围、纳税人和税率、印花税应纳税额的计算以及印花税的优惠和缴纳。重点是印花税的征收范围，难点是印花税应纳税额的计算。

案例导入

某外贸企业于2011年8月18日开业，领取工商执照、房产证、商标注册证各1件；注册资本380万元，实收资本200万元，除记载资金的账簿外，还建有5本营业账簿。开业当年签定财产保险合同1份，投保金额120万元，收取保险费2.4万元；向银行借款签定合同1份，借款金额50万元（利率8%）；购销合同2份，其中一份为外销合同，所载金额180万元，另一份为内销合同，所载金额100万元。2012年3月，该企业与某公司签定技术转让合同一份，金额为30万元；与货运公司签定运输合同一份，支付运输费5万元，装卸费0.4万元。营业账簿册数没变，只是记载资金的"实收资本"数额增加到280万元，该企业2011年、2012年3月应该分别缴纳多少印花税呢？本章就来解决这个问题。

第一节 印花税的征税范围、纳税人和税率

印花税是对在我国境内书立、领受、使用印花税凭证的单位及个人，就其书立、领受、使用的凭证征收的一种税。

一、印花税的征收范围

印花税的征收范围为税法所列举的应税凭证,包括在我国境内书立、领受和在我国境外书立,但在我国境内具有法律效力,受中国法律保护的凭证,税法没有列举的凭证不征税。具体征税范围包括以下五类(分设 13 个税目):

1. 各类经济合同或具有合同性质的凭证。
2. 产权转移书据。指单位和个人财产的买卖、继承、赠与、交换、分割等所立的书据。
3. 营业账簿。指单位和个人记载生产经营活动的财务会计核算账簿,包括记载资金的账簿和其他账簿。
4. 权利、许可证照。指政府部门发给的各种证照,包括政府部门发给的房屋产权证、工商营业执照、商标注册证、专利证、土地使用证等以及企业股权转让所立的书据。
5. 经财政部确定的其他凭证。

二、印花税的纳税人

凡在我国境内书立、领受印花税条例所列举凭证的单位和个人都是印花税的纳税义务人。从 1994 年 1 月 1 日起,外商投资企业和外国企业,以及外国公民也是印花税的纳税人。

根据书立、领受凭证的不同,印花税纳税人分为立合同人、立据人、立账簿人、领受人和使用人。立合同人是指对合同直接负有权利义务关系的当事人,当事人的代理人有代理纳税的义务。立账簿人是指开立并使用营业账簿的单位和个人。立据人是指书立产权转移书据的单位和个人。领受人是指领取并持有权利许可证照的单位和个人。

三、税率

印花税的税率采用比例税率和定额税率(见表 10-1)。

表 10-1　　　　　　　　　印花税税目和税率表

税　目	征收范围	税率	纳税人
1. 购销合同	包括供应、预购、采购、购销、结合及协作、调剂、补偿、易货等合同	按购销金额 0.3‰贴花	立合同人
2. 加工承揽合同	包括加工、定作、修缮、修理、印刷广告、测绘、测试等合同	按加工或承揽收入 0.5‰贴花	立合同人
3. 建设工程勘察设计合同	包括勘察、设计合同	按收取费用 0.5‰贴花	立合同人
4. 建筑安装工程承包合同	包括建筑、安装工程承包合同	按承包金额 0.3‰贴花	立合同人
5. 财产租赁合同	包括租赁房屋、船舶、飞机、机动车辆、机械器具、设备等合同	按租赁金额 1‰贴花。税额不足 1 元,按 1 元贴花	立合同人
6. 货物运输合同	包括民用航空运输、铁路运输、海上运输、内河运输、公路运输和联运合同	按运输费用 0.5‰贴花	立合同人

续表

税 目	征收范围	税 率	纳税人
7. 仓储保管合同	包括仓储、保管合同	按仓储保管费用1‰贴花	立合同人
8. 借款合同	银行及其他金融组织和借款人（不包括银行同业拆借）所签订的借款合同	按借款金额0.05‰贴花	立合同人
9. 财产保险合同	包括财产、责任、保证、信用等保险合同	按保险费收入1‰贴花	立合同人
10. 技术合同	包括技术开发、转让、咨询、服务等合同	按所载金额0.3‰贴花	立合同人
11. 产权转移书据	包括财产所有权和版权、商标专用权、专利权、专有技术使用权等转移书据、土地使用权出让合同、土地使用权转让合同、商品房销售合同	按所载金额0.5‰贴花	立据人
12. 营业账簿	生产、经营用账册	记载资金的账簿，按实收资本和资本公积的合计金额0.5‰贴花。其他账簿按件贴花5元	立账簿人
13. 权利、许可证照	包括政府部门发给的房屋产权证、工商营业执照、商标注册证、专利证、土地使用证	按件贴花5元	领受人

（一）比例税率

经济合同和具有合同性质的凭证、记载资金的账簿、产权转移书据等按比例税率计征。比例税率分四档，即千分之三、万分之三、万分之五、万分之零点五。具体规定如下：

1. 适用千分之一税率的是财产租赁合同、仓储保管合同、财产保险合同、股权转让书据（从2008年9月19日起仅对股权转让书据的出让方单边征收）。

2. 适用万分之三税率的是购销合同、建筑安装工程承包合同、技术合同。

3. 适用万分之五税率的是加工承揽合同、建设工程勘察设计合同、货物运输合同和作为合同使用的货物运输单据，产权转移书据、以及营业账簿税目中记载资金的账簿。

4. 适用万分之零点五税率的是借款合同。

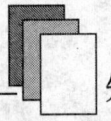

知识窗

按比例税率纳税税额不足0.1元的免税；税额在0.1元以上，其税额尾数不满0.05元的不计，满0.05元的按1角计算；对财产租赁合同规定了最低1元的应纳税额，即税额超过0.1元但不足1元的，按1元纳税。

（二）定额税率

其他营业账簿、权利许可证照，适用定额税率，按件贴花5元。

第二节　印花税应纳税额的计算

一、计税依据

印花税的计税依据为各种应税凭证的金额或数量。

二、应纳税额的计算

（一）经济合同、具有合同性质的凭证、产权转移书据

应纳税额 = 凭证所载金额 × 适用税率

（二）其他账簿、权利许可证照

应纳税额 = 件数单位 × 税额

第三节　印花税的优惠和缴纳

一、免税规定

1. 缴纳印花税的凭证的副本或抄本免税。
2. 财产所有人将财产无偿赠给政府、社会福利单位、学校所书立的书据免税。
3. 国家指定的收购部门与村民委员会、农民个人书立的农副产品收购合同免税。
4. 无息、贴息贷款合同免税。
5. 外国政府或者国际金融组织向我国政府及国家金融部门提供优惠贷款书立的合同免税。
6. 经财政部批准免税的其他凭证免税。

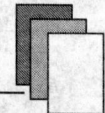

知识窗

印花税票由税务机关监制。票面金额以人民币为单位，分为壹角、贰角、伍角、壹元、贰元、伍元、拾元、伍拾元、壹佰元9种。

二、纳税期限

印花税的纳税期限根据不同种类的凭证分别确定。经济合同和具有合同性质的凭证在合

同正式签订时贴花；各种产权转移书据，在书据立具时贴花；各种营业账簿，在账簿正式启用时贴花；各种权利许可证照，在证照领受时贴花。

三、税款的缴纳方式

印花税根据税额的大小、贴花次数以及税收征收管理的需要，分别采用以下三种纳税办法：

（一）自行贴花办法

纳税人书立、领受或者使用印花税法列举的应税凭证，应根据应纳税凭证的性质和适用的税率，自行计算应纳税额、自行购买印花税票、自行一次贴足印花税票并加以注销或划销。这种办法，一般适用于应税凭证较少或者贴花次数较少的纳税人。

（二）汇贴或汇缴办法

对于一份凭证应纳税额超过500元的，应向当地税务机关申请填写缴款书或者完税证，将其中一联粘贴在凭证上或者由税务机关在凭证上加注完税标记代替贴花，即是"汇贴"。

同一种类应纳税凭证，需频繁贴花的，应向当地税务机关申请按期汇总缴纳印花税。获准汇总缴纳印花税的纳税人，应持有税务机关发给的汇缴许可证。汇总缴纳的限期限额由当地税务机关确定，但最长期限不超过1个月。

印花税的汇贴或汇缴办法，一般适用于应纳税额较大或者贴花次数频繁的纳税人。

（三）委托代征办法

委托代征办法主要是通过税务机关的委托，经由发放或者办理应纳税凭证的单位代为征收印花税款。

四、违章处理

印花税轻税重罚，违章处理的主要规定有：

1. 纳税人在应税凭证上贴花后，不同时注销或划销的，可处以未注销或划销印花税票金额的1~3倍罚款。
2. 纳税人在应税凭证上未贴或少贴印花税票的，除补贴足印花税票外，可处以应补税票金额3~5倍罚款。
3. 纳税人将已贴用在应税凭证上的印花税票揭下重用的，可处以重用印花税票金额5倍或者2000元以上10000元以下的罚款。
4. 纳税人对汇总缴纳印花税的凭证不按规定办理并保存备查的，由税务机关处以5000元以下罚款；情节严重的，撤销其他征缴许可证。
5. 纳税人未按规定保存纳税凭证的，由税务机关酌情处以5000元以下罚款。
6. 对伪造印花税票的，由税务机关提请司法机关依法追究刑事责任。

本 章 小 结

1. 印花税是一种行为税，印花税是对在我国境内书立、领受使用印花税凭证的单位及个人，就其书立、领受使用的凭证征收的一种税。

2. 印花税的税率有比例税率和定额税率两种。
3. 印花税的计税依据为各种应税凭证的金额或数量。
4. 印花税的税款缴纳方式有自行贴花、汇贴或汇缴、委托代征三种。

主要名词（中英文对照）

印花税（Stamp duty）
委托代征办法（Methods of trusting withhold）
汇贴或汇缴（Pay on a consolidated basis）

复习思考题

1. 印花税的税率是如何规定的？
2. 印花税的征收范围。

第十一章

契 税

内容提示

契税是指在土地、房屋权属发生转移时,向取得土地使用权、房屋所有权的单位和个人征收的一种税。本章主要介绍了契税的税制内容和征收管理。通过本章学习,要掌握契税的征税对象、纳税人、税率、计税依据的确定和应纳税额的计算。

案例导入

某企业于 2011 年 10 月购买一套办公用房,成交价格为 8100 万元,另将自有的一套房屋与某公司交换,并支付换房差价款 20 万元。企业在依法向房地产管理部门办理有关房屋权属变更手续时,房地产管理部门要求出具税务部门开具的契税完税凭证,才给办理变更手续。企业相关人员满脸疑惑,怎么也不明白我购房花钱怎么还要缴纳契税?该缴多少?怎么缴法?

要回答这些问题,就要了解并掌握契税的税法规定。这将是本章所要介绍的内容。

契税是指在土地、房屋权属发生转移时,向取得土地使用权、房屋所有权的单位和个人征收的一种税。1997 年 7 月 7 日国务院对原《契税暂行条例》进行修订,重新颁布了《中华人民共和国契税暂行条例》,并于当年 10 月 1 日起施行。

契税是在房地产的转让环节征收,房地产权属每转让一次就征收一次契税,由取得土地、房屋权属的一方缴纳,采用幅度比例税率。

第一节 契税征税范围、纳税人和税率

一、征税范围

（一）契税征税范围

在中华人民共和国境内转移土地、房屋权属的行为是契税的征税范围。具体包括：

1. 国有土地使用权出让。是指国家以土地所有者的身份将土地使用权在一定年限内让与土地使用者，并由土地使用者向国家支付土地使用权出让金的行为。

2. 土地使用权转让。是指土地使用者以出售、赠与、交换或者其他方式，将土地使用权转移给其他单位和个人的行为。

3. 房屋买卖。是指房屋所有者将其所有的房屋出售给购买者，由购买者支付一定货币、实物、无形资产或其他经济利益，从而取得房屋所有权的行为。以预付购房款方式或预付集资建房款方式取得房屋所有权的，视同房屋买卖征收契税。买房后拆料或翻建新房，房屋权属发生转移，同样属于契税征税范围。

4. 房屋赠与。以获奖方式取得土地使用权、房屋所有权的，视同赠与征收契税。

5. 房屋交换。是指一方以房屋与另一方的土地、房屋进行交换的行为，包括交换房屋使用权和交换房屋所有权两种形式。

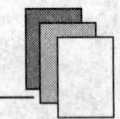

知识窗

契税是一个古老的税种，最早起源于东晋的"古税"，至今已有1600多年的历史。

6. 其他行为：

（1）以土地、房屋权属作价投资、入股，视同土地使用权转让、房屋买卖等行为，属契税征收范围。

（2）以土地、房屋权属抵债，视同房屋买卖和土地使用权转让征收契税。

（3）城镇居民委托房屋开发商代建房屋，实质上是一种以预付款方式购买商品房的行为，应照章征收契税。

（4）两方合建住房。这种产权转移方式属于契税征收范围，双方均应依照有关规定纳契税。

（5）有偿承受农村集体土地使用权属契税征收范围。

（二）确定契税征税范围时应注意的问题

1. 土地、房屋的分拆，没有发生土地、房屋权属转移，不属契税征收范围。

2. 土地、房屋的出租，不办理有关权属变更登记手续，不属于契税征收范围。

3. 土地、房屋的抵押。土地、房屋的抵押不征收契税。如果抵押期满，抵押则变成抵债，应视同土地使用权转让或房屋买卖征收契税。

4. 土地、房屋的继承。不征收契税。非继承人承受遗赠房屋，属于赠与性质，应按赠与行为征收契税。

二、纳税人

在中华人民共和国境内转移土地、房屋权属，承受的单位和个人为契税的纳税人。具体讲主要有企业单位（包括外商投资企业和外国企业）、事业单位、国家机关、军事单位、社会团体和其他组织，以及个体经营者和其他个人。

此外，土地使用权交换、房屋所有权交换、土地使用权与房屋所有权相互交换，其纳税人为补偿差额部分货币、实物、无形资产或者其他经济利益的一方；以划拨方式取得土地使用权，经批准转让房地产时，其房地产转让者应补缴契税。

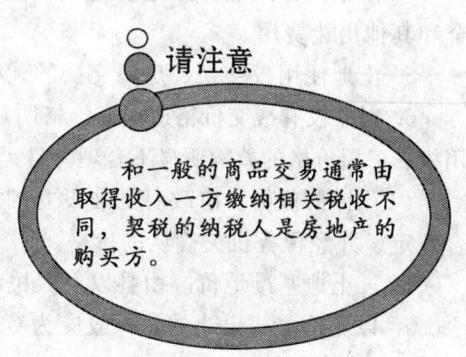

请注意

和一般的商品交易通常由取得收入一方缴纳相关税收不同，契税的纳税人是房地产的购买方。

三、税率

契税实行幅度比例税率，上限为5%，下限为3%。各地具体的适用税率，由省、自治区、直辖市人民政府在国家规定的幅度内按照本地区的实际情况确定。

从2002年8月26日起，个人按市场价格购买自用普通住宅的，税率为3%，并减半征收。

第二节　契税应纳税额的计算

一、计税依据

契税以土地、房屋权属转移当事人签订的合同成交价格或核定的市场价格作为计税依据。具体包括：

1. 土地使用权出让、转让、出售和房屋买卖的计税依据为成交价格，即土地、房屋权属转移合同确定的价格。

土地使用权出让的成交价格，既包括受让者支付的土地出让金，也包括受让者为取得该土地使用权而支付的其他费用，是按规定向受让人收取的土地出让的全部价款（指土地出让的交易总额）。

如果土地使用权出让、土地使用权转让、土地

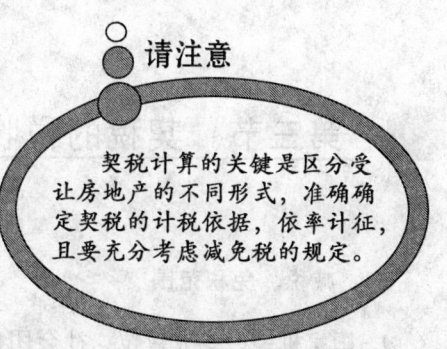

请注意

契税计算的关键是区分受让房地产的不同形式，准确确定契税的计税依据，依率计征，且要充分考虑减免税的规定。

使用权出售、房屋买卖的成交价格中包含行政事业性收费，也属于计税价格的组成部分。

纳税人以分期付款方式承受土地、房屋权属的，按全额成交价格一次征收契税。

变卖抵押的土地、房屋按变卖价或拍卖价作为计税价格。

2. 土地使用权赠与、房屋赠与，由征收机关参照土地使用权出售、房屋买卖的市场价格核定。

3. 以土地、房屋权属作价投资入股的，或以土地、房屋权属抵债的，以无形资产方式、获奖方式转移土地、房屋权属的。由征收机关参照土地使用权出售、房屋买卖的市场价格核定计税价格。

4. 以划拨方式取得土地使用权，经批准转让房地产时，其计税价格为补缴的土地出让金和其他出让费用。

5. 土地使用权交换、房屋交换的计税价格，为所交换土地使用权、房屋的价格差额。

6. 对于没有成交价格或成交价格明显低于市场价格并无正当理由的，或者所交换土地使用权、房屋价格的差额明显不合理并且无正当理由的，由征收机关依次按下列两种方式确定：

（1）评估价格。由政府批准设立的房地产评估机构根据相同地段、同类房地产进行综合评定，并经税务机关确认的价格。

（2）土地基准地价。由县以上人民政府公示的土地基准地价。

7. 以竞价方式出让的，一般应为竞价的成交价格。包括土地出让金、市政建设配套费以及各种补偿费用。

二、应纳税额的计算

契税应纳税额的计算公式为：

应纳税额 = 计税依据金额 × 税率

契税应纳税额以人民币计算。对于以外币结算的，应按照纳税义务发生之日中国人民银行公布的人民币市场汇率中间价折合成人民币计算应纳税额。

【例11-1】某企业2011年发生下列房地产交易业务：出售土地使用权，取得收入6000万元。购买房屋一栋，成交价格为800万元。受赠房屋一栋，有权评估机构的评估价格600万元。以出让方式取得土地，按规定交纳的全部费用为200万元。契税税率为4%，计算该企业应纳契税。

解：

应纳契税税额 = 800 × 4% + 600 × 4% + 200 × 4% = 64（万元）

第三节 契税的税收优惠与征收管理

一、减税、免税范围

1. 国家机关、事业单位、社会团体、军事单位承受土地、房屋，用于办公、教学、医疗、科研和军事设施的，免征契税。

2. 军事单位承受土地、房屋用于地上和地下的军事指挥作战工程的，免征契税。

3. 经县级以上人民政府批准，城镇职工第一次购买公有住房，在规定标准面积内的（超面积部分征收）免征契税。

4. 对各类公有制单位为解决职工住房而采取集资建房方式建成的普通住房或由单位购买的普通商品住房，经当地县以上人民政府房改部门批准，按照国家房改政策出售给本单位职工的，如属职工首次购买住房，在规定标准面积内的（超面积部分征收），免征契税。

5. 因不可抗力灭失住房而重新购买住房的，酌情准予减征或者免征。

6. 土地、房屋被县级以上人民政府批准征用或占用后，重新承受土地、房屋权属，成交价格没有超出土地房屋补偿费；安置补助费或虽已超出但不超出30%的（超出30%以上的部分征收），免征契税。

7. 土地使用权交换、房屋交换、土地使用权与房屋交换，交换价格相等的，免征契税。

8. 承受荒山、荒沟、荒丘、荒滩土地使用权，用于农、林、牧、渔业生产的，免征契税。

9. 夫妻共有房屋属共同共有财产，因夫妻财产分割而将原共有房屋产权归属一方，是房产共有权的变动，不属房屋产权转移行为，不征收契税。

二、纳税义务发生时间

契税的纳税义务发生时间，为纳税人签订土地、房屋权属转移合同的当日，或者纳税人取得其他具有土地房屋权属转移合同性质凭证的当日。

纳税人改变土地、房屋的用途，不再属于减征、免征契税范围的，其纳税义务发生时间为实际改变土地、房屋用途的当日。

三、纳税期限与地点

纳税人应当自纳税义务发生之日起10日内，向土地、房屋所在地的契税征收机关办理纳税申报，并在征收机关核定的期限内缴纳税款。契税在土地、房屋所在地征收机关缴纳。

四、征收管理

契税的纳税环节是在签订土地、房屋权属转移合同或者纳税人取得其他具有土地、房屋权属转移合同性质凭证之后，办理土地使用权证、房屋产权证之前。按照规定，纳税人应当持契税完税凭证和其他规定的文件材料，依法向土地管理部门、房产管理部门办理有关土地、房屋的权属变更登记手续。纳税人未出具契税完税凭证的，房地产管理部门不予办理有关土地、房屋的权属变更登记手续。

本章小结

1. 契税是指在土地、房屋权属发生转移时，向取得土地使用权、房屋所有权的单位和个人征收的一种税。

2. 在中华人民共和国境内转移土地、房屋权属的行为是契税的征税范围。

3. 在中华人民共和国境内转移土地、房屋权属,承受的单位和个人为契税的纳税人。

4. 实行幅度比例税率,上限为5%,下限为3%。

5. 契税以土地、房屋权属转移当事人签订的合同成交价格或核定的市场价格作为计税依据。

6. 契税应纳税额计算公式为:应纳税额=计税依据金额×税率

主要名词(中英文对照)

契税(Deed tax)
房地产评估价格(Assessed price of real estate)

复习思考题

1. 契税计税依据如何确定?
2. 契税征收管理规定。

第十二章 其他各税

内容提示

本章主要讲述城市维护建设税、房产税、城镇土地使用税、耕地占用税、车辆购置税和车船使用税的概念、特点、征税范围、计税依据、纳税人和适用税率等。通过本章的学习,应熟悉各种税收的税制要素、应纳税额的计算方法和征收管理。

第一节 城市维护建设税

城市维护建设税(简称城建税),是国家对缴纳增值税、消费税、营业税(简称"三税")的单位和个人就其实际缴纳三税税额为计税依据而征收的一种税。它属于特定目的税,是国家为加强城市的维护建设,扩大和稳定城市维护建设资金的来源而采取的一项税收措施。

城市维护建设税具有税款专款专用、属于附加税性质、具有特定目的、根据城镇规模设计税率和征收范围较广等特点。

一、纳税义务人

城市维护建设税的纳税人,是在我国境内缴纳增值税、消费税和营业税的单位和个人。包括:国有企业、集体企业、私营企业、股份制企业、其他企业和行政事业单位、军事单位、社会团体、其他单位,以及个体工商户及其他个人。目前,对外商投资企业和外国企业缴纳的"三税"不征收城建税。

二、税率

城建税按照纳税人所在地的不同,分别设置了三档地区差别比例税率,即:(1)纳税人所在地在城市市区的,税率为7%;(2)纳税人所在地在县城、建制镇的,税率为5%;(3)纳税人所在地不在城市市区、县城、建制镇的,税率为1%。

城建税的适用税率,一般规定按纳税人所在地的适用税率执行。但对下列两种情况,可按缴纳"三税"所在地的规定税率就地缴纳城建税:(1)由受托方代征、代扣"三税"的单位和个人;(2)流动经营等无固定纳税地点的单位和个人。

对于铁道部应纳的城建税,由于其计税依据为铁道部实际集中缴纳的营业税税额,难以确定适用税率,因此,财政部特案规定,税率统一为5%。

三、计税依据

城建税的计税依据为纳税人实际缴纳的"三税"税额。纳税人违反"三税"有关税法规定而被加收的滞纳金和罚款,不作为城建税的计税依据。但纳税人在被查补"三税"和被处以罚款时,应同时对其偷漏的城建税进行补税和罚款。

> **请注意**
>
> 现行城建税仍是一种附加税,本身并没有特定的、独立的征税对象。

四、应纳税额的计算

城建税应纳税额的计算公式为:

应纳税额 = 计税依据 × 适用税率

【例12-1】 某公司设在县城,2011年10月应纳增值税300000元,营业税30000元,均已按时缴纳。但税务机关对其同年第三季度纳税情况进行检查时发现:9月份一笔分期收款销售货物业务因货款未按时收到而未办理申报,经核定,应补增值税8000元,按规定加收滞纳金和罚款共9072元。计算该公司应纳及应补城建税。

分析: 该公司缴纳的增值税300000元、营业税30000元及补缴的增值税8000元,应按规定缴纳城建税,按规定加收滞纳金和罚款9072元不纳城建税。因该公司设在县城,应适用5%的税率。

解:

应纳城建税额 = (300000 + 30000) × 5% = 16500(元)

应补城建税额 = 8000 × 5% = 400(元)

【例12-2】 某企业位于城市市区,2011年6月应纳增值税额48万元,7月初税务机关查出该企业于3月12日曾为他人代开增值税专用发票,发票上注明价款为15万元,此行为属偷税行为。税务机关要求该企业补缴增值税并处以1倍罚款,同时按滞纳天数加收滞纳金,城建税比照增值税进行补缴和处罚,并规定连同6月份税款在7月10日一并入库。试计算该企业6月份应纳的城建税。

分析: 该企业为他人代开增值税发票15万元,应补缴增值税,并应补缴城建税,而税务机关处以罚款不纳城建税。因该企业位于市区，应适用7%的城建税率。

解：

本月应纳城建税额 = 48 × 7% = 3.360（万元）

本月应补缴增值税额 = 15 × 17% = 2.55（万元）

本月应补缴城建税额 = 2.55 × 7% = 0.1785（万元）

五、税收优惠

城建税随同"三税"征免，一般不作单独减免。因此，按规定对纳税人减免"三税"时，相应也就减免了城建税。对于因减免而需进行"三税"退库的，城建税也可同时退库。但对出口货物退还增值税、消费税时，已缴纳的城建税不退还。

对机关服务中心为机关内部提供后勤服务所取得的收入，在2005年12月31日前，暂免征收城建税。

六、征收管理

（一）纳税环节

纳税人只要发生"三税"的纳税义务，就要在同样的环节，分别计算缴纳城建税。

（二）纳税地点

1. 城建税纳税人缴纳"三税"的地点就是该纳税人缴纳城建税的地点。
2. 代征、代扣、代缴"三税"的企业单位，同时也要代征、代扣、代缴城建税。
3. 各银行缴纳的营业税，均由取得业务收入的核算单位在当地缴纳城建税。

（三）纳税期限

城建税的纳税期限分别与"三税"的纳税期限一致。

第二节 房 产 税

房产税是以房产为征税对象，依据房产的计税余值或租金收入向房产所有人或经营人征收的一种财产税。现行房产税于1986年10月1日开征。

开征房产税，其目的在于运用税收杠杆调节收入，理顺分配关系；配合有关部门加强房产管理，提高房屋使用效益。

一、征税对象和征税范围

房产税的征税对象是房产。所谓房产是以房屋形态存在的财产，包括附属设备，但不包括独立于房屋之外的建筑物，如围墙、水塔、变电所等。

房产税征税范围是位于城市、县城、建制镇和工矿区的房屋。对坐落在上述地区之外的房屋不征收房产税。

城市是指经国务院批准设立的市。其征税范围为市区、郊区和市辖县县城，不包括农村。

县城是指不设立建制镇的县人民政府所在地。

建制镇是指经省、自治区、直辖市人民政府批准设立的建制镇。其征税范围为镇人民政府所在地，不包括所辖的行政村。

工矿区是指工商业比较发达，人口比较集中，符合国务院规定的建制镇标准，但尚未设立建制镇的大中型工矿企业所在地。开征房产税的工矿区必须经省、自治区、直辖市人民政府批准。

二、纳税人

房产税以在征税范围内的房屋产权所有人为纳税人。"产权所有人"是指拥有房产的单位和个人，即房产的使用、收益、出卖、赠送等权利归其所有，也就是通常所说的"产权人"、"业主"或"房东"。房产税的纳税人具体包括：

1. 产权属于国家所有的，以经营管理单位为纳税人；产权属于集体和个人所有的，以集体单位和个人为纳税人。

2. 产权出典的，以承典人为纳税人。

3. 产权所有人、承典人不在房产所在地的，或者产权未确定及租典纠纷未解决的，以房产代管人或者使用人为纳税人。

综上所述，房产税的纳税人包括：产权所有人、经营管理单位、承典人、房产代管人或者使用人。

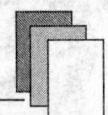

知识窗

"产权出典"是指产权所有人将房屋的产权在一定期限内典给他人使用而取得资金的一种融资业务，多发生于出典人急需用款，但又想保留产权回赎权的时候。

三、计税依据和税率

（一）计税依据

房产税以房产的计税余值或房产的租金收入为计税依据。按照房产的计税余值征税的，称为从价计征；按照房产的租金收入征税的，称为从租计征。

1. 从价计征。

对纳税人经营自用的房屋，以房产的计税余值为计税依据。"计税余值"是指依照房产原值一次减除10%～30%的损耗价值以后的余额。其具体减除比例，由省、自治区、直辖市人民政府在税法规定的减除幅度内自行确定。此外，还应注意以下问题：

（1）对于以房产投资联营的，房产税计税依据应区别对待：①以房产投资联营，参与投资利润分红，共担经营风险的，按房产余值为计税依据计征房产税；②以房产投资，只收取固定收入，不承担经营风险，实际是以联营名义取得房产租金，因此应由出租方按租金收入计缴房产税。

(2) 新建房屋交付使用时，如中央空调设备已计算在房产原值之中，则房产原值应包括中央空调设备；如中央空调设备作单项固定资产入账，单独核算并提取折旧，则房产原值不应包括中央空调设备。旧房安装空调设备，一般都作单项固定资产入账，不应计入房产原值。

2. 从租计征。

对于出租的房屋，以房产的租金收入为计税依据。"房产的租金收入"是房屋产权所有人出租房产使用权所得的报酬，包括货币收入和实物收入。如果是以劳务或者其他形式为报酬抵付房租收入的，应根据当地同类房产的租金水平，确定一个标准租金额从租计征。

（二）税率

房产税的税率有两种：

1. 按房产原值一次减除10%～30%后的余值计征的，税率为1.2%。
2. 按房产出租的租金收入计征的，税率为12%。但对个人按市场价格出租的居民住房，可暂减按4%的税率征收房产税。

四、应纳税额的计算

（一）从价计征的计算

从价计征是按房产的原值减除一定比例后的余值计征，其计算公式为：

应纳税额 = 应税房产原值 × （1 - 扣除比例） × 1.2%

【例12-3】某国有企业坐落在某市郊区，其生产经营用房，会计账簿记载房产原值8000万元，包括冷暖通风等设备150万元。该企业还建有一所职工学校、一座内部职工医院和一所幼儿园，房产原值分别为300万元、200万元、100万元。另外该企业在郊区以外的农村还建有一个仓库，房产原值300万元。当地规定允许减除房产原值的30%。

要求：计算该企业全年应纳的房产税额。

分析：该企业自办的学校、医院、幼儿园自用的房产以及设在农村的仓库，均可免征房产税。

解：

全年应纳房产税额 = 8000 × （1 - 30%） × 1.2% = 6.72（万元）

（二）从租计征的计算

从租计征是按房产的租金收入计征，其计算公式为：

应纳税额 = 租金收入 × 12%

【例12-4】某市居民李某自有楼房1栋共8间，其中家庭生活居住2间；出租给外地一企业作办事处使用3间，每月租金1500元；另外3间开办一小卖部经营百货用品（经核定房屋原值60000元）。该地区规定按房产原值一次扣除20%后的余值计税。

要求：计算李某当年应纳房产税额。

分析：自用2间房屋不征税，出租的3间房屋按年租金收入计税，开办小卖部的3间房屋从价计税。

解：

$$\begin{aligned}\text{当年应纳房产税额} &= 1500 \times 12 \times 12\% + 60000 \times (1-20\%) \times 1.2\% \\ &= 2736 \text{（元）}\end{aligned}$$

五、税收优惠

按税法规定，下列房产免缴房产税：

1. 国家机关、人民团体、军队自用房产免征房产税；但上述免税单位出租出借房产及非自身业务使用的生产、营业用房，不属于免税范围。
2. 由国家财政部门拨付事业经费的单位的本身业务范围内使用的房产免税；但上述单位所属的附属工厂、商店、招待所用房，均应照章纳税。
3. 宗教寺庙、公园、名胜古迹的自用房产免税；但其附设的营业单位（如影剧院、饮食部、茶庄、照相馆等）使用的房产及出租的房产，应照章纳税。
4. 个人所有非营业用的房产免税；个人拥有的营业用房或出租的房产，照章纳税。
5. 对中国人民银行总行（含国家外汇管理局）所属分支机构自用的房产免征房产税。
6. 经财政部批准免税的其他房产。

六、征收管理

（一）缴纳期限

房产税实行按年计算，分期缴纳的征收方法。具体纳税期限由省、自治区、直辖市人民政府确定。

（二）纳税义务发生时间

1. 将原有房产用于生产经营，从生产经营之日起，计征房产税。
2. 自建的房屋用于生产经营的，自建成之日的次月起，计征房产税。
3. 委托施工企业建设的房屋，从办理验收手续之日的次月起，计征房产税。对于在办理验收手续前已使用或出租、出借的新建房屋，应从使用或出租、出借的当月起按规定计征房产税。
4. 购置新建商品房，自房屋交付使用之次月起计征房产税。
5. 出租、出借房产，自交付出租、出借之次月起计征房产税。
6. 房地产开发企业自用、出租、出借本企业建造的商品房，自房屋使用或交付之次月起计征房产税。

（三）纳税申报

房产税纳税申报，是房屋产权所有人或纳税人缴纳房产税必须履行的法定手续。纳税义务人应根据税法要求，将现有房屋的坐落地点、结构、面积、原值、出租收入等情况，据实向当地税务机关办理纳税申报，并按规定纳税。如果纳税人住址发生变更、产权发生转移，以及出现新建、改建、扩建、拆除房屋等情况，而引起房产原值发生变化或者租金收入变化的，都要按规定及时向税务机关办理变更登记，以便税务机关及时掌握纳税人房产变动情况。

（四）纳税地点

房产税在房产所在地缴纳。房产不在同一地方的纳税人，应按房产的坐落地点分别向房产所在地的税务机关纳税。

房产税由房产所在地的地方税务局征收。

第三节 城镇土地使用税

城镇土地使用税是国家在城市、县城、建制镇和工矿区范围内，对拥有土地使用权的单位和个人以实际占用的土地单位面积为计税标准，按规定税额征收的一种税。

以上所称单位，包括国有企业、集体企业、私营企业、股份制企业、外商投资企业、外国企业以及其他企业和事业单位、社会团体、国家机关、军队以及其他单位；所称个人，包括个体工商户以及其他个人。

城镇土地使用税于1988年11月1日开征。根据2006年12月31日《国务院关于修改〈中华人民共和国城镇土地使用税暂行条例〉的决定》修订）。征收城镇土地使用税，有利于通过经济手段加强对土地的控制和管理，促进合理、节约使用城镇土地资源，提高土地使用效益；有利于适当调节不同地区、不同地段之间的土地级差收入，促进企业加强经济核算，理顺国家与土地使用者之间的分配关系，为企业之间开展平等竞争创造一个大体公平的用地条件；有利于广集财政资金，完善地方税体系和分税制财政体制。

城镇土地使用税具有对占有或使用土地的行为征税、征税对象是国有土地、征税范围广泛和实行差别幅度税额等特点。

一、纳税人

在城市、县城、建制镇、工矿区范围内使用土地的单位和个人，为城镇土地使用税的纳税人。根据现实经济生活中用地者的不同情况，具体规定如下：（1）拥有土地的单位和个人。（2）拥有土地使用权的单位和个人不在土地所在地的，以土地的实际使用人或代管人为纳税人。（3）土地使用权未确定或权属纠纷未解决的，以土地的实际使用人为纳税人。（4）土地使用权共有的，共有各方面均为纳税人，即由共有各方分别按各自使用面积纳税。

二、征税范围

城镇土地使用税的征税范围为城市、县城、建制镇和工矿区的国家和集体所有土地。城市的征税范围包括市区和郊区；县城的征税范围是县人民政府所在地的城镇；建制镇的征税范围为镇人民政府所在地；工矿区为工商业比较发达、人口比较集中、符合建制镇标准，但尚未设镇的大中型工矿企业所在地。

城镇、县城、建制镇、工矿区的具体征税范围，由各省、自治区、直辖市人民政府划定。

三、税额及税率

城镇土地使用税实行等级幅度税额，每平方米应税土地的年税额标准如下：

1. 大城市 1.5 元至 30 元;
2. 中等城市 1.2 元至 24 元;
3. 小城市 0.9 元至 18 元;
4. 县城、建制镇、工矿区 0.6 元至 12 元。

各省、自治区、直辖市人民政府可以在上列税额幅度内研究所辖区的适用税额幅度。

市、县人民政府可根据实际情况将本地划分为等级,在省级人民政府确定的税额幅度内,制定相应的使用税额标准,报省级人民政府批准后执行。

经省级人民政府批准,经济落后地区的适用税额标准可适当降低,但降低额不得超过法定最低税额的 30%;经济发达地区的适用税额标准可适当提高,但必须报财政部批准。

四、应纳税额的计算

(一) 计税依据

城镇土地使用税以纳税人实际占用的土地面积为计税依据。纳税人实际占用的土地面积,是指由省、自治区、直辖市人民政府确定的单位组织测定的土地面积。尚未组织测量,但纳税人持有政府部门核发的土地使用证书的,以证书确认的土地面积为准;尚未核发土地使用证书的,应由纳税人申报土地面积,据以纳税,待核发土地使用证以后再作调整。

(二) 计算方法

城镇土地使用税的应纳税额,按照纳税人实际占用的土地面积和规定的单位税额计算。其计算公式为:

$$应纳税额 = 计税土地面积 \times 适用税额$$

【例 12-5】 某市一企业实际占地面积 40000 平方米,其中 8000 平方米是企业厂区以外的公共绿化用地,2000 平方米为厂区内的绿化区,企业内的幼儿园和内部医院占地 3000 平方米,6000 平方米无偿出租给该市海关使用,无偿提供土地使用权 5000 平方米给一残疾人福利工厂,职工宿舍区占地 4000 平方米,该地土地使用税为 5 元/平方米。

要求:计算该企业当年应纳土地使用税。

分析:企业厂区以外的公共绿化用地,企业内办的医院、幼儿园用地,免税单位无偿使用纳税单位的土地,免征城镇土地使用税。

解:

$$应纳税额 = (40000 - 8000 - 3000 - 6000 - 5000) \times 5 = 90000 (元)$$

【例 12-6】 某市一企业总厂实际占地面积为 1000 平方米,另有一分厂无偿使用某机关土地 200 平方米作为生产用地,租用郊区农村土地 1000 平方米从事水产养殖。该企业总分厂实行统一核算。已知该企业所处地段土地使用税为 3 元/平方米。

要求:计算该企业年实际应纳土地使用税税额。

分析:纳税单位无偿使用免税单位的土地,纳税单位应照常缴纳土地使用税。直接用于农、林、牧、渔业的生产用地免征土地使用税。

解:

$$该企业应纳土地使用税 = (1000 + 200) \times 3 = 3600 (元)$$

五、税收优惠

（一）免征土地使用税

具体包括以下各项：（1）国家机关、人民团体、军队自用土地。（2）由国家财政拨付事业经费的单位自用土地。（3）宗教寺庙、公园、名胜古迹自用土地。（4）市政街道、广场、绿化地带等公用土地。（5）直接用于农、林、牧、渔业的生产用地。（6）经批准开山填海整治的土地和改造的废弃土地，从使用的月份起，免缴 5 年～10 年。(7) 对非营利性质医疗机构、疾病控制机构和妇幼保健机构等卫生机构自用的土地，免征城镇土地使用税，对营利性医疗机构自用的土地自 2000 年起免征城镇土地使用税 3 年。(8) 企业办的学校、医院、托儿所、幼儿园其用地能与企业其他土地明确区分的，免征城镇土地使用税。(9) 免税单位无偿使用纳税单位的土地，免征城镇土地使用税。(10) 对行使国家行政管理职能的中国人民银行总行（含国家外汇管理局）所属分支机构自用的土地，免征城镇土地使用税。(11) 为了体现国家的产业政策，支持重点产业的发展，对石油、电力煤炭等能源用地，民用港口、铁路等交通用地和水利设施用地，三线调整企业盐场、采石场、邮电等一些特殊用地，划分了征免税界限和给予政策性减免税照顾。

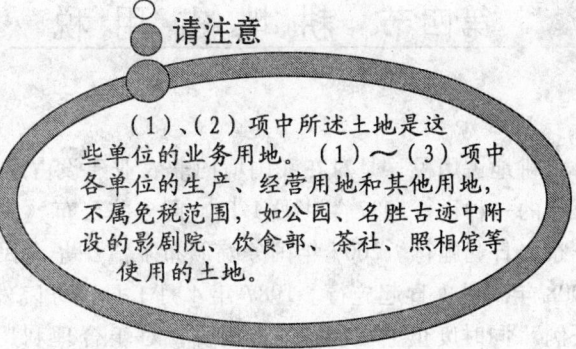

请注意

（1）、（2）项中所述土地是这些单位的业务用地。（1）～（3）项中各单位的生产、经营用地和其他用地，不属免税范围，如公园、名胜古迹中附设的影剧院、饮食部、茶社、照相馆等使用的土地。

（二）由省、自治区、直辖市地方税务局确定减免土地使用税

具体包括以下各项：（1）个人所有的居住及院落用地。（2）房产管理部门在房租调整改革前出租的居民住房用地。（3）免税单位职工家属的宿舍用地。（4）民政部门举办的安置残疾人占一定比例的福利工厂用地。（5）集体和个人办的各类学校、医院、托儿所、幼儿园用地。

六、征收管理

（一）纳税期限

城镇土地使用税实行按年计算，分期缴纳的征收方法，具体纳税期限由省、自治区、直辖市人民政府确定。

（二）纳税申报

纳税人应按照当地税务机关规定的期限，填写《城镇土地使用税纳税申报表》，将其占用土地的权属、位置、用途、面积和税务机关规定的其他内容，据实向当地税务机关办理纳税申报登记，并提供有关的证明文件资料。

（三）纳税地点

城镇土地使用税在土地所在地缴纳。纳税人使用的土地不属于同一省、自治区、直辖市管辖的，由纳税人分别向土地所在地的税务机关缴纳土地使用税；在同一省、自治区、直辖市管辖范围内，纳税人跨地区使用的土地，其纳税地点由各省、自治区、直辖市地方税务局确定。

第四节 耕地占用税

耕地占用税,是对在我国境内非农业建设占用耕地的单位和个人,就其占用的耕地面积征收的一种税。1987年4月1日,国务院公布《中华人民共和国耕地占用税暂行条例》,自公布之日起施行。2007年国务院颁布了《中华人民共和国耕地占用税暂行条例》,本条例自2008年1月1日起施行。1987年4月1日国务院发布的《中华人民共和国耕地占用税暂行条例》同时废止。征收耕地占用税,对于合理利用土地资源,加强土地管理,保护农用耕地,为国家组织财政收入等具有重要作用。

一、征税对象和纳税人

（一）征税对象

耕地占用税的征税对象是占用耕地从事非农业建设的行为。其征税范围是在我国境内建房或从事非农业建设占用的耕地。

"耕地"是指用于种植农作物的土地。耕地包括新开荒地、休闲地、轮歇地、草地轮作地和以种植农作物为主,间有零星果树、桑树或者其他树木的土地。

占用林地、牧草地、农田水利用地、养殖水面以及渔业水域滩涂等其他农用地建房或者从事非农业建设的,比照本条例的规定征收耕地占用税。

（二）纳税人

耕地占用税的纳税人,是建房或非农业建设占用耕地的单位和个人。前款所称单位,包括国有企业、集体企业、私营企业、股份制企业、外商投资企业、外国企业以及其他企业和事业单位、社会团体、国家机关、部队以及其他单位;所称个人,包括个体工商户以及其他个人。

二、计税依据和税率

（一）计税依据

耕地占用税的计税依据,是纳税人实际建房或非农业建设占用的耕地面积（平方米数）。对于实际占用耕地超过批准占用耕地面积,批准占用非耕地而实际占用耕地,以及未经批准而自行占用耕地的,经调查核实后,由税务机关按照实际占用耕地面积,依法征收耕地税,并由土地管理部门按有关规定处理。耕地占用税的计税依据规定的计量单位为平方米,而在实际工作中,审批用地常用市亩为计量单位,所以在计算耕地占用税时,需要将市亩换算成平方米,然后乘以税率,计算应纳税额。换算的公式为:

（二）税率

耕地占用税实行幅度定额税率,以县为单位按人均占有耕地分设四个档次的税额。税额具体规定如下:(1)人均耕地不超过1亩的地区（以县级行政区域为单位,下同）,每平方米为10元至50元;(2)人均耕地超过1亩但不超过2亩的地区,每平方米为8元至40元;

(3) 人均耕地超过 2 亩但不超过 3 亩的地区，每平方米为 6 元至 30 元；(4) 人均耕地超过 3 亩的地区，每平方米为 5 元至 25 元。

国务院财政、税务主管部门根据人均耕地面积和经济发展情况确定各省、自治区、直辖市的平均税额为：上海市 45 元；北京市 40 元；天津市 35 元；江苏、浙江、福建、广东 4 省各 30 元；辽宁、湖北、湖南 3 省各 25 元；河北、安徽、江西、山东、河南、四川、重庆 7 省市各 22.5 元；广西、海南、贵州、云南、陕西 5 省区各 20 元；山西、吉林、黑龙江 3 省各 17.5 元；内蒙古、西藏、甘肃、青海、宁夏、新疆 6 省区各 12.5 元。

各地依据耕地占用税暂行条例和上述的规定，经省级人民政府批准，确定县级行政区占用耕地的适用税额，占用林地、牧草地、农田水利用地、养殖水面以及渔业水域滩涂等其他农用地的适用税额可适当低于占用耕地的适用税额。

各地适用税额，由省、自治区、直辖市人民政府在本条第一款规定的税额幅度内，根据本地区情况核定。各省、自治区、直辖市人民政府核定的适用税额的平均水平，不得低于本条（2）规定的平均税额。

经济特区、经济技术开发区和经济发达且人均耕地特别少的地区，适用税额可以适当提高，但是提高的部分最高不得超过本条（3）规定的当地适用税额的 50%。

占用基本农田的，适用税额应当在本条（3）和经济特区、经济技术开发区和经济发达且人均耕地特别少的地区适用税额的基础上提高 50%。

三、税收优惠

下列情形免征、减征耕地占用税：
1. 军事设施占用耕地，学校、幼儿园、养老院、医院占用耕地免征耕地占用税。
2. 铁路线路、公路线路、飞机场跑道、停机坪、港口、航道占用耕地，减按每平方米 2 元的税额征收耕地占用税。

根据实际需要，国务院财政、税务主管部门商国务院有关部门并报国务院批准后，可以对前款规定的情形免征或者减征耕地占用税。

3. 农村居民占用耕地新建住宅，按照当地适用税额减半征收耕地占用税。
4. 农村烈士家属、残疾军人、鳏寡孤独以及革命老根据地、少数民族聚居区和边远贫困山区生活困难的农村居民，在规定用地标准以内新建住宅缴纳耕地占用税确有困难的，经所在地乡（镇）人民政府审核，报经县级人民政府批准后，可以免征或者减征耕地占用税。
5. 依照 1、2 规定免征或者减征耕地占用税后，纳税人改变原占地用途，不再属于免征或者减征耕地占用税情形的，应当按照当地适用税额补缴耕地占用税。
6. 纳税人临时占用耕地，应当依照规定缴纳耕地占用税。纳税人在批准临时占用耕地的期限内恢复所占用耕地原状的，全额退还已经缴纳的耕地占用税。

四、税额的计算和缴纳

（一）应纳税额的计算

耕地占用税的计算公式为：

应纳税额 = 应税面积（平方米）× 单位税额

【例12-7】某县城B镇某月发生以下占用耕地的事项：县化工厂经批准扩建，占用耕地12亩；某部驻军新建营房占用耕地10亩；拓宽公路占用耕地15亩；批准30户农民新建住宅，占用耕地9亩。该镇耕地占用税的适用税额为4.5元/平方米。公路用地税额1.5元/平方米；一亩耕地折666.67平方米。

要求：计算各纳税人应纳耕地占用税税额。

分析：按税法规定军队用地免税，农民新建住宅减半征税。在计算税额时，应将亩换算成平方米。

解：

化工厂应纳税额 = 12 × 666.67 × 4.5 = 36000（元）

30户农民建房共应纳税额 = 9 × 666.67 × (4.5÷2) = 13500（元）

公路部门应纳税额 = 15 × 666.67 × 1.5 = 15000（元）

（二）耕地占用税的征收

耕地占用税实行占用耕地时一次性征收方法，由财政机关负责征收。耕地占用税的纳税期限一般为30天，即纳税人必须在经土地管理部门批准占用耕地之日起30日内，缴纳耕地占用税。对获准占用耕地的单位或者个人未在规定的期限内向财政机关申报纳税的，从滞纳之日起，按日加收应纳税款5‰的滞纳金。

第五节 车辆购置税

车辆购置税是以在中国境内购置规定的车辆为课税对象，在特定的环节向车辆购置者征收的一种税。就其性质而言，属于直接税的范畴。

车辆购置税2001年1月1日在我国实施，是一个新税种，是在原交通部门收取的车辆购置附加费的基础上，通过"费改税"的方式演变而来的。国家税务总局于2011年12月19日发布了《国家税务总局关于修改〈车辆购置税征收管理办法〉的决定》，对相关条款进行了调整。开征车辆购置税，有利于合理筹集建设资金，积累国家财政收入；有利于规范政府行为，理顺税费关系，深化和完善财税制度改革；有利于调节收入差别，缓解社会分配不公的矛盾；有利于配合打击走私，保护民族工业，维护国家权益。

车辆购置税具有征收范围单一、征收环节单一、征税具有特定目的和价外征收不转嫁税负等特点。

一、纳税义务人

车辆购置税的纳税义务人是指中华人民共和国境内购置应税车辆的单位和个人。我国车辆购置税的适用区域在"中华人民共和国境内"，只要在中华人民共和国境内发生的车辆购置税的应税行为，都要征收车辆购置税。

"中华人民共和国境内"，是指车辆的购置或使用地在中华人民共和国境内。购置应税车辆的行为发生地在我国境内的，都属于车辆购置税的征收区域。在我国，应税车辆的购置地与应税行为的发生地是一致的。

车辆购置税纳税义务人的具体范围包括"单位和个人",具体内容为:(1)单位是指国有企业、集体企业、私营企业、股份制企业、外商投资企业、外国企业以及其他企业、事业单位、社会团体、国家机关、部队以及其他单位。(2)个人是指个体商业户以及其他个人,包括我国公民和外国公民。

二、车辆购置税的应税行为

车辆购置税的应税行为是指在中华人民共和国境内购置应税车辆的行为。具体来讲,这种应税行为包括:

1. 购买使用行为。包括购买使用国产应税车辆和购买使用进口应税车辆。当纳税人购置应税车辆时,它就发生了应税行为,就要依法纳税。

2. 进口使用行为。指直接进口使用应税车辆的行为。

3. 受赠使用行为。受赠是指接受他人馈赠。对馈赠人而言,在发生财产所有权转移后,应税行为一同转移,不再是纳税人;而作为受赠人在接受使用(包括接受免税车辆)后,就发生了应税行为,就要承担纳税义务。

4. 资产自用行为。资产自用行为是指纳税人将自己生产的应税车辆作为最终消费品用于自己消费使用,其消费行为已构成了应税行为。

5. 获奖使用行为。包括以各种奖励形式中取得并使用应税车辆行为。

6. 其他使用行为。指除上述以外其他方式取得并使用应税车辆行为,如拍卖、抵债、走私、罚没等方式取得并自用的应税车辆。

三、征税对象和征税范围

(一)征税对象

车辆购置税以应税车辆为征税对象。

(二)征税范围

车辆购置税征税范围包括汽车、摩托车、挂车、农用运输车。具体内容如下:(1)汽车。包括各类汽车。(2)摩托车。包括轻便摩托车、二轮摩托车、三轮摩托车。(3)电车。包括无轨电车、有轨电车。(4)挂车。包括全挂车、半挂车。(5)农用运输车。包括三轮农用运输车、四轮农用运输车。

为了体现税法的统一性、固定性、强制性和法律的严肃性特征,车辆购置税征收范围的调整,由国务院决定,其他任何部门、单位和个人无权擅自扩大和缩小车辆购置税范围。

四、计税依据和税率

(一)计税依据

车辆购置税以应税车辆的价格即计税价格为计税依据,具体规定如下:

1. 外购自用应税车辆。

纳税人购买自用的应税车辆以计税价格为计税依据,计税价格为纳税人购买应税车辆而支付给销售方的全部价款和价外费用(不包括增值税税款)。

2. 进口自用应税车辆。

纳税人进口自用的应税车辆以组成计税价格为计税依据。其计算公式为：

  组成计税价格 = 关税完税价格 + 关税 + 消费税

 或：

  组成计税价格 = （关税完税价格 + 关税）÷（1 - 消费税税率）

3. 其他自用应税车辆。

纳税人自产、受赠、获奖或以其他方式取得并自用的应税车辆，以主管税务机关参照国家税务总局规定相同类型应税车辆最低价格为计税价格。具体规定如下：（1）对已缴纳车辆购置税并办理了登记注册手续的车辆，其底盘发生更换的，其最低计税价格按同类型新车最低计税价格的70%计算。（2）减免税条件。（3）非贸易渠道进口车辆的最低计税价格，为同类型新车最低计税价格。

（二）税率

车辆购置税实行统一比率，税率为10%。

五、应纳税额的计算

车辆购置税实行从价定率的办法计算应纳税额。计算公式如下：

  应纳税额 = 计税价格 × 税率

【例12-8】某外贸进出口公司2011年10月15日，从国外进口20辆小轿车。该公司报关进口这批小轿车时，经报关地口岸海关对有关资料的审查，确定关税的计税价格为250000元/辆（人民币），关税税率为110%。并按消费税、增值税的有关规定分别代征进口环节消费税和增值税。消费税税率为5%，增值税税率为17%。根据本单位的工作需要，该公司将其中的2辆小轿车用于本单位使用。

要求：计算应纳的车辆购置税。

分析：根据本题所给资料，计算应纳车辆购置税，要先计算组成计税价格，求出消费税。

解：

  组成计税价格 = 关税完税价格 + 关税 + 消费税

  应纳关税 = 250000 × 110% = 275000（元）

  组成计税价格 = （关税完税价格 + 关税）÷（1 - 消费税税率）

      = （250000 + 275000）÷（1 - 5%）

      = 552631.57（元）

  应纳消费税 = 组成计税价格 × 消费税税率

     = 552631.57 × 5% = 27631.58（元）

  应纳车辆购置税 = 自用数量 ×（关税完税价格 + 关税 + 消费税）× 税率

      = 2 ×（250000 + 275000 + 27631.58）× 10%

      = 110526.32（元）

【例12-9】某市电业局于2011年11月25日，从江苏某汽车贸易中心购买轿车一辆。

该企业按汽车贸易中心开具的"机动车销售统一发票"所注金额支付车价款为 380000 元，支付控购费 45000 元，并取得收据。该贸易中心代办车辆售后服务，代交纳车辆上牌照费等事宜。共支付新车登记费、代办手续费、上牌照费、仓储保管费、送车费等 40000 元。

要求：计算应纳车辆购置税税额

分析：支付控购费，属于政府部门的行政性收费，不属于销售者的价外费用，不应并入计税价格征税；销售价格中是含增值税的，应换算为不含税价格。

解：

$$应纳税额 = (380000 + 40000) \div (1 + 17\%) \times 10\% = 35897.44（元）$$

【例 12 - 10】王某在某公司举办的有奖销售活动中，中奖一辆微型汽车，举办公司开据的销售发票金额为 688000 元。张某申报纳税时，经主管税务机关审核，按国家税务总局核定该车型的最低计税价格为 720000 元。

要求：计算王某应缴纳的车辆购置税。

分析：自产、受赠、获奖、抵债、走私、罚没车辆的计税方法均按国家税务总局核定的最低计税价格征收车辆购置税。

解：

$$应纳税额 = 720000 \times 10\% = 72000（元）$$

六、税收优惠

车辆购置税减税、免税的具体规定如下：

1. 外国驻华使馆、领事馆和国际组织驻华机构及其人员自用的车辆免税。
2. 列入军队武器装备订货计划的军车免税。
3. 没有固定装置的非运输车辆免税。
4. 国务院规定的其他减免税的车辆：(1) 防汛部门和森林消防部门用于指挥、检查、调度、报汛（警）、联络的设有固定装置的指定型号的车辆。(2) 回国服务的留学人员用现汇购买 1 辆个人自用国产汽车。(3) 长期来华定居专家购买 1 辆自用汽车。

七、纳税管理

（一）纳税环节

纳税人应当在向公安机关等车辆管理机构办理车辆登记注册手续时缴纳车辆购置税。即在应税车辆上牌登记注册前的使用环节征收。

（二）纳税期限

纳税人购买的应税车辆，自购买之日起 60 日内申报纳税；进口自用的应税车辆，应当自进口之日起 60 日内申报纳税；自产、受赠、获奖和以其他方式取得并自用应税车辆，应当在投入使用前 60 日内申报纳税。车辆购置税税款于纳税人办理纳税申报时一次缴清。

这里的"购买之日"是指纳税人购车发票上注明的销售日期。"进口之日"是指纳税人报关进口的当天。

（三）纳税地点

纳税人购置应税车辆，应当向车辆登记注册地主管税务机关申报纳税；购置不需办理车辆登记注册手续的应税车辆,应当向纳税人所在地的主管税务机关申报纳税。"车辆登记注册地"是指车辆的上牌落籍地或落户地。

(四) 车辆购置税缴税管理

1. 车辆购置税缴款方法。

车辆购置税的缴款方法很多,具体包括:(1) 自报核销;(2) 查账征收;(3) 查定征收;(4) 集中征收;(5) 查验征收;(6) 定期定额征收;(7) 代扣代缴;(8) 代收代缴。

2. 车辆购置税的缴税管理。

车辆购置税的税款缴纳方式主要有:(1) 支票支付;(2) 电子结算;(3) 信用卡;(4) 委托银行代收;(5) 银行划转。

第六节 车 船 税

车船税是国家对行驶于境内公共道路的车辆和航行于境内河流、湖泊或者领海的船舶,按照其种类、吨位和规定的税额征收的一种行为税。应税车船作为一种财产,车船税又兼有财产税的性质。《中华人民共和国车船税暂行条例》于2006年12月27日国务院第162次常务会议通过,自2007年1月1日起施行,1951年9月13日原政务院发布的《车船使用牌照税暂行条例》和1986年9月15日国务院发布的《中华人民共和国车船使用税暂行条例》同时废止。今后,车船使用税和车船使用牌照税将两税统一。

开征车船税,其目的在于筹集地方财政资金,支持交通运输事业发展;加强对车船使用的管理,促进车船的合理配置;调节财富分配,体现社会公平。

一、纳税人

车船税以在中华人民共和国境内所有或管理车辆、船舶的单位和个人为纳税人。一般情况下,拥有或管理并且使用车船的单位和个人是同一的,纳税人既是车船的使用人,又是车船的所有人或管理人。如果发生租赁关系,车船的所有人或者管理人未缴纳车船税的,使用人应当代为缴纳车船税。

二、征税范围

车船税的征税范围限于依法应当在车船管理部门登记的车船。车船管理部门是指公安、交通、农业、渔业、军事等依法具有车船管理职能的部门。

(一) 应税车辆

应税车辆,包括机动车和非机动车两大类。机动车,即依靠燃油、电力等能源作为动力运行的车辆,包括载客汽车、载货汽车、三轮汽车低速货车、摩托车等;非机动车即依靠人力、畜力运行的车辆,包括人力驾驶车、畜力驾驶车等。

(二) 应税船舶

包括机动船舶和非机动船舶两类。机动船,即依靠燃料等能源为动力运行的船舶,包括客货轮船、汽垫船拖船和机帆船等;非机动船,即依靠人力或其他力量运行的船舶,包括驳船、帆船等。

三、税率

车船税实行定额税率,即对应税车船直接规定单位固定税额。

税法对应税车船实行幅度定额税率(见表12-1)。

表12-1中的载客汽车,划分为大型客车、中型客车、小型客车和微型客车4个子税目。其中,大型客车是指核定载客人数大于或者等于20人的载客汽车;中型客车是指核定载客人数大于9人且小于20人的载客汽车;小型客车是指核定载客人数小于或者等于9人的载客汽车;微型客车是指发动机气缸总排气量小于或者等于1升的载客汽车。载客汽车各子税目的每年税额幅度为:(1)大型客车,480元至660元;(2)中型客车,420元至660元;(3)小型客车,360元至660元;(4)微型客车,60元至480元。

表12-1

税　目	计税单位	每年税额	备　注
载客汽车	每辆	60~660元	包括电车
载货汽车	按自重每吨	16~120元	包括半挂牵引车、挂车
三轮汽车低速货车	按自重每吨	24~120元	
摩托车	每辆	36~180元	
船舶	按净吨位每吨	3~6元	拖船和非机动驳船分别按船舶税额的50%计算

注:专项作业车、轮式专用机械车的计税单位及每年税额由国务院财政部门、税务主管部门参照本表确定。

《车船税税目税额表》中的三轮汽车,是指在车辆管理部门登记为三轮汽车或者三轮农用运输车的机动车。

低速货车,是指在车辆管理部门登记为低速货车或者四轮农用运输车的机动车。

专项作业车,是指装置有专用设备或者器具,用于专项作业的机动车;轮式专用机械车是指具有装卸、挖掘、平整等设备的轮式自行机械。

专项作业车和轮式专用机械车的计税单位为自重每吨,每年税额为16元至120元。具体适用税额由省、自治区、直辖市人民政府参照载货汽车的税额标准在规定的幅度内确定。

客货两用汽车按照载货汽车的计税单位和税额标准计征车船税。

《车船税税目税额表》中的船舶,具体适用税额为:

(1)净吨位小于或者等于200吨的,每吨3元;(2)净吨位201吨至2000吨的,每吨4元;(3)净吨位2001吨至10000吨的,每吨5元;(4)净吨位10001吨及其以上的,每吨6元。

拖船,是指专门用于拖(推)动运输船舶的专业作业船舶。拖船按照发动机功率每2马力折合净吨位1吨计算征收车船税。

条例及细则所涉及的核定载客人数、自重、净吨位、马力等计税标准,以车船管理部门核发的车船登记证书或者行驶证书相应项目所载数额为准。纳税人未按照规定到车船管理部门办理登记手续的,上述计税标准以车船出厂合格证明或者进口凭证相应项目所载数额为准;不能提供车船出厂合格证明或者进口凭证的,由主管地方税务机关根据车船自身状况并参照同类车船核定。

车辆自重尾数在0.5吨以下(含0.5吨)的,按照0.5吨计算;超过0.5吨的,按照1吨计算。船舶净吨位尾数在0.5吨以下(含0.5吨)的不予计算,超过0.5吨的按照1吨计算。1吨以下的小型车船,一律按照1吨计算。

四、应纳税额的计算

车船税根据不同类型应税车船的计税论据及其适用的单位税额分别计算应纳税额。其计算公式如下:

应纳税额 = 应税车船数量 × 单位税额 = 年应纳税额 ÷ 12 × 应纳税月份数

【例12-11】浙江省某单位2007年1月拥有下列车船:50000吨位机动船1只;1000吨位机动船3只;非机动船6只,其中载重吨位150吨4只,300吨2只;另有机动车9辆,其中5吨载货汽车3辆,40座载客汽车2辆。已知5吨载货汽车每吨税额40元,40座载客汽车每辆500元。

要求:计算该单位1月份应纳车船税税额。

分析:先根据应税车船的数量和单位税额计算出全年应纳税额,再根据平均法计算1月份应纳税额。

解:

(1) 机动船全年应纳税额 = 50000 × 6 × 1 + 1000 × 4 × 3 = 312000(元)

(2) 非机动船全年应纳税额 = 150 × 3 × 4 + 300 × 4 × 2 = 4200(元)

(3) 机动车全年应纳税额 = 3 × 40 + 2 × 500 = 1120(元)

该单位全年应纳车船税税额 = 312000 + 4200 + 1120 = 317320(元)

该单位1月份应纳车船使用税税额 = 317320 ÷ 12 = 26443.33(元)

五、税收优惠

1. 非机动车船(不包括非机动驳船)。非机动车,是指以人力或者畜力驱动的车辆,以及符合国家有关标准的残疾人机动轮椅车、电动自行车等车辆;非机动船是指自身没有动力装置,依靠外力驱动的船舶;非机动驳船是指在船舶管理部门登记为驳船的非机动船。

2. 拖拉机。拖拉机,是指在农业(农业机械)部门登记为拖拉机的车辆。

3. 捕捞、养殖渔船。捕捞、养殖渔船,是指在渔业船舶管理部门登记为捕捞船或者养殖船的渔业船舶。不包括在渔业船舶管理部门登记为捕捞船或者养殖船以外类型的渔业船舶。

4. 军队、武警专用的车船。军队、武警专用的车船,是指按照规定在军队、武警车船管理部门登记,并领取军用牌照、武警牌照的车船。

5. 警用车船。警用车船,是指公安机关、国家安全机关、监狱、劳动教养管理机关和人民法院、人民检察院领取警用牌照的车辆和执行警务的专用船舶。

6. 按照有关规定已经缴纳船舶吨税的船舶。

7. 依照我国有关法律和我国缔结或者参加的国际条约的规定应当予以免税的外国驻华使馆、领事馆和国际组织驻华机构及其有关人员的车船。

我国有关法律,是指《中华人民共和国外交特权与豁免条例》、《中华人民共和国领事特权与豁免条例》。

外国驻华使馆、领事馆和国际组织驻华机构及其有关人员在办理第(七)项规定的免税事项时,应当向主管地方税务机关出具本机构或个人身份的证明文件和车船所有权证明文件,并申明免税的依据和理由。

省、自治区、直辖市人民政府可以根据当地实际情况,对城市、农村公共交通车船给予定期减税、免税。

另外,在一个纳税年度内,已完税的车船被盗抢、报废、灭失的,纳税人可以凭有关管理机关出具的证明和完税证明,向纳税所在地的主管地方税务机关申请退还自被盗抢、报废、灭失月份起至该纳税年度终了期间的税款。

已办理退税的被盗抢车船,失而复得的,纳税人应当从公安机关出具相关证明的当月起计算缴纳车船税。

六、征收管理

(一)纳税义务发生时间

1. 车船税的纳税义务发生时间,为车船管理部门核发的车船登记证书或者行驶证书所记载日期的当月。

2. 纳税人未按照规定到车船管理部门办理应税车船登记手续的,以车船购置发票所载开具时间的当月作为车船税的纳税义务发生时间。对未办理车船登记手续且无法提供车船购置发票的,由主管地方税务机关核定纳税义务发生时间。

3. 购置的新车船,购置当年的应纳税额自纳税义务发生的当月起按月计算。

4. 由扣缴义务人代收代缴机动车车船税的,纳税人应当在购买机动车交通事故责任强制保险的同时缴纳车船税。

(二)纳税期限

车船税按年申报缴纳。具体申报纳税期限由省、自治区、直辖市人民政府确定。

(三)纳税地点和征收机关

车船税由地方税务机关负责征收。

车船税的纳税地点,由省、自治区、直辖市人民政府根据当地实际情况确定。跨省、自治区、直辖市使用的车船,纳税地点为车船的登记地。

(四)纳税申报

纳税人应当向主管地方税务机关和扣缴义务人提供车船的相关信息。拒绝提供的,按照《中华人民共和国税收征收管理法》有关规定处理。

纳税人在购买机动车交通事故责任强制保险时缴纳车船税的,不再向地方税务机关申报纳税。

本章小结

1. 城市维护建设税，是对缴纳增值税、消费税、营业税的单位和个人就其实际缴纳三税税额为计税依据而征收的一种税。分别设置了三档地区差别比例税率。

2. 房产税是以房产为征税对象，依据房产的计税余值或租金收入征收的一种财产税。征税范围是位于城市、县城、建制镇和工矿区的房屋。

3. 城镇土地使用税征税范围为城市、县城、建制镇和工矿区的国家和集体所有土地，实行等级幅度税额征税。

4. 耕地占用税征税对象是占用耕地从事非农业建设的行为，纳税人是建房或非农业建设占用耕地的单位和个人。

5. 车辆购置税是在中国境内购置规定的车辆为课税对象的一种税。征税范围包括：汽车、摩托车、挂车、农用运输车。

6. 车船税是对行驶于境内公共道路的车辆和航行于境内河流、湖泊或者领海的船舶，按照其种类、吨位和规定的税额征收的一种使用行为税，包括机动车船和非机动车船两大类。

主要名词（中英文对照）

房产税（House property tax）
车辆购置税（Vehicle–purchase tax）
耕地占用税（Occupancy tax of cultivated land）

复习思考题

1. 城市维护建设税的计税依据是如何规定的？
2. 房产税的应纳税额如何计算？
3. 如何理解城镇土地使用税的概念？
4. 简述耕地占用税的征税对象。
5. 车辆购置税是何时开征的？

第十三章

税 收 管 理

内容提示

本章主要阐述了税收管理的基本知识,包括税收管理体制、税收征收管理、法律责任、税务行政复议和税务行政诉讼、纳税人的权利、税务代理等内容。这些知识是加强税收管理,做好税收征收管理工作的前提和保证。

案例导入

某乡政府为加强税收征管,增加财政收入,成立了协税小组。2012年协税小组下村进行税收清理,发现村民李某从事编织生产已有4个月,未领取营业执照,也未办理税务登记,更没有申报纳税。于是,协税小组根据李某的实际生产情况,作出了核定每月缴纳税款500元的决定,并要求李某补缴税款2000元。李某自觉理亏,又害怕罚款,当即缴了2000元。协税小组给李某开了一张收据。

请问:李某是否应向税务机关缴税?如果李某有异议,可以怎样做?

要回答这些问题,就需要了解税收征收管理方面的知识。这些问题都将在本章中得到回答。

 第一节 税收管理体制

一、税收管理体制的含义

税收管理体制是划分中央与地方税收管理权限的制度。通常将税收管理体制作为一个国家税收制度的内容,所以税收管理体制是国家税收制度的重要组成部分。同时,因为税收管理体制是对政府之间税收管理权限的确定的划分,因此税收管理体制也是国家经济管理体制和财政管理体制的重要组成部分。

税收管理的权限主要包括两大部分:一是税收立法权限;二是税收执法权限。

(一)税收立法权

税收立法权是指国家权力机关依据法定程序规定税法制定、审议、批准、公布等税收方面的一系列权力。具体包括税法制定权、审议权、批准权、公布权、税种开征或停征权等。

(二)税收执法权

税收执法权是指执行税收法律的权限。税收执法权属于一种行政权力,是政府及其职能部门的职责权限。目前我国的税收执法权,主要内容包括:(1)经立法机关授权,在税法规定的范围内对一些税种决定开征或停征的权限;(2)经立法机关授权,制定税法实施细则和对税法、税收法规进行解释的权限;(3)对税目、税率等税制要素进行调整或具体确定的权限;(4)按照税收法律法规的规定,制定具体税收执行规定的权限;(5)对各项税收减、免税的审批权限等等。

二、我国税收管理权限在政府之间的划分

(一)属于国务院的管理权限

属于国务院的税收管理权限,主要包括国家税收政策的改变,税法的颁布实施,税种的开征、停征,税目的增减和税率的调整等。合理确定国务院的税收管理权限,有利于税收经济杠杆发挥宏观调节控制的作用。

(二)属于财政部的管理权限

主要包括:(1)在全省、自治区、直辖市范围内开征、停征某一个税种。(2)在全省、自治区、直辖市范围内对某种应税产品或某个行业进行减税、免税。(3)对工商税收中的卷烟、酒、糖、手表四种产品的减税、免税。(4)盐税税额的调整及非生产用盐的减税、免税。(5)有关涉及外交关系和对外商征税的问题。

(三)属于省、自治区、直辖市的管理权限

主要包括:(1)对个别纳税单位生产的产品或经营的业务,因生产、经营、价格等客观条件发生较大变化,按照税法规定纳税有困难的,可给予定期的减税、免税照顾。(2)工业生产利用废渣、废液、废气和其他废旧物品作主要原料生产的产品,按照税法规定纳税有困难的,可给予定期的减税、免税照顾。(3)乡镇企业生产的直接为农业生产服务的产品,可以根据本地区的实际情况,列举具体产品和服务项目,免征工商税,所得利润需要给予照顾的,可列举免征所得税。(4)对灾区乡镇从事自救性的生产,可给予一定期限的减税或免征工商税和所得税的照顾。(5)为贯彻中央的统一税法,可以制定具体征税办法。(6)民族自治区对少数民族聚集的地区,可以根据国家税收制定的原则,制定税收办法,报国务院备案。

(四)属于民族自治区的管理权限

我国《宪法》第117条规定,民族自治地方的自治机关有管理地方财政的自治权。对少数民族聚居地区的税收,可以根据全统一税法规定的原则,因地制宜地制定本地区的税收办法,并报国务院备案。

知识窗

税收立法权的划分有两种基本类型，即单一制国家的"授权制"与联邦制国家的"分权制"。在中国、英国、日本和韩国等单一制国家里，地方政府的权力由立法机关以普遍的形式授予，地方政府基本上没有确定税法和税基的权力。在美国、加拿大和主要西欧国家（英国除外）里，中央政府的权力在国家宪法中明确列举，列举之外的权力，一概属于地方，地方政府的权益受到宪法保护。

第二节 税收征收管理

一、税务登记

税务登记也称纳税登记，是税务机关对纳税人的生产经营活动进行登记并据此对纳税人实施税务管理的一系列法定制度的总称。税务登记是税收管理工作的首要环节，是征纳双方税收法律关系成立的论据和证明。税务登记包括开业登记，变更税务登记，注销税务登记，停业、复业登记四种。

（一）开业税务登记

开业税务登记又称初始登记，是指从事生产、经营活动的纳税人自领取营业执照或其他纳税人依照法律、行政法规的规定成为纳税义务人之后首次进行的税务登记。

各类企业、企业在外地设立的分支机构和从事生产、经营的场所、个体工商户和从事生产、经营的事业单位，应当自领取营业执照之日起 30 日内，向所在地主管税务机关申报办理税务登记。扣缴义务人应当于法律、行政法规规定负有代缴税款义务之日起 30 日内，向所在地主管税务机关申报办理扣缴税款登记。

其他纳税人应当自依照法律、行政法规的规定成为法定纳税人之日起 30 日内，向所在地主管税务机关申报办理税务登记。

（二）变更登记

纳税人有下列情形之一的，应当在办理工商变更登记或情形发生变更后 30 日内到主管税务机关申报办理变更税务登记，包括：改变名称、改变法定代表人、改变经济性质或经济类型、增设或撤销分支机构、改变住所或经营地点、改变生产经营范围或经营方式、增减注册资金、改变隶属关系、改变生产经营期限、改变增减银行账号、改

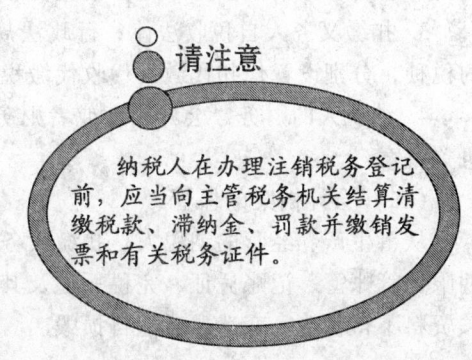

请注意

纳税人在办理注销税务登记前，应当向主管税务机关结算清缴税款、滞纳金、罚款并缴销发票和有关税务证件。

变生产经营权属、其他税务登记内容变化等。

（三）注销登记

纳税人有下列情形之一的，应当到主管税务机关申报办理注销登记：歇业、破产、撤销；经营地点、住所迁移及主管税务机关变更（还应当重新办理税务登记）；发生依法应当终止履行纳税义务的其他情形。

（四）停业、复业登记

实行定期定额征收方式的纳税人在营业执照核准的经营期限内需要停业的，应当向税务机关提出停业登记，说明停业的理由、时间，停业前的纳税情况和发票的领、用、存情况，并如实填写申请停业登记表。税务机关经过审核，应当责成申请停业的纳税人结清税款并收回其税务登记证件、发票领购簿和发票，办理停业登记。纳税人的发票不便收回的，税务机关应当就地予以封存。

纳税人应当于恢复生产、经营之前，向税务机关提出复业登记申请，经确认后办理复业登记，领回或启用税务登记证件和发票领购簿及其领购的发票，纳入正常管理。提前复业的，按提前复业的日期作为复业日期。对于纳税人停业期满未按期复业又不申请延期复业的，税务机关将视其为已恢复营业，实施正常的税收征收管理。

纳税人凭税务登记证件可以办理下列税务事项：申报办理减税、免税、退税；申报办理领购发票；申报办理外出经营税收管理证明；申报办理税务机关规定的其他有关事项。

税务机关对税务登记证件实行定期验证和更换制度。纳税人应当在规定的期限内，持有关证件到主管税务机关办理验证或更换手续。

二、账簿、凭证管理

（一）设置账簿、凭证的要求

1. 所有从事生产经营的纳税人应自领取营业执照之日起 15 日内，按照有关法律、行政法规和国务院财政、税务主管部门的规定设置账簿，根据合法、有效的凭证记账，进行核算。

2. 生产经营规模小又确无能力建账的个体工商户，可以聘请注册会计师或者经税务机关认可的专业人员代为建账和办理账务。这样做仍有困难的，经县以上税务机关批准，可以按照税务机关的要求建立收支凭证粘贴簿、进货登记簿、销货登记簿、商品盘点表等日记性的简易账册，如实记录生产经营情况。

3. 扣缴义务人自税收法律、行政法规规定扣缴义务发生之日起 5 日内按所代扣、代收的税种，分别设置代扣代缴、代收代缴税款账簿。

4. 纳税人的财务、会计制度或者财务、会计处理办法和会计核算软件，应当报送税务机关备案。

（二）会计档案的保管

从事生产、经营的纳税人、扣缴义务人必须按照国务院财政、税务主管部门规定的保管期限保管账簿、记账凭证、完税凭证及其他有关资料。账簿、记账凭证、完税凭证及其他有关资料不得伪造、变造或者擅自损毁。

三、纳税申报

纳税申报是指纳税人在发生纳税义务后按照税法或税务机关规定的期限和内容向主管税务机关提交有关纳税书面报告的法律行为。纳税申报是税务管理中一项非常重要的制度，也是纳税人履行纳税义务的一项法定手续。

（一）纳税申报的对象

1. 负有纳税义务的单位和个人，应在发生纳税义务之后，按税法规定或税务机关核定的期限，如实向主管税务机关办理纳税申报。

2. 取得临时应税收入或发生应税行为的纳税人，在发生纳税义务之后，即向经营地税务机关办理纳税申报和缴纳税款。

3. 享有减税、免税待遇的纳税人，在减税免税期间应当按照规定办理纳税申报。

4. 扣缴义务人作为间接负有纳税义务的单位和个人，必须在法律、行政法规规定或者税务机关依照法律、行政法规的规定确定的申报期限内报送代扣代缴、代收代缴税款报告表以及税务机关根据实际需要要求扣缴义务人报送的其他有关资料。

（二）纳税申报的期限

《中华人民共和国税收征收管理法》（以下简称《征管法》）规定纳税人和扣缴义务人都必须按照法定的期限办理纳税申报。申报期限是根据税法规定的纳税期限和报缴税款期限核定的。申报期限有两种：一是法律、行政法规明确规定的；二是税务机关按照法律、行政法规的原则规定，结合纳税人生产经营的实际情况及其所应缴纳的税种等相关问题予以确定的。各税种在征收管理上有一定的差别，因此，其纳税期限和申报期限也不尽相同。

（三）纳税申报的内容

纳税申报的内容主要明确在各税种的纳税申报表和代扣代缴税款报告表内。纳税人、扣缴义务人的纳税申报或者代扣代缴、代收代缴税款报告表的主要内容包括：税种、税目，应纳税项目或者应代扣代缴、代收代缴税款项目，适用税率或者单位税额，计税依据，扣除项目及标准，应纳税额或者应代扣代缴、代收代缴税额，税款所属期限等。

纳税人办理纳税申报时，应当如实填写纳税申报表，并根据不同情况相应报送下列有关证件、资料：（1）财务、会计报表及其说明材料；（2）与纳税有关的合同、协议书；（3）外出经营活动税收管理证明；（4）境内或者境外公证机构出具的有关证明文件；（5）税务机关规定应当报送的其他有关证件、资料。

（四）纳税申报的方法

纳税申报目前主要有以下三种方法：

1. 自行申报。纳税人、扣缴义务人在法律、行政法规所确定的申报期限内，自行到主管税务机关办理纳税申报或者代扣代缴、代收代缴税款报告。

2. 邮寄申报。纳税人到主管税务机关办理纳税申报有困难的，经税务机关批准，可以采取邮寄申报的方式，将纳税申报表及其有关的纳税资料通过邮局寄送主管税务机关。邮寄申报的，以邮出地的邮戳日期为实际申报日期。

3. 代理申报。纳税人、扣缴义务人自行申报有困难，或者是由于其他方面原因的考虑，可委托税务代理人办理纳税申报。

四、税款的征收与缴纳

(一) 税款征收

1. 税款征收的依据。

税务机关依照法律、行政法规的规定征收税款,不得违反法律、行政法规的规定开征、停征、多征、少征、提前征收、延缓征收或者摊派税款。

扣缴义务人依照法律、行政法规的规定履行代扣、代收税款义务。对法律、行政法规没有规定负有代扣、代收税款义务的单位和个人,税务机关不得要求其履行代扣、代收税款义务。扣缴义务人依法履行代扣、代收税款时,纳税人不得拒绝。纳税人拒绝的,扣缴义务人应当及时报告税务机关处理。税务机关依照规定付给扣缴义务人代扣、代收手续费。

2. 税款征收方式。

税务机关可以采取查账征收、查定征收、查验征收、定期定额征收以及其他方式征收税款。

税务机关根据国家有关规定可以委托有关单位代征少数零星分散的税收,并发给委托代征证书。受托单位按照代征证书的要求,以及税务机关的名义依法征收税款。

纳税人邮寄申报纳税的,应当在邮寄纳税申报表的同时,汇寄应纳税款。税务机关收到纳税申报表和税款后,必须向纳税人开具完税凭证,办理税款缴库手续。

3. 纳税期限。

纳税人、扣缴义务人按照法律、行政法规规定或者税务机关依照法律、行政法规的规定确定的期限,缴纳或者解缴税款。纳税人因有特殊困难,不能按期缴纳税款的,经省、自治区、直辖市国家税务局、地方税务局批准,可以延期缴纳税款,但最长不得超过3个月。经税务机关核准延期缴纳税款的,不加收滞纳金。

4. 加收滞纳金。

滞纳金不是处罚,而是纳税人或者扣缴义务人因占用国家税金而应缴纳的一种补偿。纳税人、扣缴义务人未按照法律、法规规定或者税务机关依照法律、法规规定确定的期限缴纳税款,根据《征管法》第二十条规定,税务机关除有权责令其限期缴纳外,从滞纳税款之日起,应按日加收滞纳税款的0.5‰的滞纳金。

根据国家税务总局国税函(1998)291号文规定,偷税也属未按上述规定期限缴纳税款,故应当加收滞纳金。对偷税行为加收滞纳金的计算起止时间为:从税款当期应当缴纳或者解缴的期限届满的次日起,至实际缴纳或者解缴之日止。

5. 减税、免税。

纳税人可以依照法律、行政法规的规定向税务机关书面申请减税、免税。减税、免税的申请必须经法律、行政法规规定的减税、免税审查批准机关审批;地方各级人民政府、各级人民政府主管部门、单位和个人违反法律、行政法规规定,擅自作出的减税、免税决定无效,税务机关不得执行,并向上级税务机关报告。

6. 开具完税凭证。

税务机关征收税款时,必须给纳税人开具完税凭证。扣缴义务人代扣、代收税款时,纳税人要求扣缴义务人开具代扣、代收税款凭证的,扣缴义务人应当开具。完税凭证,是指各种完税证、缴款书、印花税票、扣(收)税凭证以及其他完税证明。完税凭证的式样,由国家税务总局制定。

（二）税款的缴纳

1. 税款的缴纳方式和程序。

主要有以下几种：

（1）自核自缴。在法定的纳税申报期内，由纳税人自行计算、自行填开缴款书，自行送其开户银行，开户银行在缴款书各联加盖收讫章后，将收据联和报查联退回纳税人，纳税人持申报表和缴款书报查联向税务机关申报结算。这种方式最终过渡到由纳税人填开兼有申报表和缴款书功能的税单，直接向银行缴款，然后由银行将税单返回给税务机关的办法。

（2）现金缴税和持卡缴税。对于未在银行开立结算账户的纳税人，可以以现金结算税款，税务机关收款时开出完税凭证，然后填开汇总缴款书将已收现金汇缴银行。对于这类纳税人应提倡并逐步推行使用信用卡代替现金结算。

（3）定期定额征收。税务机关依照法律、法规，按照规定程序，规定纳税人在一定经营时期内的应纳税经营额及收益额，并以此为计税依据，确定其应纳税额（包括增值税额、消费税额、营业税额和所得税额等）的一种征收方式。这种方式适用于生产经营规模小、确无建账能力，经主管税务机关审核，报经县级（含县级）以上税务机关批准可以不设置账簿或暂缓建账的个体工商户。具体程序为：核定定额依照业户自报，税务机关进行典型调查、全面分析，按照规定的方法核定定额，最后下达定额、张榜公布。

定期定额户在核定期内的实际经营额高于税务机关核定定额20%～30%，不及时如实向主管税务机关申报调整定额的，按偷税处理。

2. 税款退还和补缴、追征的规定。

（1）纳税人超过应纳税额缴纳的税款，税务机关发现后应当立即退还；纳税人自结算应纳税款之日起3年内发现的，可以向税务机关要求退还多缴的税款并加算银行同期存款利息，税务机关及时查实后应当立即退还；涉及从国库中退库的，依照法律、行政法规有关国库管理的规定退还。

（2）因税务机关的责任，致使纳税人、扣缴义务人未缴或者少缴税款的，税务机关在3年内可以要求纳税人、扣缴义务人补缴税款，但是不得加收滞纳金。

（3）因纳税人、扣缴义务人计算错误等失误，未缴或者少缴的税款，税务机关在3年内可以追征税款、滞纳金；有特殊情况的，追征期可以延长到5年。

（4）对偷税、抗税、骗税的，税务机关追征其未缴或者少缴的税款、滞纳金或者所骗取的税款，不受期限的限制。

3. 税收保全。

（1）税收保全措施。

税收保全措施是税务机关为防止纳税人逃避纳税义务，转移、隐匿财产、收入，在纳税期满前依法采取的防范税收流失的措施。

税务机关有根据认为从事生产、经营的纳税人有逃避纳税义务行为的，可在规定的纳税期限之前，责令限期缴纳应纳税款；在限期内发现纳税人有明显的转移、隐匿其应纳税的商品、货物以及其他财产或者应纳税收入的迹象的，税务机关可以责成纳税人提供纳税担保。如果纳税人不能提供纳税担保，经县以上税务局（分局）局长批准，税务机关可以采取下列税收保全措施：一是书面通知纳税人开户银行或者其他金融机构冻结纳税人的金额相当于应纳税款的存款；二是扣押、查封纳税人价值相当于应纳税款的商品、货物或者其他财产。

纳税人在规定的期限内缴纳税款的，税务机关必须立即解除税收保全措施，限期期满仍未缴纳税款的，经县以上税务局（分局）局长批准，税务机关可以书面通知纳税人开户银行或者其他金融机构从其冻结的存款中扣缴税款，或者依法拍卖或者变卖所扣押、查封的商品、货物或者其他财产，以拍卖所得抵缴税款。

税务机关执行扣押、查封商品、货物或者其他财产时，必须有两名以上税务人员执行，并通知被执行人。被执行人是公民的，应当通知被执行人本人或其成年家属到场；被执行人是法人或者其他组织的，应当通知其法定代表人或者主要负责人到场；拒不到场的，不影响执行。税务机关扣押商品、货物或者其他财产时，必须开具收据；查封商品、货物或其他财产时，必须开付清单。

（2）纳税担保。

纳税担保是纳税人向税务机关提供一定的财产作为抵押或由第三人作为纳税保证人，以担保其依法及时、足额缴纳应纳税款的制度。

纳税担保的方式有两种：一是税务机关认可的纳税担保人，即我国境内具有纳税担保能力的公民、法人或其他经济组织。国家机关不得做纳税担保人。二是纳税人所拥有的未设置抵押权的财产。

除法律另有规定者外，税务机关征收税款，税收优先于无担保债权；纳税人欠缴的税款发生在纳税人以其财产设定抵押、质押或者纳税人的财产被留置之前的，税收应当先于抵押权、质押权、留置权执行。

要求纳税人提供纳税担保有两种情况：一是税务机关有根据认为有逃避纳税义务行为的纳税人，在规定的纳税期限内，被发现有明显转移、隐匿其应纳税的商品、货物及其财产或应纳税收入迹象的；二是纳税人员需要出境，而又未能结清税款的。

（3）税收强制执行措施。

税收强制执行措施是指税务机关为维护税法的严肃性和权威性，保证国家税款及时、足额入库，对在规定的期限内未履行法定义务的纳税人、扣缴义务人和担保人等税收管理相对人所依法采取的迫使其依法履行纳税义务的强制措施。

实施税收强制执行措施的条件：①税收强制执行措施既可以适用于从事生产、经营的纳税人，又可以适用于扣缴义务人和纳税担保人；②对逾期不履行法定义务的纳税人等税收管理相对人必须告诫在先，执行在后，即对纳税期满后仍不履行法定义务者，税务机关应先责令限期缴纳，对拒不缴纳者，方可适用强制执行措施；③税收强制执行措施必须发生在责令期满之后。责令限期内有不履行义务迹象的，税务机关应采取的是税收保全措施。④税收强制执行措施以保障义务的全面、实际履行为目的。扣押、查封、拍卖被执行人的商品、货物或其他财产，应以相当于应纳税额为限；⑤采取税收强制执行措施前，应当报经县以上税务局（分局）局长批准。

税务机关可以采取的税收强制执行措施有以下两种形式：一是书面通知其开户银行或者其他金融机构从其存款中扣缴税款；二是扣押、查封、拍卖其价值相当于应纳税款的商品、货物或者其他财产，以拍卖所得抵缴税款。

税务机关采取强制执行措施时，对纳税人、扣缴义务人、纳税担保人未缴纳的滞纳金同时强制执行，但不包括罚款。

第三节 法律责任

法律责任是指税收征纳双方违反税收法律法规而必须承担的法律上的责任,也就是由于违法行为而应当承担的法律后果。法律责任与法律制裁相联系,违法行为是法律责任的前提,法律制裁是法律责任的必然结果。

一、纳税人违反税务管理的法律责任

（一）纳税人未按照规定执行税务管理制度的法律责任

纳税人有下列行为之一的,由税务机关责令限期改正,在责令改正的同时可以处 2000 元以下的罚款,情节严重的,处以 2000 元以上 1 万元以下的罚款:（1）未按照规定的期限申报办理税务登记、变更登记和注销登记的;（2）未按照规定设置、保管账簿或者记账凭证和有关资料的;（3）未按照规定将财务、会计制度或者财务、会计处理办法和会计处理软件报送税务机关备查的;（4）未按照规定将全部银行账号向税务机关报告的;（5）未按照规定安装、使用税控装置,或者损毁或者擅自改动税控装置的。

（二）扣缴义务人未按照规定管理制度执行的法律责任

扣缴义务人未按照规定设置、保管代扣代缴、代收代缴税款账簿或者保管代扣代缴、代收代缴税款记账凭证及有关资料的,由税务机关责令限期改正,可以处以 2000 元以下的罚款;情节严重的,处 2000 元以上 5000 元以下的罚款。

（三）未按照规定的期限办理纳税申报和报送纳税资料的法律责任

纳税人未按照规定的期限办理纳税申报和报送纳税资料的,或者扣缴义务人未按照规定的期限向税务机关报送代扣代缴、代收代缴税款报告表和有关资料的,由税务机关责令限期改正,可以处以 2000 元以下的罚款;情节严重的,可以处以 2000 元以上 1 万元以下的罚款。

（四）税务代理人的法律责任

税务代理人超越权限、违反税收法律、行政法规,造成纳税未缴或者少缴税款的,除由纳税人缴纳或者补缴应纳税款、滞纳金外,对税务代理人处以 2000 元以下的罚款。

二、偷税抗税的法律责任

（一）偷税的法律责任

纳税人采取伪造、变造、隐匿、擅自销毁账簿、记账凭证,在账簿上多列支出或者不列、少列收入,或者进行虚假的纳税申报的手段,不缴或者少缴应纳税款的,是偷税。

对纳税人偷税的,税务机关追缴其不缴或者少缴的税款、滞纳金,并处不缴或者少缴税款的 50% 以上 5 倍以下的罚款;构成犯罪的,依法追究刑事责任。

扣缴义务人采取上述所列手段,不缴或者少缴已扣、已收税款,由税务机关追缴其不缴或者少缴的税款、滞纳金,并处不缴或者少缴税款 50% 以上 5 倍以下的罚款;构成犯罪的,

依法追究刑事责任。

（二）其他偷税的法律责任

1. 纳税人欠缴税款，采取转移或者隐匿财产的手段，妨碍税务机关追缴欠缴的税款的，由税务机关追缴欠缴的税款、滞纳金，并处欠缴税款50%以上5倍以下的罚款；构成犯罪的，依法追究刑事责任。

2. 纳税人、扣缴义务人逃避、拒绝或者以其他方式阻挠税务机关检查的，由税务机关责令改正，可以处1万元以下的罚款；情节严重的，处1万元以上5万元以下的罚款。

3. 纳税人、扣缴义务人的开户银行或者其他金融机构拒绝接受税务机关依法检查纳税人、扣缴义务人存款账户，或者拒绝执行税务机关作出的冻结或者扣缴税款的决定，或者在接到税务机关的书面通知后帮助纳税人、扣缴义务人转移存款，造成税款流失的，由税务机关处10万元以上50万元以下的罚款，对直接负责的主管人员和其他直接责任人员处1000元以上1万元以下的罚款。

4. 纳税人、扣缴义务人在规定期限内不缴或者少缴应纳或者应解缴的税款，经税务机关责令限期缴纳，逾期仍未缴纳的，税务机关除按照规定采取强制控制措施，追缴其不缴或者少缴的税款外，可以处以不缴或者少缴税款50%以上5倍以下的罚款。

5. 扣缴义务人应扣未扣、应收未收税款的，由税务机关向纳税人追缴税款，对扣缴义务人处应扣未扣、应收未收税款50%以上3倍以下罚款。

（三）抗税的法律责任

以暴力、威胁方法拒不缴纳税款的是抗税。除由税务机关追缴其拒缴的税款、滞纳金外，依法追究刑事责任。情节轻微，未构成犯罪的，由税务机关追缴其拒缴的税款、滞纳金，并处拒缴税款1倍以上5倍以下的罚金；情节严重，处3年以上7年以下有期徒刑，并处拒缴税款5倍以下的罚金。

三、骗税的法律责任

骗税是指以假报出口或其他欺骗手段，骗取国家出口退税款或所缴纳的税款的行为。

以假报出口或者其他欺骗手段，骗取国家出口退税款，由税务机关追缴其骗取的退税款，并处骗取税款1倍以上5倍以下的罚款，构成犯罪的，依法追究刑事责任。

对骗取国家出口退税款的，税务机关可以在规定期间内停止为其办理出口退税。骗取国家出口退税款，数额较大的，处5年以下有期徒刑或者拘役，并处以骗取税款1倍以上5倍以下的罚金；数额巨大或者有其他严重情节的，处5年以上10年以下有期徒刑，并处骗取税款1倍以上5倍以下的罚金；数额特别巨大或者有其他特别严重情节的，处10年以上有期徒刑或者无期徒刑，并处骗取税款1倍以上5倍以下罚金或没收财产。

四、不按期申报的法律责任

纳税人必须按期报送纳税申报和有关资料，对未按照规定的期限办理纳税申报和报送纳税资料的，或者扣缴义务人未按照规定的期限向税务机关报送代扣代缴、代收代缴税款报告表和有关资料的，由税务机关责令限期改正，在责令限期改正的同时，可以处2000元以下的罚款；情节严重的，可以处2000元以上1万元以下的罚款。

五、虚开、伪造和非法出售增值税专用发票的法律责任

(一) 对非法取得增值税专用发票的处罚

非法购买增值税专用发票或者购买伪造的增值税专用发票的,处 5 年以下有期徒刑或者拘役,并处或者单处 2 万元以上 20 万元以下罚金。

非法购买增值税专用发票或者购买伪造的增值税专用发票,又虚开或者出售的,分别依照刑法中有关对虚开、伪造和非法出售增值税专用发票的处罚规定定罪处罚。

(二) 对未按规定保管增值税专用发票的处罚

非法携带、邮寄、运输或存放空白专用发票的,由税务机关收缴专用发票,没收非法所得,并处 1 万元以下的罚款。

未按规定保管专用发票而发生丢失、被盗的企业,除按有关规定予以处罚外,还要根据情节轻重,给予半年内不得使用、领购专用发票并收缴结存的专用发票的处罚。对企业申报丢失、被盗的专用发票,如发现虚开、代开的,该企业还应承担偷税、骗税的连带责任。

(三) 对未按规定开具增值税专用发票的处罚

对不按规定开具的专用发票(包括项目填写不全、未盖有财务专用章等)一律不能作为税款的抵扣凭证。对企业已开具专用发票的销售货物,要及时足额计入当期销售额征税。凡开具了专用发票,其销售额未按规定计入销售账户核算的,一律按偷税论处。

虚开专用发票的,一律按票面所列货物的适用税率全额征补税款,并按有关法律处罚。刑法规定:虚开增值税专用发票或者虚开用于骗取出口退税、抵扣税款的其他发票的,处 3 年以下有期徒刑或者拘役,并处 2 万元以上 20 万元以下罚金;虚开的税款数额较大或者有其他严重情节的,处 3 年以上 10 年以下有期徒刑,并处 5 万元以上 50 万元以下罚金;虚开的税款数额巨大或者有其他特别严重情节的,处 10 年以上有期徒刑或者无期徒刑,并处 5 万元以上 50 万元以下罚金或者没收财产。

(四) 对伪造、盗窃和非法出售增值税专用发票的处罚

刑法规定:伪造或者出售伪造的增值税专用发票的,处 3 年以下有期徒刑、拘役或者管制,并处 2 万元以上 20 万元以下罚金;数量较大或者有其他严重情节的,处 3 年以上 10 年以下有期徒刑,并处 5 万元以上 50 万元以下的罚金;数量巨大或者有其他特别严重情节的,处 10 年以上有期徒刑或者无期徒刑,并处 5 万元以上 50 万元以下罚金或者没收财产。

盗窃增值税专用发票或者骗取出口退税、抵扣税款的其他发票的,依照刑法对盗窃公私财物的规定定罪处罚。

非法出售增值税专用发票的,处 3 年以下有期徒刑、拘役或者管制,并处 2 万元以上 20 万元以下罚金;数量巨大的,处 3 年以上 10 年以下有期徒刑,并处 5 万元以上 50 万元以下罚金;数量巨大的,处 10 年以上有期徒刑,并处 5 万元以上 50 万元以下罚金或者没收财产。

(五) 对增值税专用发票其他违章行为的处罚

1. 对违反专用发票使用规定的一般纳税人,依据《征管法》、专用发票使用规定及其相关的规定处罚。经县以上国家税务局批准,在 6 个月内停止其使用专用发票,收缴结存的专用发票,并责令限期完善健全专用发票的使用制度,对逾期仍然达不到要求的,经地、市级以上国家税务局批准,可以停止其使用专用发票的期限。

2. 纳税人取得虚开代开的专用发票，不得作为增值税合法的抵扣凭证抵扣进项税额。

3. 纳税人购进货物或应税劳务所支付款项的单位与开具专用发票的销货单位、提供劳务的单位不一致的，将不得抵扣进项税额。

4. 对年销售额在规定标准以上，会计核算不健全，或者不能向税务机关提供准确税务资料的一般纳税人，经县级以上国家税务局批准，停止其抵扣进项税额，按销售额依照增值税税率计算应纳税额，同时取消其专用发票使用权，并收缴结存的专用发票。待纳税人完善会计核算，能保证向税务机关提供税务资料后，方可准许抵扣进项税额，重新批准其专用发票的使用权。

请注意

单位犯上述之罪的，对单位判处罚金，并对其直接负责的主管人员和其他直接责任人员，处3年以下有期徒刑或者拘役；虚开数额较大或者有其他严重情节的，处3年以上10年以下有期徒刑，数额巨大或者有其他特别严重情节的处10年以上有期徒刑或者无期徒刑。

六、税务机关及税务人员的法律责任

《征管法》主要是规范纳税人行为的，所以其法律责任的内容也主要是对纳税人、扣缴义务人违法行为的处罚规定。但是在税收征管活动中，税务机关及税务人员的行为也同样影响税收分配活动，影响到税收征管工作，因此也规定了税务机关及税务人员的法律责任。

（一）擅自改变税收征收管理范围的法律责任

税务机关违反规定，擅自改变税收管理范围和税款入库预算级次的，责令限期改正，对直接负责的主管人员和其他直接责任人员依法给予降级或者撤职的行政处分。

（二）渎职行为的法律责任

1. 税务人员利用职务上的便利，收受或者谋取其他不正当利益，构成犯罪的，依法追究刑事责任，尚不构成犯罪的，依法给予行政处分。

2. 税务人员徇私舞弊或者玩忽职守，不征收或者少征应征税款，致使国家税收遭受重大损失，构成犯罪，依法追究刑事责任；尚不构成犯罪的，依法给予行政处分。

3. 税务人员滥用职权，故意刁难纳税人和扣缴义务人，调离税收工作岗位，并依法给予行政处分。

4. 税务人员对控告、检举税收违法违纪行为的纳税人、扣缴义务人以及其他检举人进行打击报复，依法给予行政处分；构成犯罪的，依法追究刑事责任。

5. 《中华人民共和国刑法》第四百零五条规定：税务机关的工作人员违反法律、行政法规的规定，在办理发售发票，抵扣税款，出口退税工作中，徇私舞弊，致使国家利益遭受重大损失的，处5年以下有期徒刑或者拘役；致使国家利益遭受特别重大损失的，处5年以上有期徒刑。

（三）不按规定征收税款的法律责任

违反法律、行政法规的规定，提前征收、延缓征收或者摊派税款的，由其上级机关或者行政检查机关责令改正，对直接负责的主管人员和其他责任人员依法给予行政处分。

违反法律、行政法规的规定，擅自作出税收的开征、停征或者减税、免税、退税、补税

以及其他同税收法律、行政法规相抵触的决定的，除依照规定撤消其擅自作出的决定外，补征应征未征税款，退还不征收而征收的税款，并由上级机关追究直接负责的主管人员和其他直接责任人员的行政责任；构成犯罪的，依法追究刑事责任。

第四节 税务行政复议和税务行政诉讼

一、税务行政复议

税务行政复议是指纳税人和其他税务当事人对主管税务机关的具体行政处理决定有异议，依法向上级税务机关提出申诉；上级税务机关对此进行审议，并依法作出维持、变更或撤销原处理决定的裁决的一种行政司法行为。它是解决税务纠纷的一种有效手段，既有利于维护纳税人的合法权益，又有利于保证和促进各级税务机关依法行政。

（一）税务行政复议范围

根据《征管法》、《中华人民共和国行政复议法》（以下简称《行政复议法》）和《中华人民共和国税务行政复议规则（试行）》（以下简称《税务行政复议规则》）的规定，税务行政复议的受案范围仅限于税务机关作出的税务具体行政行为。税务具体行政行为是指税务机关及其工作人员在税务行政管理活动中行使行政职权，针对特定的公民、法人或者其他组织，就特定的具体事项，作出的有关该公民、法人或者其他组织权利义务的单方行为。主要包括：

1. 税务机关作出的征收行为。包括：（1）征收税款、加收滞纳金；（2）扣缴义务人、受税务机关委托征收的单位作出的代扣代缴、代收代缴行为及代征。

2. 税务机关作出的责令纳税人提供纳税担保行为。

3. 税务机关作出的税收保全措施。包括：（1）书面通知银行或者其他金融机构冻结纳税人存款；（2）扣押、查封商品、货物或其他财产。

4. 税务机关未及时解除税收保全措施，使纳税人等合法权益遭受损失的行为。

5. 税务机关作出的税收强制执行措施。包括：（1）书面通知银行或者其他金融机构从当事人存款中扣缴税款；（2）拍卖或者变卖扣押、查封的商品、货物或其他财产。

6. 税务机关作出的税务行政处罚行为。包括：（1）罚款；（2）没收非法所得；（3）停止出口退税权；（4）收缴发票和暂停供应发票。

7. 税务机关不予以依法办理或答复的行为。包括：（1）不予审批减免税或出口退税；（2）不予抵扣税款；（3）不予退还税款；（4）不予颁发税务登记证、发售发票；（5）不予开具完税凭证和出具票据；（6）不予认定增值税一般纳税人；（7）不予核准延期申报、批准延期缴纳税款。

8. 税务机关作出的取消增值税一般纳税人资格的行为。

9. 税务机关作出的通知出境管理机关阻止出境行为。

10. 税务机关作出的其他税务具体行政行为。此项内容，不管现行税法有无规定，只要税务机关作出的具体行政行为，今后纳税人均可以申请税务行政复议，这也是行政复议法实施后，有关税务行政复议的一个新的规定。

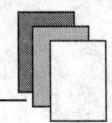

知识窗

> 税务行政复议是我国行政复议制度的一个重要组成部分。为了全面、正确地实施《中华人民共和国行政复议法》，防止和纠正违法的或不当的税务具体行政行为，保护纳税人及其他税务当事人的合法权益，保障和监督税务机关依法行使职权，国家税务总局于1999年9月23日发布了《中华人民共和国税务行政复议规则（试行）》，自1999年10月1日起施行。

（二）税务行政复议的管辖

税务行政复议的管辖是税务行政机关之间受理税务行政复议案件的职权划分，它是对受理范围的具体化，把受理范围内的争议案件落实到具体税务机关。对申请人来说，也就是往哪里提出复议申请，向谁提出复议申请。

税务行政复议的管辖分为一般管辖和特殊管辖两种：

1. 一般管辖。

亦称上级管辖，即对税务机关的具体行政行为不服申请复议，由上一级税务机关管辖。具体包括：

（1）对税务机关设立的派出机构作出的具体行政行为的复议，由设立该派出机构的税务机关管辖；

（2）扣缴义务人作出的代扣、代收税款行为的复议，由主管该扣缴义务人的税务机关的上一级税务机关管辖；

（3）对法律、法规规定需要上级批准的具体行政行为复议，由最终批准的税务机关管辖；

（4）对各省、自治区、直辖市税务局和计划单列市税务局，以及国家税务总局派驻各地的进出口税收管理处作出的具体行政行为的复议，由国家税务总局管辖；

（5）对被撤销的税务机关在其被撤销前作出的具体行政行为的复议，由继续行使职权的税务机关的上一级税务机关管辖。

2. 特殊管辖。

税务机关因复议管辖发生争议，争议各方应协商解决；协商不成，由各方的共同上一级税务机关指定管辖。税务行政复议机关发现受理的案件不属于自己管辖，应移送有管辖权的复议机关；受移送的复议机关不得再自行移送。

（三）税务行政复议申请

税务行政复议申请，是指申请人认为税务机关（以下称"被申请人"）的具体行政行为侵犯了其合法权益，依法请求上级税务机关对具体行政行为进行审查作出决议的活动。

1. 申请条件。

申请复议必须符合以下条件：（1）申请人是认为具体行政行为直接侵犯其合法权益的

公民、法人和其他组织,以及外国人、无国籍人、外商投资企业、外国企业和其他外国组织;(2)有明确的被申请人;(3)有具体的复议请求和事实根据;(4)属于规定的复议范围;(5)属于规定的复议机关管辖;(6)对征税决定要求复议的,已依照税务机关确定的税额缴纳或解缴税款及滞纳金;(7)是在法定期限内提出的(超过法定期限,视为当事人默认放弃了复议权);(8)法律、法规规定的其他条件。

2. 申请方式。

申请人申请复议必须向复议机关递交复议申请书,载明下列内容:(1)申请人姓名、性别、年龄、职业、住址等(法人或其他组织的名称、住址、法定代表人的姓名);(2)被申请人的名称、地址;(3)申请复议的要求和理由;(4)申请人对具体行政行为的执行情况,并附有关证明材料;(5)申请日期。

3. 复议申请若干特殊规定。

(1)有权申请复议的公民死亡其近亲属可以申请复议;有权申请复议的公民是无行为能力人或限制行为能力的,其法定代理人可代理申请。

(2)有权申请复议的法人或其他组织发生合并、分立或终止的,承受其权力的法人或其他组织可以申请。

(3)与申请复议的具体行为有利害关系的人或组织,经复议机关批准,可以作为第三人申请参加复议。

(4)申请人因不可抗力或其他特殊情况耽误法定申请期限的,在障碍消除后的 10 日内,可以申请延长期限;是否准许,由复议机关决定。

(四)税务行政复议的受理

1. 复议机关收到行政复议申请后,应当在 5 日内进行审查,对不符合规定的行政复议申请,决定不予受理,并书面告知申请人;符合规定,但是不属于本机关受理的行政复议申请,应当告知申请人向有关行政复议机关提出申请。

2. 对符合规定的行政复议申请,自复议机关法制工作机构收到之日起即为受理;受理行政复议申请,应书面告知申请人。

3. 对应当先向复议机关申请行政复议,对复议机关决定不服再向人民法院提起行政诉讼的具体行政行为,复议机关决定不予受理或者受理后超过复议期限不作答复的,纳税人和其他税务当事人可以自收到不予受理决定书之日起,或者行政复议期满之日起 15 日内,依法向人民法院提起行政诉讼。

4. 纳税人及其他税务当事人依法提出行政复议申请,复议机关无正当理由不予受理且申请人没有向人民法院提起行政诉讼的,上级税务机关应当责令其受理;必要时,上级税务机关也可以直接受理。

5. 行政复议期间税务具体行为不停止执行。但是,有下列情形之一的,可以停止执行:(1)被申请人认为需要停止执行的;(2)复议机关认为需要停止执行的;(3)申请人申请停止执行,复议机关认为其要求合理,决定停止执行的;(4)法律、法规规定停止执行的。

(五)税务行政复议决定

1. 行政复议原则上采用书面审查的办法,但是申请人提出要求或者税务机关内部负责行政复议的工作机构认为有必要时,应当听取申请人、被申请人和第三人的意见,并可以向有关组织和人员调查了解情况。

2. 复议机关内部有关工作机构应当自受理行政复议申请之日起 7 日内，将行政复议申请书副本或者行政复议申请笔录复印件发送被申请人。被申请人应当收到申请书副本或者申请笔录复印件之日起 10 日内，提出书面答复，并提交当初作出具体行政行为的证据、依据和其他有关材料。

3. 申请人和第三人可以查阅被申请人提出的书面答复、作出具体行政行为的证据、依据和其他有关材料，除涉及国家秘密、商业秘密或者个人隐私外，复议机关不得拒绝。

4. 在行政过程中，被申请人不得自行向申请人和其他有关组织或者个人收集证据。

5. 行政复议决定作出前，申请人要求撤回行政复议申请的，经过说明理由，可以撤回；撤回行政复议申请的，行政复议终止。

6. 申请人在申请行政复议时，依据规定一并提出对有关规定的审查申请的，复议机关对该规定有权处理的，应当在 30 日内依法处理；无权处理的，应当在 7 日内按照法定程序转送有权处理的行政机关依法处理，有权处理的行政机关应当在 60 日内依法处理。处理期间，终止对具体行政行为的审查。

7. 复议机关在对被申请人作出的具体行政行为进行审查时，认为其依据不合法，本机关有权处理的，应当在 30 日内依法处理。无权处理的，应当在 7 日内按照法定程序转送有权处理的行政机关依法处理。处理期间，终止对具体行政行为审查。

8. 复议机关内部有关工作机构应当对被申请人作出的具体行政行为进行合法性与适当性审查，提出意见，经复议机关负责人同意，按照下列规定作出行政复议决定：

（1）具体行政行为认定事实清楚、证据确凿、适用依据正确、程序合法、内容适当的、决定维持。

（2）申请人不履行法定职责的，决定其在一定期限内履行。

（3）具体行政行为有下列情形之一的，决定撤销、变更或者确认该具体行政行为违法：①事实不清、证据不足的；②适用依据错误的；③违反法定程序的；④超越或者滥用职权的；⑤具体行政行为明显不当的。决定撤销或者确认该具体行政行为违法的，可以责令被申请人在一定期限内重新作出具体行政行为。

（4）申请人不按照规定提出书面答复，提交当初作出具体行政行为的证据依据的，应决定撤销该具体行政行为。

9. 申请人在申请行政复议时可以一并提出行政赔偿请求，复议机关对符合国家赔偿法的有关规定应予赔偿，在决定撤销、变更具体行政行为或者确认具体行政行为违法时，应当同时决定被申请人依法给予赔偿。

10. 复议机关应当自受理申请之日起 60 日内作出行政复议决定。情况复杂，不能在规定期限内作出行政复议决定的，经复议机关负责人批准，可以适当延长，并告知申请人和被申请人，但是延长期限最多不超过 30 日。

11. 被申请人应当履行行政复议决定。被申请人不履行或者无正当理由拖延履行行政复议决定的，复议机关或者有关上级行政机关应当责令其限期履行。

12. 申请人逾期不起诉又不履行行政复议决定的，或者不履行最终裁决的行政复议决定的，按照下列规定分别处理：（1）维持具体行政行为的行政复议决定，由作出具体行政行为的行政机关依法强制执行，或者申请人民法院强制执行；（2）变更具体行政行为的行政复议决定，由复议机关依法强制执行，或者申请人民法院强制执行。

（六）税务行政复议的其他有关规定

1. 复议机关、复议机关工作人员及被申请人在行政复议中，有违反《行政复议法》及《税务行政复议规则》规定的行为，按《行政复议法》的规定，追究法律责任。

2. 复议机关受理行政复议申请，不得向申请人收取任何费用。复议活动所需经费，应当列入本机关的行政经费，由本级财政予以保障。

3. 复议机关在受理、审查、决定复议申请过程中，可使用复议专用章。不予受理决定书和复议书等重要法律文书应加盖复议机关印章。

二、税务行政诉讼

税务行政诉讼是指纳税人、扣缴义务人和其他税务当事人，认为税务机关和税务人员的具体税务行政行为违法或者不当，侵犯了其合法权益，依法向人民法院提起行政诉讼，由人民法院作出裁决的司法活动。

（一）税务行政诉讼的管辖

1. 级别管辖。

级别管辖，是指上下级人民法院之间受理第一审税务行政案件的分工和权限：（1）基层人民法院管辖一般的税务行政诉讼案件；（2）中级人民法院管辖本辖区内重大、复杂的税务行政诉讼案件；（3）最高人民法院管辖全国范围内重大、复杂的税务行政诉讼案件。

2. 地域管辖。

地域管辖，是指同级人民法院之间受理第一审税务行政案件的分工和权限：（1）一般地域管辖，指由最初作出具体税务行政行为的税务机关所在地人民法院管辖；（2）特殊地域管辖，指经过复议的案件，复议机关改变原具体行政行为的，由原告选择最初作出具体行政行为的税务机关所在地的人民法院、或者复议机关所在地人民法院管辖；（3）裁定管辖，指人民法院自行裁定的管辖，包括移送管辖、指定管辖和管辖权的转移三种情况。

（二）税务行政诉讼的受案范围

税务行政诉讼的受案范围，是指人民法院对税务机关的哪些行为拥有司法审查权，换言之，纳税人和其他税务当事人对税务机关的哪些行为不服可以向人民法院提起税务行政诉讼。

1. 税务机关作出的征税行为：（1）征收税款；（2）加收滞纳金；（3）税务机关委托扣缴义务人作出的代扣代收税款行为。

2. 税务机关作出的责令纳税人提交纳税保证金或者纳税担保行为。

3. 税务机关作出的行政处罚行为：（1）罚款；（2）没收违法所得；（3）停止出口退税权；（4）代缴发票和暂停供应发票。

4. 税务机关作出的出境管理机关阻止出境行为。

5. 税务机关作出的税收保全措施：（1）书面通知银行或者其他金融机构冻结存款；（2）拍卖所扣押、查封商品、货物或者其他财产。

6. 税务机关作出的税收强制执行措施：（1）书面通知银行或者其他金融机构扣缴税款；（2）拍卖所扣押、查封的商品、货物或者其他财产抵缴税款。

7. 认为符合法定条件申请税务机关颁发税务登记证和发售发票，税务机关拒绝颁发、发售或者不予答复的行为。

8. 税务机关的复议行为：(1) 复议机关改变了原具体行政行为；(2) 期限届满，税务机关不予答复。

(三) 税务行政诉讼的起诉和受理

1. 纳税人、扣缴义务人和其他税务当事人，在提起税务行政诉讼时，必须符合下列条件：(1) 原告是认为具体税务行政行为直接侵犯其合法权益的公民、法人和其他组织；(2) 有明确的被告；(3) 有具体的税务行政诉讼请求和事实根据；(4) 属于人民法院规定的申请受案范围；(5) 属于人民法院规定的管辖。

2. 税务行政诉讼，原告起诉，经过人民法院审查，符合规定的起诉条件和其他规定，并予以立案。

(四) 税务行政诉讼的审理和判决

人民法院审理税务行政案件，实行合议、回避、公开审判和两审终审制度。

人民法院对受理的税务行政案件，经过审理后，作出如下裁决：(1) 维持判决；(2) 撤销判决；(3) 履行判决；(4) 变更判决。

第五节　纳税人的权利和义务

一、纳税人的权利

我国法律规定，纳税义务人是税务法律关系中享有权利和承担义务的当事人之一，是税收法律关系的权利主体之一。作为纳税人，应该了解自己拥有哪些权利，从而充分享受法律、法规赋予的权利。根据《征管法》规定，纳税人享有下列权利：

(一) 知悉权

纳税人、扣缴义务人有权向税务机关了解有关税收方面的法律、行政法规的规定以及与纳税程序有关的情况。这就是说，当纳税人、扣缴义务人就国家的税收法律、行政法规和与纳税程序有关的情况向税务机关提出了解要求时，税务机关应当向其说明或介绍有关情况，以使纳税人、扣缴义务人了解有关情况。

(二) 要求保密权

税务机关派出人员进行税务检查时，有责任为被检查人保守秘密（对其偷税行为或其他违法行为除外）。对纳税人的生产经营情况、经济情况等，不得泄露给与税务检查无关的第三者。否则，由此引起的后果，由税务机关或税务人员承担。

(三) 申请减税、免税、退税权

纳税人可依照法律、行政法规的规定向税务机关申请减税、免税和退税。这是税法赋予纳税人的一项权利，但税务机关应严格按照税法的规定，慎重地办理减免税事项，不得随意减免。

(四) 申请退还多缴税款权

纳税超过应纳税额多缴的税款，税务机关发现后须立即退还，不能用以抵顶下期应纳税款；由纳税人自结算缴纳税款之日起 3 年内发现的，可以向税务机关要求退还，税务机关查实后应立即退还。

（五）申请延期申报权和延期纳税权

纳税人按规定的期限办理纳税申报或代扣、代收税款报告表确有困难，如财务处理上的特殊原因等需要延期的，在规定的期限内向税务机关提出书面申请，经税务机关核准，可以延期在核准的期限内办理申报，延长期最长一般不超过 1 个月。

纳税人因有特殊困难（如自然灾害影响，意外事故的发生），不能按期缴纳税款的，经省、自治区、直辖市税务局批准，可以延期缴纳税款，但是最长不得超过 3 个月。在批准的期限内，延期缴纳的税款不加收滞纳金。

（六）陈诉、申辩权

纳税人、扣缴义务人对税务机关所作出的决定，享有陈述权、申辩权。也就是说，当税务机关说纳税人、扣缴义务人的情况作出某一项决定时，纳税人、扣缴义务人有权就其实际情况向税务机关进行陈述，表明其意见，进行申诉或者辩论，说明理由。

（七）申请行政复议、提起行政诉讼、请求国家赔偿权

当纳税人、扣缴义务人对税务机关的决定不服时，可以依据法律的有关规定请求救济，一是申请行政复议，二是提起行政诉讼。当由于税务机关的不当行为错误决定给纳税人造成经济损失时，依据《中华人民共和国国家赔偿法》的规定，可以请求国家赔偿。

（八）控告和检举权

纳税人、扣缴义务人有权控告和检举税务机关、税务人员的违法违纪行为，税务机关应当为检举人保密，并按照规定给予奖励。

（九）其他权利

国家法律、行政法规规定的其他权利。

二、纳税人的义务

公民有依法纳税的义务。就具体的纳税人而言，在纳税过程中必须履行下列义务：（1）必须按时办理税务登记；（2）必须依法加强账簿、凭证的管理；（3）必须按期申报纳税；（4）必须及时、足额缴纳税款；（5）必须接受税务机关的税务检查。

第六节 税务代理

税务代理是指税务代理人在法律规定范围内，受纳税人、扣缴义务人的委托，代为办理税务事宜的各种行为的总称。

1994 年 9 月，国家税务总局制定并公布了《税务代理试行办法》；1996 年 11 月，人事部、国家税务总局印发了《注册税务师资格制度暂行规定》，2001 年 10 月，国家税务总局印发了《税务代理业务规程（试行）》，规范了税务代理行为，使税务代理制度向法制化轨道发展。

税务代理是随着市场经济的发展，服务社会化程度越来越高，而出现的一种以提供脑力劳动服务为主的第三产业。

一、税务代理人和代理机构

税务代理人是指取得注册税务师资格证书并注册从事税务代理活动的专门技术人员。

税务代理机构是指经批准设立的专门从事税务代理业务的社会中介服务组织。主要是税务师事务所，还包括会计师事务所、审计师事务所、律师事务所、税务咨询机构内设置的税务代理部门。税务师事务所须经国家税务总局确认批准。

注册税务师只有加入税务代理机构后，才能从事税务代理业务。一个注册税务师不能同时在两个或两个以上税务代理机构执业。税务代理人及税务代理机构，按照纳税人、扣缴义务人自愿委托和自愿选择，依据国家税收法律和行政法规，独立、公正地执行业务，维护国家利益，保护委托人的合法权益。同时，实行有偿服务、独立核算、自负盈亏、依法纳税。

二、税务代理的业务范围

税务代理的业务范围，从纳税人角度来说，就是哪些税务事项可以委托代理，哪些则不能委托代理。

1. 税务代理人可以接受纳税人、扣缴义务人的委托，从事下列范围的业务代理：（1）办理税务登记、变更税务登记和注销税务登记；（2）办理除增值税专用发票外的发票领购手续；（3）办理纳税申报或扣缴税款报告；（4）办理缴纳税款和申请退税手续；（5）制作涉税文书；（6）审查纳税情况；（7）建账建制、办理账务；（8）税务咨询、受聘税务顾问；（9）税务行政复议；（10）国家税务总局规定的其他业务。

2. 税务代理人不能代理的税务事宜主要有以下几个方面：（1）不能代理和行使应由税务机关行使的行政职权；（2）不能代理税务机关规定和通知必须由纳税人、扣缴义务人自行办理的税务事宜；（3）不能代理违反税收法律、法规的事项。

税务代理人在接受税务代理业务时，应就代理业务范围、要求、收费与委托人签订协议。代理的范围可分为单项代理、多项代理和综合代理；代理的时间可分为一次性代理、定期代理和常年代理。

三、税务代理人的权利、义务和责任

税务代理作为民事代理的一种，其代理人享有民法所规定的代理人的各项权利，并相应履行其义务，承担其责任。

（一）代理人的权利

1. 有权在规定的业务范围内代理由纳税人、扣缴义务人委托的税务事宜，对其代理业务所有文书有签名盖章权。

2. 依法独立、公正执行税务代理业务，受国家法律保护，任何机关、团体、单位和个人不得非法干预。

3. 有权根据代理业务需要，查阅被代理人的有关财务会计资料和文件，查看业务现场和设施；被代理人则应向代理人提供真实的经营情况和财务资料。

4. 对被代理人违反国家法律的委托，有权拒绝，并向有关部门报告。

5. 可向当地税务机关定购或查询税收政策、法律、法规和有关资料。

6. 对税务机关行政决定不服的,可依法向税务机关申请行政复议或向人民法院起诉。

(二)代理人的义务

1. 在办理税务代理时,向被代理人或有关税务机关出示注册税务师执业资格证书,按照主管税务机关的要求,如实提供有关资料,不得隐瞒、谎报。

2. 对被代理人偷税、骗税的行为应予以制止,并及时报告有关税务机关。

3. 在从事代理业务期间或停止代理业务以后,都不得泄漏因代理业务而得知的秘密。

4. 应建立税务代理档案,如实记载各项代理业务的始末和保存计税资料及涉税文书。税务代理档案至少保存五年。

(三)代理人的法律责任

1. 注册税务师未按照委托代理协议书的规定进行代理或违反税收法律、法规的规定进行代理的,由县级及以上国家税务行政机关按有关规定处以罚款,并追究相应的责任。

2. 注册税务师在一个年度内违反《税务代理试行办法》和《注册税务师制度暂行规定》从事代理行为两次以上的,由省、自治区、直辖市及计划单列市注册税务师管理机关,停止其从事税务代理业务1年以上。

3. 注册税务师知道被代理的事项违法仍进行代理活动,或自身代理行为违法的,除按第一点处理外,由省级注册税务师管理机构注销其注册税务师登记,收回执业资格证书,禁止从事税务代理业务,并向发证机关备案。

4. 注册税务师触犯刑律,构成犯罪的,由司法机关依法惩处。

5. 税务代理机构违反税收法律和有关行政规章的规定进行代理活动的,由县级及以上税务机关视情节轻重,给予警告,或根据有关法律、法规处以罚款,或提请有关部门给予停业整顿、责令解散等处理。

本章小结

1. 税收管理体制是划分中央与地方税收管理权限的制度。税收管理的权限主要包括税收立法权限和税收执法权限。

2. 税务登记包括开业税务登记、变更登记、注销登记和停业、复业登记。纳税申报包括纳税申报的对象、期限、内容和方法。

3. 税款的缴纳方式和程序主要有自核自缴、现金缴税和持卡缴税及定期定额征收等。

4. 法律责任是指税收征纳双方违反税收法律法规而必须承担的法律上的责任,也就是由于违法行为而应当承担的法律后果。

5. 税务行政复议是指纳税人和其他税务当事人依法向上级税务机关提出申诉;税务行政诉讼是指纳税人等依法向人民法院提起行政诉讼。

6. 税务代理是指税务代理人在法律规定范围内,受纳税人、扣缴义务人的委托,代为办理税务事宜的各种行为的总称。

主要名词（中英文对照）

税收管理体制（Management system of the tax revenue）
税务行政复议（Tax administrative reconsideration）
税务行政诉讼（Tax administrative litigation）
税务代理（Act as agent in tax）

复习思考题

1. 我国税收管理权限在政府之间是如何划分的。
2. 纳税人在哪些情形下需要办理变更税务登记和注销税务登记？
3. 纳税申报的方式有哪些？
4. 什么是税务行政复议？税务行政复议的管辖是如何确定的？
5. 纳税人有哪些权利？
6. 税务代理人有哪些义务？